HEUTE DIE WELT — MORGEN DAS GANZE UNIVERSUM

Hermann Ritter, Johannes Rüster,
Dierk Spreen, Michael Haitel (Hrsg.)

Heute die Welt –
morgen das ganze Universum

Rechtsextremismus in der deutschen Gegenwarts-Science-Fiction
Science-Fiction und rechte Populärkultur

AndroSF 54

Hermann Ritter, Johannes Rüster, Dierk Spreen,
Michael Haitel (Hrsg.)
HEUTE DIE WELT – MORGEN DAS GANZE UNIVERSUM
Rechtsextremismus in der deutschen Gegenwarts-Science-Fiction | Science-Fiction und rechte Populärkultur

AndroSF 54

Die in diesem Werk enthaltenen Beiträge wurden ggf. auch im Bereich der Zitate gefühlvoll, d. h., nicht sinnentstellend, an die aktuelle deutsche Rechtschreibung angepasst.

Bibliografische Information der Deutschen Nationalbibliothek
Die Deutsche Nationalbibliothek verzeichnet diese Publikation in der Deutschen Nationalbibliografie; detaillierte bibliografische Daten sind im Internet über http://dnb.d-nb.de abrufbar.

© dieser Ausgabe: Mai 2016
   p.machinery Michael Haitel

Titelbild: Michael Haitel
unter Verwendung einer Grafik von Lothar Bauer
Layout & Umschlaggestaltung: global:epropaganda, Xlendi
Lektorat: Michael Haitel
Herstellung: CreateSpace / Amazon Distribution

Verlag: *p*.machinery Michael Haitel
Ammergauer Str. 11, 82418 Murnau am Staffelsee
www.pmachinery.de
für den Science Fiction Club Deutschland e. V., www.sfcd.eu

ISBN: 978 3 95765 049 8

Hermann Ritter, Johannes Rüfter,
Dierk Spreen, Michael Haitel (Hrsg.)

Heute die Welt – morgen das ganze Univerfum

Rechtsextremismus in der deutschen Gegenwarts-Science-Fiction
Science-Fiction und rechte Populärkultur

Wenn's doch nur um Julius Caesar ginge
Vorwort
7

Hermann Ritter
Die geheime Weltregierung tagt in Tibet
11

Johannes Rüster
Ein Volk, ein Reich und | oder ein Führer?
Von der Faszination
nationalsozialistischer Alternativwelten
138

Dierk Spreen
Rechtsextreme Populärkultur
Zum mediensoziologischen
und medienethischen Verständnis
der Print-Science-Fiction-Serie *Stahlfront*
162

Wenn's doch nur um Julius Caesar ginge

Vorwort

Wer vor einem [...] Laienpublikum über Julius Caesar spricht, und glaubt, dass deren erste Assoziation nicht der Caesar der ›Asterix‹-Comics ist, macht sich Illusionen.
Johannes Dillinger, Uchronie: Ungeschehene Geschichte

Es ist paradox: Wohl niemand kann sich der Faszination der Vergangenheit entziehen – und gleichzeitig wird sie in den seltensten Fällen ungebrochen reflektiert.

Dies beginnt bei der eigenen Biografie, die nostalgischen Färbungen wie retroaktiven Rechtfertigungen unterworfen ist, und endet noch lange nicht beim oben erwähnten Comic-Caesar. Kurz: Geschichtliches Bewusstsein findet jenseits streng akademischer Diskurse stets fiktionalisiert statt, unser Bild von der Vergangenheit speist sich nicht zuletzt aus einem popkulturellen Zitatenschatz.

Mit einem Problem: Das Spiel von Narrative und Historie, das etwa René Goscinny, der ursprüngliche Autor der Asterix-Alben, virtuos beherrschte, bedarf zur Entschlüsselung eigentlich eines beachtlichen Vorwissens: Ob Vercingetorix seine Waffen dem siegreichen Römer stolz hinknallte (wie z. B. in *Asterix und der Avernerschild*) oder gebrochen zu Füßen legte (wie z. B. in *Die Trabantenstadt*)? Prinzipiell egal, könnte man sagen. Wer *De bello Gallico* gerade nicht im Detail im Hinterkopf hat, ist zwar ziemlich aufgeschmissen, dem Amüsement dürfte dies aber keinen Abbruch tun.

Wenn es nur um Caesar ginge, wäre das auch kein Problem: Der zeitliche, kulturelle wie ideologische Sicherheitsabstand sorgt dafür, dass die satirisch kreative Geschichtsklitterung unproblematisch bleibt, auch wenn sie nicht als solche erkannt wird. Schwieriger wird es allerdings, wenn es sich um einen historischen Zusammenhang handelt, der zeitlich, kulturell wie ideologisch ungemütlich nahe an die eigene Lebenswirklichkeit herankommt.

Der Nationalsozialismus bzw. seine Manifestation in der deutschen Geschichte im 20. und 21. Jahrhundert ist eben nicht nur ein weltpolitisches Phänomen 1933–45, dessen mahnende Reflexion heute wesentlicher Bestandteil des bundesdeutschen Erinnerungsnarrativs ist. Vielmehr haben sowohl die völkischen, faschistischen und nationalsozialistischen Diskurse und Gesellschaftsentwürfe selbst als auch ihre post-faschistischen Wiedergänger eine populärkulturelle Dimension: Es zieht sich ein roter Faden von den völkischen Utopien (die Jost Hermand 1988 in seiner Monografie *Der alte Traum vom neuen Reich* so treffend analysierte) zur Selbstästhetisierung der faschistischen Diktaturen in Deutschland, Italien und Spanien – und von diesen wiederum zu den modernen rechtskonservativen bis rechtsradikalen Epigonen, die sich gerne im Rahmen des verfassungsrechtlich Möglichen aus beider Zeichen- und Mythenvorrat bedienen.

Einmal mehr erweist sich hier die fantastische Literatur als Seismograf gesamtkultureller Zusammenhänge, finden das psychologische Spiel mit Archetypen der Fantasy und die allegorische Qualität der Science-Fiction als Ideenliteratur zu großer Wirkung zusammen. Deshalb gilt gerade für diesen literarischen Bereich in besonderem Maße: Ob affirmative faschistoide Allmachtsfantasie, weltanschaulich taubstumme Naziästhetik im Actionfilm oder geschliffene Satire – die Verarbeitung von totalitär-nationalsozialistischen Versatzstücken in der Popkultur bedarf dringend der Decodierung, damit der Umgang mit der Zeitgeschichte differenzierter erfolgt als der mit Julius Caesar.

Diesen Versuch unternehmen die drei Beiträger in diesem Band aus deutlich unterschiedlichen Perspektiven:

Hermann Ritter, von Haus aus Historiker, erschließt den weiten Raum völkischer Esoterik. Dabei spannt er den Bogen von den verquasten theo- und ariosophischen Gedankengebäuden der vorletzten Jahrhundertwende, für die etwa Helena Blavatsky oder Lanz von Liebenfels stehen, über die synthetisch-germanisierenden faschistischen Mythen bis hin zu den vrilgetriebenen Reichsflugscheiben, mit denen revisionistische Allmachtsfantasien fantastisch verbrämt werden.

Johannes Rüster, Literaturwissenschaftler, beschäftigt sich mit literarischen Texten, die das beliebte Spiel des »Was wäre, wenn« unter faschistischen Vorzeichen betreiben. Er flaniert entlang einer Reihe von Romanen, die in alternativen Weltentwürfen faschistische Ideologie als mehr oder weniger siegreich beschreiben, ob in Form der SS-Untergrundarmee eines Oliver Henkel, die funktional am ehesten an die heutigen IS-Kämpfer erinnert, oder, wie bei Otto Basil, als der von innen verrottete Glanz eines Reiches, das sich zu Tode geendsiegt hat.

In guter dialektischer Tradition folgt auf die historisch-literarisierende These und die literarisch-historisierende Antithese die Synthese: Der Soziologe Dierk Spreen untersucht anhand der Romanreihe *Stahlfront*, wie literarische und ideologische (nicht zu vergessen: verlagsökonomische) Aspekte im Zusammenspiel ein Werk entstehen lassen, das durch »viele und intensive rassistische, Teile der NS-Ideologie bejahende und Homosexuelle diskriminierende Textpassagen« den »für eine Indizierung erforderlichen deutlichen Grad der Jugendgefährdung« aufweist (so das VG Köln).

In der Zusammenschau zeigt sich letztlich, wie sehr krude völkische Esoterik anschlussfähig an die Allmachtsfantasien eines oft materiell wie intellektuell unterprivilegierten Publikums sein kann. Dies ist, auch das wird erkennbar, beileibe kein neues Phänomen. Vielmehr, und das ist das eigentlich Deprimierende, scheint es sich mehr um eine Konstante zu handeln, um das dumpf stammtischlernde Hintergrundgeräusch einer demokratischen Gesellschaft, das sich selbst durch pseudowissenschaftliche Verlängerungen einer Vielzahl von Disziplinen zu adeln versucht, von der Geschichtswissenschaft über die Medizin bis zur Raumfahrttechnik.

Damit wird letztlich auch die Intention dieses Bandes klar: Diesem tumben Raunen sollen ein paar helle Beiklänge beigemischt werden, in die braunverdunkelten Geister ein kleines Flämmchen der Aufklärung getragen werden. Nicht mehr - aber auch nicht weniger.

Hermann Ritter
Johannes Rüster
Dierk Spreen

Hermann Ritter
Die geheime Weltregierung tagt in Tibet

1. Vorwort

> »We must not look at goblin men,
> We must not buy their fruits:
> Who knows upon what soil they fed
> Their hungry thirsty roots?«[1]
> *Christina Rossetti (1830–1894), »Goblin Market«*

Werte Leserin, werter Leser. Begleiten Sie mich auf einer Reise hinab in die Tiefen einer Literaturgattung (man wagt es kaum zu schreiben), die sich dadurch auszeichnet, dass ich sie gelesen habe, obwohl ich es eigentlich nicht wollte. Wenn es mir gelingt, ein wenig Verwirrung, sogar ab und an einen Lacher über manche Eigenwilligkeiten und Abartigkeiten zu erzeugen … dann bin ich zufrieden.

Ich selbst bin Historiker, ich weiß, was in Archiven und verstaubten Regalen mancher Institute in »Giftschränken« lagert. Trotzdem hat es mich erschrocken, was man in Deutschland legal über das Internet bestellen oder sogar im normalen Buchhandel erhalten kann. Es erschreckt mich, wenn ich »sehenden Auges« durch die Welt gehe und Menschen sehe, die Bücher lesen, die ich nicht für lesenswert halte.

Nun gut, das mag ein sehr aufklärerischer Ansatz sein, fast schon der Versuch zum Erziehen von Menschen, die mir fremd

---

1 *»Schaue nicht zum Kobold hin, / kauf nicht seine Frucht. / Wer weiß, in welchem Boden / die hungrig' Wurzel Wasser sucht.«* [Übersetzung HR]

sind. Aber selbst in meinem eigenen Umfeld erfahre ich immer wieder, wie weit rechte Mythen Raum gewonnen haben.

Immer wieder musste ich mich selbst daran erinnern, dass es die wissenschaftliche Seite an mir sein sollte, die diese Bücher liest – nicht der sensationshungrige Leser, nicht der unkritische Halbgelehrte, nicht der seine Vorerwartungen durch sein Lesestudium verifizierende Verschwörungsgläubige.

Niemals hatte ich vor, alles in diesem Bereich zu lesen. Ich wollte einen Überblick bieten, keine tief schürfende/allumfassende Darstellung. Wenn also Bücher fehlen, die man gelesen haben sollte, dann bitte ich um Verständnis. Ich habe genug lesen »müssen«, was ich sonst nicht gelesen hätte. Irgendwann ist Schluss. Ich habe Geld für Bücher ausgegeben, die ich nicht geschenkt haben wollte. Ich habe Verlagskataloge gewälzt und Internetseiten aufgerufen, die ich ... und so weiter. Sollte ich in diesen Aktivitäten von irgendwelchen Organisationen überwacht werden, so ... hat das einen Grund, aber keinen Sinn.

Ein paar grundlegende Dinge sind mir bei den Vorarbeiten zu diesem Werk klar geworden. Wir werden – wenn wir uns mit Esoterik beschäftigen – meist von Themen gesteuert, die uns von außen vorgegeben werden. Wer hat in seinem »normalen Leben« Grund, sich mit Dingen wie dem Philadelphia-Experiment, Atlantis, Entführungen durch Außerirdische, dem Weiterleben von Kulten von gestaltwandelnden Echsen in Menschenform, Reichsflugscheiben oder aufgestiegenen Meistern zu beschäftigen? Eigentlich niemand.

Ich habe eine einfache Theorie, warum wir es trotzdem tun. Über der Esoterik des 21. Jahrhunderts liegt ein fein gesponnener Nebelschleier, der sich aus dem späten 19. Jahrhundert bis jetzt wie ein leise fallender Dunst über jene Gebiete auf den mentalen Landkarten des Unerforschten ausbreitet, die wir eigentlich untersuchen *müssten*. Wir werden abgelenkt, weil wir uns immer tiefer und tiefer und tiefer in Fragen und Antworten zu ihnen begeben, ohne dabei zu bedenken, dass wir die Fragen eigentlich nie selbst stellen würden. Sie werden uns von außen aufgedrängt und immer wieder an uns gestellt, so als wären es grundlegende Fragen, die beantwortet gehören. Und im Nachdenken und im Lesen werden diese »fremden Fragen« zu »unseren Fragen«, obwohl sie das eigentlich nicht sind.

Natürlich sind die Fragen – wie auch die (vermeintlichen) Antworten – interessant. Aber wir behandeln sie auf einem anderen Niveau als andere Fragen, die uns auch interessieren – Wer hat heute Nacht die langbeinige Nachbarin besucht? Warum wird mein Kollege befördert und nicht ich? Warum hat mein Auto auf der Fahrerseite so eigenartige Kratzer in der Tür? Warum lugt meine Tageszeitung immer nass aus dem Briefkasten?

Der Markt für Verschwörungstheorien und/oder Esoterik ist genau das: ein Markt. Er schafft Fragen, die er selbst zu beantworten sucht. Wir lehnen uns viel zu selten zurück, um uns selbst zu fragen, ob diese Fragen auch unsere Fragen sind, und geben Geld für Literatur und Lebenshilfe aus, obwohl wir damit Fragen beantworten, die wir nicht stellen müssten, wenn wir uns selbst und unseren ehrlichen Interessen treu wären.

In den letzten Jahren gab es wieder einen Boom um zwei Themen im Bereich Verschwörungstheorien/Esoterik, die mit dem Nationalsozialismus in Verbindung stehen. Das eine ist das wieder aufgetauchte Thema, dass die Kulturbringer der letzten Jahrtausende allesamt weißhäutige Heroen waren, die von einem mythischen Ursprungsland aus – heiße es Atlantis oder Lemuria oder wie auch immer – der Erde erst die Kultur gebracht haben. Eine Erweiterung dieses Themas sind weißhäutige, blonde Außerirdische, die dann auf der Erde eine Kolonie aufgebaut haben, von der aus ... wir verstehen uns.

Das zweite Thema ist die von Tibet ausgehende organisierte Weltherrschaft, die auch mit Nationalsozialisten Kontakt anstrebte.

In vielen Fällen ist die Abgrenzung zwischen beiden Themen nicht oder nicht einfach zu leisten; spätestens dann, wenn atlantisches, arisches Wissen in Tibet eine Rolle spielt, ist eine Abgrenzung unmöglich.

Vielleicht besteht eine Verbindung zwischen dem mythischen Atlantis als atlantisch-polar-pazifisches Inselreich, das spurlos untergeht, zu einem Rückzugsgebiet im Gebirge als tibetisch-chinesisch-mongolischem Bergreich, das spurlos besteht.

Es gibt Dinge »dort draußen«, die einen den Kopf schütteln lassen. Stichworte wie das rassische Wissen aus dem Rückenmark, die Schwarze Sonne, die Herkunft der Olmeken von den Wikingern, der Gral und seine Bindung an europäische Herrscherhäuser, Echsenwesen als geheime Weltherrscher, Hitler auf der Venus, deutsche Atombomben und Nurflügelbomber sowie die Geheimnisse im Dorastollen haben wieder Hochkonjunktur. Otto Rahn, Otto Skorzeny, Karl-Maria Wiligut und die Wewelsburg – alle dürfen sie hier mitspielen – oder (wenn man den Verschwörungstheoretikern glaubt) wieder mitspielen.

Gerade in der erzählenden Literatur – mehr als in »Fachbüchern« – haben diese Themen Konjunktur. Was man von all diesen Werken zu halten hat, wird einem oft bei einem ersten Durchblättern schnell klar. Manchmal zweifelt man auch, überlegt ... dann mag dieses Werk hier ein wenig Lesehilfe sein, ein wenig Unterhaltung, ein wenig Aufklärung.

2. Zum prinzipiellen Anfatz

> »Gefunden hatte er nichts, aber das Herumschleichen
> im Schnee hatte ihn an eine Operation in Tibet 1938
> erinnert. ›Da haben wir deutsche Archäologen gejagt.
> Ein völliger Reinfall, das Ganze, für sie wie für uns.‹«
> Ben Aaronovitch, »Ein Wispern unter Baker Street«[2]

Die meisten Menschen, die sich mit Verschwörungstheorien beschäftigen, führen ihr Leben sehr wohl in Teilen rational und glauben, dass sie einer gewissen Rationalität huldigen; man selbst kann rational sein beim Schuhkauf – aber auf ein-

---

2 Aaronovitch, S. 169.

mal glaubt man an die Verbindung zwischen Außerirdischen und Nazis oder an geheime Atomwaffenprojekte des Dritten Reichs unter dem Eis des Nordpols.

Es gibt wenige Möglichkeiten, sich im täglichen Umgang diesen esoterischen Themen zu entziehen. Sie sind im »Mainstream« angekommen und werden sowohl am Stammtisch als auch im (esoterischen) Blätterwald immer wieder diskutiert. Die Frage, wie man sich überhaupt der um sich greifenden »esoterischen Irrationalität« entziehen kann, ist schwer zu beantworten. Einziges Faustpfand ist und bleibt hier die Aufklärung; der Versuch, rational mit den Fragen umzugehen, um Antworten zu finden, die aus dem Hirn und nicht dem Bauch gespeist werden.

Und sicherlich: Symbole haben Macht. Mythen wachsen mit der Zeit mit; Begriffe/Symbole als Mythen (z. B. der Begriff »Reich«, die Farbkombination schwarz-weiß-rot) haben Macht und werden in Besitz genommen, wenn sie nicht besetzt sind. So müssen wir damit leben, dass Begriffe, die wir selbst nicht nutzen, (wieder) an jene fallen, die mit ihnen Missbrauch betreiben. In vielen Fällen werden neue Mythen mit vorhandenen Symbolen (wie der Schwarzen Sonne) verbunden und durch die Verschwörungsliteratur mit Bedeutung »aufgeladen«. Hier gilt es nicht nur, eine Rückeroberung der Begrifflichkeiten einzuleiten, sondern darauf hinzuweisen, aus welchen Quellen sich diese speisen.

Es wäre falsch, sich nicht mit Mythen zu befassen. Denn dieses Feld wird von den Neonazis ausgiebig beackert, wie man z. B. »Moderne Nazis« des Journalisten Staud (*1972) entnehmen muss:

> »Ausgiebig bedienen sich die Neonazis im Fundus nordischer Mystik, germanischer Runen und heidnischer Riten. Weil es keine gesicherte Überlieferung ihrer tatsächlichen Bedeutung gibt, können sie freihändig mit Inhalten gefüllt werden. Unauffällig lässt sich so ein völkisches Weltbild transportieren (...).«[3]

---

3   Staud, S. 170.

Ähnlich äußert sich der Religionswissenschaftler Nicholas Goodrick-Clarke (1953–2012) in »Im Schatten der Schwarzen Sonne«:

»Wenn Rechtsextreme politisch nicht weiterkommen, greifen sie gern ins Metaphysische, um ihren Gedanken sozusagen höhere Weihen und damit mehr Zugkraft zu verleihen.«[4]

Prinzipiell gilt weiterhin, was der Psychiater Wilhelm Reich (1897–1957) aus seiner Beobachtung des Dritten Reichs an Erkenntnis in »Die Massenpsychologie des Faschismus« beschrieben hat:

»Wenn sich der Faschismus auf das mystische Denken und Empfinden der Massen so erfolgreich stützt, so ist ein Kampf dagegen nur dann aussichtsreich, wenn man die Mystik begreift und die mystische Verseuchung der Massen erzieherisch und ärztlich bekämpft.«[5]

Eine Eingrenzung des Forschungsfeldes hat bei der Behandlung von Mythen wenig Sinn. Ich behandele größtenteils Populärkultur, deren Wirkung auf die Gesellschaft schwer zu messen ist. Der Historiker Franz Wegener (*1965) schreibt hierzu treffend in »Das atlantische Weltbild«:

»Die Frage, ob der Inhalt des Buches, das verkauft wurde, oder der Inhalt der Rede, die vorgetragen wurde, aufgenommen wurde und Handlung beeinflusste, wird keine befriedigende Antwort finden.«[6]

Ich kann ihm nur recht geben.
Diese angenommene Wirkung ist eine wechselseitige – die Populärkultur beeinflusst die Bevölkerung, die Bevölkerung beeinflusst die Populärkultur, zieht aus ihr wiederum Mythen, adaptiert sie und spiegelt sie wieder in die Populärkultur zurück, die mit Versatzstücken und Anspielungen reagiert.[7]

Michael Barkun (*1938), emeritierter Professor der politischen Wissenschaft, hat sich in »A Culture of Conspiracy« mit Verschwörungen beschäftigt. Seine Untersuchung liefert einige grundsätzliche Überlegungen zum Thema. Er schreibt zur Verschwörungsliteratur:

> »Conspiracy literature is replete with instances in which manifestly fictional products, such as films and novels, are asserted to be accurate, factual representations of reality. In some cases, they are deemed to be encoded messages, originally intended for the inner circle of conspirators, that somehow became public. In other cases, truth is believed to have taken fictional form because the author was convinced that a direct representation of reality would be too disturbing and needed to be cloaked in fictional conventions. In still other instances, fictionalization is deemed to be part of the conspirators' campaign to indoctrinate or prepare a naive public for some momentous future development.«[8]

Man muss sich also treiben lassen; sich mit Themen beschäftigen, die normalerweise nicht (wissenschaftlich) respektabel sind. Noch einmal Barkun:

---

4   Goodrick-Clarke, »Im Schatten der Schwarzen Sonne« (im Folgenden als »Schatten« zitiert), S. 12.
5   Reich, S. 121 f.
6   Wegener, »Das atlantische Weltbild« (ab jetzt als »Weltbild« zitiert), S. 60.
7   Man denke nur an die »Krieg der Sterne«-Filme und deren Wirkung auf unsere populäre Kultur.
8   Barkun, S. 29 f.: »*Die Verschwörungsliteratur ist voller Beispiele, bei denen garantiert fiktionale Produkte, so wie Filme und Romane, als echte, tatsächliche Darstellungen der Realität angesehen werden. In einigen Fällen behauptet man, dass sie codierte Mitteilungen enthalten, eigentlich für einen inneren Kreis von Verschwörern gedacht, die irgendwie öffentlich bekannt wurden. In anderen Fällen glaubte man, dass die Wahrheit in eine fiktionale Form verpackt wurde, da der Autor davon überzeugt war, dass eine direkte Abbildung der Realität zu verstörend wäre und daher im Rahmen einer Fiktion versteckt werden müsste. In noch anderen Fällen wird die Fiktionalisierung für einen Teil einer Kampagne der Verschwörer gehalten, um eine naive Öffentlichkeit zu beeinflussen oder auf eine schreckliche Entwicklung in der Zukunft vorzubereiten.*« [Übersetzung HR]

»(...) it makes little sense to exclude ideas from examination merely because they are not considered respectable.«[9]

Eigenartige Ideen – gerade in esoterisch-faschistischen Mischgebieten (um hier eine längere Beschreibung etwas flapsig zu fassen) – lassen sich *nicht* mit den üblichen wissenschaftlichen Methoden untersuchen. Barkun spricht in diesem Zusammenhang von »obskuren und kaum sichtbaren Strukturen«, die es zu kartieren gilt:

»Mapping fringe ideas is a difficult undertaking. Familiar intellectual landmarks are unavailable, and the inhabitants of these territories tend to speak languages difficult for outsiders to penetrate. Some of these ideas have begun to filter into mainstream popular culture (...). But their origins lie in obscure and barely visible structures – millenarian religion, occultism and radical politics among them.«[10]

Dem kann ich mich nur anschließen.

Außerdem beschäftigt man sich so mit etwas, das Barkun mit dem Begriff »stigmatized knowledge« (»stigmatisiertes Wissen«) bezeichnet:

»By *stigmatized knowledge* I mean claims to truth that the claimants regard as verified despite the marginalization of those claims by the institutions that conventionally distinguish between knowledge and error – universities, communities of scientific researchers, and the like.«[11]

Die Vertreter/Verbreiter dieses »stigmatisierten Wissens« gehen davon aus, dass sie von einer Gruppe von Verschwörern oder einer anderen organisierten Gegnerschaft aktiv daran gehindert werden, ihr Wissen weiter zu verbreiten, weil sonst die Wahrheit über »sie« (wahlweise »ihn« oder »es«) ans Licht käme. Der offizielle »Mainstream« der Geschichts- und Politikwissenschaft beschäftigt sich nicht mehr mit diesen

Theorien, was nicht heißt, dass sie nicht trotzdem diskutiert werden und viele Menschen erreichen. Barkun schreibt:

> »Tales of secret Illuminati conspiracies, imminent UN invasions, and Jewish, Masonic, or Jesuit plots, for example, have been informally banned from media, classrooms, and other mechanisms of knowledge distribution. Unlike beliefs about flying saucers, considered eccentric but socially harmless, many conspiracy ideas deemed both false and dangerous have been banished from the mainstream discourse.«[12]

Theorien, die öffentlich nicht diskutiert werden, erhalten schnell den Nimbus von »verbotenem Wissen«. Dieser Nimbus macht sie interessant und wichtig. Leider.

Einige esoterische Gruppierungen verwenden bei Diskussionen über »stigmatisiertes Wissen« dieselben Strukturen, die Holocaustleugner anwenden. Sie fühlen sich scheinbar als Besitzer eines »verborgenen« und/oder »verbotenen« Wissens,

---

9   Barkun, S. x: »(...) es hat wenig Sinn, Ideen von der Untersuchung auszuschließen, nur weil sie nicht als respektabel gelten.« [Übersetzung HR]

10 Barkun, S. xi: »Das Kartografieren eigenartiger Ideen ist eine schwierige Aufgabe. Bekannte intellektuelle Landmarken sind nicht vorhanden und die Einwohner dieser Gebiete neigen dazu, eigenartige Sprachen zu sprechen, die für Außenseiter schwer verständlich sind. Einige dieser Ideen sind bereits in die populäre Mainstreamkultur eingesickert (...). Aber ihre Ursprünge liegen in obskuren und kaum sichtbaren Strukturen – Endzeitreligionen, Okkultismus und radikale politische Ansichten gehören hierzu.« [Übersetzung HR]

11 Barkun, S. 26 (Hervorhebung im Original): »Mit stigmatisiertem Wissen *meine ich die Sicht, die Wahrheit zu kennen;* wobei hier diejenigen, die das erklären, das tun, obwohl ihre Ansichten von jenen Institutionen nicht akzeptiert werden, die üblicherweise zwischen wahr und falsch unterscheiden – Universitäten, die wissenschaftliche Gemeinschaft und so weiter.« [Übersetzung HR]

12 Barkun, S. 83: »*Beispiele wie die Geschichten von geheimen Illuminati-Verschwörungen, bevorstehenden Invasionen der Vereinten Nationen und geheimen Plänen der Juden, Freimaurer oder Jesuiten wurden einfach aus den Medien, den Klassenzimmern und anderen Mechanismen der Wissensverteilung verbannt. Im Gegensatz zum Glauben an fliegende Untertassen, der als exzentrisch, aber sozial ungefährlich eingestuft wird, wurden viele Verschwörungstheorien, die als sowohl falsch als auch gefährlich erkannt wurden, aus den öffentlichen Diskussionen verbannt.*« [Übersetzung HR]

das »tabu« ist und in den normalen wissenschaftlichen Zirkeln nicht diskutiert wird. So wie einige Esoteriker die Ergebnisse der Wissenschaft ignorieren oder gar leugnen – sei es bei der Behandlung von Krebs, dem Programmieren von Trinkwasser oder dem Bekämpfen von Handystrahlung durch Mandalaaufkleber –, so gerieren sich auch die Holocaustleugner als Gegner eines historischen »Establishments«, das ihre Erkenntnisse aktiv bekämpft, Fakten leugnet und Wahrheiten verdreht. Die »große Lüge« hat wieder Konjunktur, wie Professor McKale in »Hitler: The Survival Myth« richtig feststellt:

> »The [Holocaust-, HR] deniers borrow from Hitler's technique of the ›Big Lie‹, denying that the gas chambers existed and rejecting the reality of the Holocaust. Since the 1980s, deniers have organized a growing assault on truth and memory; their chilling attack on the factual record not only threatens Jews but undermines the very principles of objective scholarship that support the world's faith in historical knowledge.«[13]

Wenn ich nur genug Schmutz werfe ... dann bleibt immer etwas hängen.

Eines der Kennzeichen der Esoterik der letzten zwanzig Jahre ist gerade ihr gespaltenes Verhältnis (um es freundlich zu formulieren) zur Lehrmeinung der Wissenschaften. Wenn man einmal angefangen hat, der Physik und der Biologie zu misstrauen, ist es kein großer Schritt, der Geschichtswissenschaft zu misstrauen. Ich kann die Physik und die Biologie nicht verteidigen, weil ich kein Physiker oder Biologe bin und vielen Diskussionspartnern hilflos gegenüberstehe, die Tonnen

---

[13] McKale, S. xi: »*Die* [Holocaust-, HR] *Leugner borgen von Hitlers Technik der ›großen Lüge‹; sie leugnen die Existenz von Gaskammern und lehnen die Realität des Holocaust ab. Seit den 80ern haben die Leugner einen größeren Angriff auf Wahrheit und Gedächtnis organisiert; ihre erschreckenden Attacken auf historische Wahrheiten bedrohen nicht nur Juden, sondern sie unterminieren die Prinzipien objektiver Forschung, die Grundlagen des Vertrauens der Welt in historisches Wissen.*« [Übersetzung HR]
[14] Watzlawick, S. 144.

von »Fakten« gesammelt haben, mit denen sie mir ihre Theorien glaubhaft machen wollen. Ihr geschlossenes System aus zehntausend mühsam zusammengeleimten Mosaiksteinen kann mit meinen Mitteln nicht auseinandergebrochen werden, obwohl mir schon klar ist, dass ihre Mosaiksteine kein Mosaik bilden. Aus diesem Grund habe ich es aufgegeben, mich über das Für und Wider der Evolutionstheorie zu streiten. Meine Fakten können mit der »Faktenhuberei« der Gegenseite nicht mithalten.

Aber die Geschichtswissenschaft ist ein Gebiet, das ich mit meinen Mitteln verteidigen kann. Hier gilt es, wachsam zu sein und den Anfängen zu wehren. Wenn die im Folgenden immer wieder auftauchenden Argumentationsmuster dazu führen, dass der Leser den Kopf schüttelt oder sich fragt, ob er eine Parodie liest, dann ist eines meiner Ziele erreicht. Rationalität kann, nein, muss ein wertvolles Werkzeug sein – aber jemand, über den man herzhaft gelacht hat, ist oft langfristiger entzaubert, als jemand, den man mit den Mitteln der Rationalität nicht widerlegen kann, weil er nach anderen Regeln zu spielen scheint, als man selbst und der rationale Verstand.

Wenn einem manches Zitat zu lang, manche Quelle zu unglaubhaft erscheint – zurücklehnen und leise schmunzeln, wenn das geht.

Der Kaiser trägt keine Kleider, man muss nur den Mut haben, die offensichtliche Wahrheit auszusprechen – auch wenn man dann in den Ruf gerät, für das »Establishment«, die Echsenmenschen oder die Illuminaten zu arbeiten. Fnord.

2.1. Zur Theorie

Schon der Kommunikationswissenschaftler Paul Watzlawick (1921–2007) postulierte 1976 die Idee einer »wirklichen Wirklichkeit zweiter Ordnung« und formulierte spitzfindig:

> »Der eigentliche Wahn liegt in der Annahme, dass es eine ›wirkliche‹ Wirklichkeit zweiter Ordnung gibt und dass ›Normale‹ sich in ihr besser auskennen als ›Geistesgestörte‹.«[14]

Natürlich langt es nicht, so etwas als Theorieteil hier einfach voranzustellen. Daher rekapituliere ich im Folgenden kurz Barkuns Überlegungen zu dieser Problematik. Barkun hat in einer kurzen Übersicht Gruppen und Aktivitäten in Bezug auf »Geheimnisse« dargestellt:[15]

		ACTIVITIES	
		Secret	Not Secret
GROUP	Secret	I	II
		Illuminati	Anonymous philanthropists
	Not Secret	III	IV
		Masons	Democratic political parties

So gibt es nicht-geheime Gruppen, die nicht-geheime Aktivitäten planen und durchführen (hier: demokratische Parteien). Dann gibt es geheime Gruppen, die nicht-geheime Aktivitäten durchführen (hier: ein anonymer Menschenfreund, z. B. ein Spender für ein Krankenhaus). Ein Beispiel für nicht-geheime Gruppen, die geheime Aktivitäten durchführen, wären die Freimaurer (deren Mitgliedschaft nicht geheim ist, deren Riten aber geheim sind). Zuletzt gibt es die geheimen Gruppen mit den geheimen Aktivitäten (wie die Illuminaten).

Im Umgang mit Anhängern von Verschwörungstheorien gibt es hierbei ein großes Theorieproblem. Die endgültige Fragestellung, die bleibt, nämlich ob eine geheime Gruppe, deren geheime Aktivitäten so geheim sind, dass sie keiner wahrnimmt, überhaupt existiert oder existieren kann, wird von ihnen in das Gegenteil gekehrt. Man verbindet nicht miteinander zusammenhängende Informationen, um sie alle als Anzeichen der Bewegungen einer unsichtbaren Macht zu deuten, die wie eine Spinne in einem großen Netz von Handlungen und Handlungsmöglichkeiten sitzt.

Es ist eine Spinne, deren Bewegung wir nicht sehen, sondern von der wir nur Erschütterungen an den Knoten des Netzes sehen können. Die Verschwörungstheoretiker (re-)konstruieren ein Muster und schließen aus den Erschütterungen auf die Knoten und von diesen auf das Netz, auf die Spinne und letztendlich auf die Existenz der Spinne. Und wo eine Spinne ist, gibt es auch Menschen, die Angst vor Spinnen haben, irgendwo ... und die besuchen dann entsprechende Seminare und kaufen die Bücher.

Darüber nachzudenken, dass da vielleicht keine Spinne ist ... macht mich schon zu einem jener Menschen, die auf der Seite der »etablierten Wissenschaften« stehen, denn das Wissen um die Spinne ist geheim und eigentlich schon »stigmatisiertes Wissen«. Es muss eine Spinne geben, denn immerhin würde ich sonst nicht leugnen, dass es eine Spinne gibt ...

Aus diesem Teufelskreis *kann* man nicht ausbrechen. Es hat keinen Sinn, hier mit Sachargumenten zu arbeiten, denn diese sind offensichtlich auch nur ein Versuch, von den »Tatsachen« abzulenken, die nur einem eingeweihten Kreis (den mutmaßlichen Verschwörern selbst und den Anhängern der spezifischen Verschwörungstheorie) bekannt sind. Wer gerne glauben mag, dass ich für die »Spinnen« arbeite – bitteschön. Wenn eine »Spinne« diesen Text liest und erkennt, wie tapfer und clever ich sie tarne – ich maile gerne meine Kontoverbindung für eine kleine Entlohnung. Danke.

2.2. Roß und Reiter

Gerade in den Zeiten der modernen Kommunikationsmittel (lies: Internet) ist es schwerer geworden, bei einem Artikel »Ross und Reiter«, daher Autor und die ihn unterstützenden oder von ihm unterstützten Weltanschauungen zu erfahren. Barkun schreibt richtig:

> »(...) the Internet is the first mass medium without gatekeepers.«[16]

Ohne diese Torwächter wird online *alles* veröffentlicht – und Quellen und Beweise werden total überschätzt, wenn niemand mehr Korrektur liest.

---

15 Nach Barkun, S. 5.
16 Barkun, S. 20: »*(...) das Internet ist das erste Massenmedium ohne Torwächter.*« [Übersetzung HR] Vertiefend: Jaworski, passim.

Kurt Oertel (*1953), Mitarbeiter am Institut für Klassische Altertumskunde der Universität Kiel, hat dies in einem Artikel gut zusammengefasst:

> »Mag man die Demokratisierung des Wissens und der Informationsmöglichkeit durch das Internet auch begrüßen, so leistet es doch gleichermaßen dem Unwissen Vorschub, denn um den Wert dortiger Informationen beurteilen zu können, bedarf es als Voraussetzung eines zuvor anderweitig erworbenen Grundwissens, dessen Erwerb sich viele aber gerade erst durch das Internet erhoffen.«[17]

Die Fülle der Veröffentlichungen zu angeblichen Verschwörungen im Internet ist Legion, man kopiert sich fleißig gegenseitig und so findet man am Ende doch immer nur dieselben Thesen auf verschieden farbig unterlegten Seiten im Internet.

Ich habe versucht, mich nur auf Literatur zu beschränken. Erstens ist diese (noch?) ein weniger flüchtiges Medium als das Internet, zweitens ist die Traditionslinie bestimmter Themen im 20. Jahrhundert nur an der Literatur festzumachen (weil die maßgeblichen Werke prä Internet erschienen sind), und drittens, weil meiner Meinung nach gerade die fantastische und/oder esoterische Literatur des 20. Jahrhunderts als Transportinstrument für okkulte, faschistische Mythen eine Schlüsselposition einnimmt.

---

17 Oertel, S. 61.
18 McCloud, S. 85.
19 Gemeint ist hier Fantastik als allgemeiner Begriff für die Trias Science-Fiction, Fantasy und Horror.
20 Der Begriff wird im Englischen aus »fan kingdom«, also das »Königreich der Fans«, abgeleitet.
21 Carter, »Imaginary Worlds«, S. 113.
22 Nach Carpenter, S. 148.
23 Nach Carpenter, S. 72.
24 Nach Carpenter, S. 182.

3. Querverbindungen

»Tibet. Das ist es also ...«
»Ja, und was das bedeuten könnte, brauche ich Ihnen wohl nicht weiter zu erklären.«
Russell McCloud, »Die schwarze Sonne von Tashi Lhunpo«[18]

3.1. Esoterik und fantastische Literatur

Es ist wahrnehmbar, dass eine enge Bindung zwischen Esoterik/Mythologie und fantastischer Literatur besteht. Und: Die Leser-Autoren-Bindung ist in keiner Literaturgattung so eng wie bei der Fantastik[19]; ansatzweise vergleichbar ist die Leserbindung nur mit der bei der Kriminalliteratur, wo es wenigstens Ansätze eines »Fandoms«[20] gibt. Diese enge Bindung zwischen Leser und Autor führt natürlich dazu, dass in der Esoterikszene ausgesprochen viele Informationen über die Autoren und das Genre bekannt sind.

Gerade am Beispiel J. R. R. Tolkien (1892–1972; eher als Fantasyautor denn als Philologe bekannt) kann man diese Verbindung gut aufzeigen. Heute wird Tolkien »nur« als Fantasyautor begriffen, dessen Werkverfilmungen die Kinos füllen. Aber Tolkien war auch zutiefst esoterisch; nur dass diese esoterische Prägung nichts mit bunten Tüchern und Salzlampen zu tun hatte, sondern mit einer Prägung durch die nordische Mythologie.

Richtig – jener Tolkien, der laut Fantasyfachmann Lin Carter (eigentlich Linwood Vrooman Carter; 1930–1988) immer schon von »the Northern Thing«[21] fasziniert war. Von »Narnia«-Autor und Tolkien-Kollegen C. S. Lewis (1898–1963) ist bekannt, dass er sich mit Tolkien über nordische Mythologie ausgetauscht hat.[22] Aber auch ohne diesen Beleg wäre Tolkien schon fast ein Vorführfall für den Einfluss der nordischen »Edda« auf die Fantasy. Bekannt ist, dass Tolkien selbst die »Eddas« gelesen hat.[23] Ebenso bekannt ist auch, dass alle Zwergennamen im »Herrn der Ringe« aus der »Edda« stammen.[24]

Lin Carter geht in seiner Einschätzung von Tolkiens Werk noch weiter:

»The scenery of Middle-Earth seems quite familiar to us; we have visited something quite like this world of untamed forests and adventurous quests and dragon-guarded treasures in the Norse sagas and eddas, the German *Nibelungenlied* epic, Wagner's *Ring* cycle, and – for that matter! – Grimm's fairy tales. It is the familiar heroic or mythological age of Northern European folklore, legend, and epic literature, decked out with newly invented names.

When the Professor came to write the trilogy itself, he had some second thoughts about the lore established in *The Hobbit*. The goblins became the orcs, the Necromancer became Sauron, the endpaper maps were tinkered with, and the finish of the riddle game between Bilbo and Gollum was changed. Subsequent printings of *The Hobbit* have been altered to reflect these later developments.«[25]

Die religiöse Deutung von Tolkiens Werk war immer zwiespältig. Es gibt eine dezidiert christliche und eine dezidiert heidnische Deutung der Mythologie von Mittelerde. Dies spiegelt sich in vielen Kommentaren zum »Herr der Ringe« wieder:

»From the beginning of his writing two divergent eschatologies emerged: a more sombre apocalyptic one at the end of time as his legendarium presented it, patterned roughly on the Nordic Ragnarok (...).«[26]

Ein Autor, zwei divergierende Deutungen seines Mythos' und seiner Intention. Leider gibt es wenige Untersuchungen über den grundsätzlichen Zusammenhang zwischen Fantastik und Esoterik. Aber schon 1992 heißt es in »Religion als Kulturkritik« der Literaturwissenschaftlerin Stefanie von Schnurbein (*1961):

»Aufschluss über die Verbindungen zwischen germanischem Heidentum und verschiedenen anderen gegenwärtigen Subkulturen könnte eine literaturwissenschaftliche Analyse von Fantasy-Literatur geben, in der vielfach Elemente der germanischen Mythologie verwendet werden.«[27]

Und auf diese umfassende (und lesbare) Analyse heißt es weiter warten.

3.2. Fantastische Literatur und die Rezeption der Esoterik

Eine weitere zu beweisende These ist, dass die Rezeption von völkischen Verschwörungstheorien, rassistischen Revancheideen oder einer Überhöhung der Leistung der Arier/Germanen/Deutschen in der Weltgeschichte am ehesten über erzählende Literatur und pseudowissenschaftliche Sachbücher geschieht. Ich will versuchen, kurz eine solche Verbindungslinie aufzuzeigen.

Man muss zum Beispiel nicht weit suchen, um die nordische Rasse (und die mit ihr verbundene Kultur), Rassismus und Faschismus in einer Erklärungslinie zu sehen. Der Atlantismythos ist in Buchform häufig genug heruntergebetet worden, um als bekannt vorausgesetzt zu werden.

Wegener zieht in seinem Buch »Das atlantische Weltbild« für den Atlantismythos eine

---

25 Carter, »Imaginary Worlds«, S. 114: »*Die Szenerie von Mittelerde kommt uns bekannt vor; wir haben eine solche Welt der ungebändigten Wälder und abenteuerlichen Erkundungen und durch drachengeschützte Schätze in den nordischen Sagen, der ›Edda‹, dem germanischen ›Nibelungenlied‹, in Wagners ›Ring‹ und – ja! – in Grimms Märchen besucht. Es ist das bekannte heroische oder mythologische Zeitalter der nordischen europäischen Folklore, Legende und epischen Literatur, mit neu entwickelten Namen versehen.*
Als der Professor die Trilogie niederschrieb, hatte er einige Hintergedanken über die im ›Hobbit‹ eingeführte Mythologie. Daher wurden die Goblins zu Orks, der Nekromant wurde Sauron, die Karten am Ende und das Ergebnis des Rätselkampfes zwischen Bilbo und Gollum wurden bearbeitet. Spätere Druckausgaben des ›Hobbits‹ wurden überarbeitet, um diese Entwicklung wiederzugeben.« [Übersetzung HR]
26 Garbowski, S. 275: »*Von Anbeginn seines Schreibens an gab es zwei unterschiedliche Weltuntergangsszenarien: die dunklere Variante am Ende seiner Legende war mehr oder weniger auf dem nordischen Ragnarök aufgebaut (...).*« [Übersetzung HR]
27 Von Schnurbein, »Religion als Kulturkritik«, S. 305.

»bislang unbekannte Verbindungslinie zwischen Theosophen, Ariosophen, Anthroposophen, Vertretern der Konservativen Revolution, Welteislehre-Anhängern, Nationalsozialisten und Neuen Rechten in Deutschland und Frankreich. Die populärwissenschaftliche Umsetzung des Atlantismythos in einer nordisch-rassistischen Variante.«[28]

Hier finden sich verschiedene okkulte Gruppen, Nationalsozialisten und Atlantis in einem Absatz wieder. In Personen sieht Wegener schon eine Rezeption »durch führende NS-Funktionäre«.[29] Wichtig sind die Menschen, die diese Ideen nicht nur äußern, sondern auch publizieren. Noch einmal Wegener:

»Der nordistisch-rassistische Atlantismythos erreichte schon über die Multiplikatoren Blavatsky für die Theosophen, Steiner für die Anthroposophen, List und Lanz für die Ariosophen, Rosenberg und Wirth für die Nationalsozialisten ein Millionenpublikum.«[30]

Multiplikatoren – Menschen, die eine Ansicht ausformulieren und in gedruckter Form in Umlauf bringen. Andere Autoren sehen solche Linien auch. Der Historiker George L. Mosse (1918–1999) zieht in »Die völkische Revolution« Ähnlichkeiten zwischen den ariosophischen Lehren von List und der Theosophie sowie eine Verbindung durch Mitarbeiter.[31]

Später werde ich wieder auf dieses Thema kommen – die Verschränkung von Literatur und Rechtsradikalismus. Denn leider ist Atlantis (oder eine wie auch immer benannte »esoterische Weltzentrale«) nicht vom esoterischen Radar verschwunden; der Atlantismythos in seiner nordischen Variante spielt heute noch eine Rolle; die Allianz zwischen Rechtsextremisten und Esoterikern ist weiterhin virulent.

Sicherlich ist es leicht, solche Gruppierungen als Spinner abzutun. Doch es ist erschreckend, wie viel Einfluss diese vermeintlichen Spinner auf die allgemeine Esoterikszene haben. So wie die Fantasy und die Science-Fiction aus ihrem Nischendasein getreten sind, in dem sie bis Mitte der 80er Jahre in einem literarischen Schneewittchenschlaf gelegen haben, so ist auch die Esoterik längst in der Mehrheit der Bevölkerung angekommen und durchdringt – zum Teil auch zum Nutzen und Frommen der Bevölkerung – diese mit ihren Ideen und Ideologien.

Schon immer gab es eigenartige Verbindungen zwischen Science-Fiction und Fantasy auf der einen Seite und Esoterik auf der anderen Seite. So wurden Teile der »Gnostic Catholic Mess« des Okkultisten Aleister Crowley (1875–1947) in James Branch Cabells Fantasyroman »Jurgen« (1919) verwendet.[32] Crowleys amerikanischer »Stellvertreter« wiederum, der Raketenfachmann und Magier Jack »Marvel« Parsons (1914–1952), war in den frühen 40ern in der »Los Angeles Science Fiction League« aktiv.[33] Parsons wurde später durch die Zusammenarbeit seiner »Loge« mit Scientology-Gründer L. Ron Hubbard (1911–1986) bekannt.[34] Und über Scientology schreibt Richard Wagner-Glass[35] zutreffend:

> »Wir wollen Scientology als Bastard aus Kapitalismus und Science-Fiction begreifen (...).«[36]

Manchmal wird es schwierig, diese Zusammenhänge zu sehen oder nachzuweisen. Ohne Belege und Fußnoten schreiben zum Beispiel die Autorinnen Ursula Keller (*1964) und Natalja Sharandak[37] über den Zusammenhang von fantastischen Romanen und Blavatskys Theosophie:

> »Auch in der Populärliteratur sind theosophische Niederschläge zu finden so im *Zauberer von Oz*, dessen

---

28 Wegener, »Weltbild«, S. 10.
29 Wegener, »Weltbild«, S. 11.
30 Wegener, »Weltbild«, S. 66.
31 Mosse, S. 85; vgl. S. 322.
32 Starr, S. 76 f.
33 Ebenda, S. 266.
34 Ebenda, S. 313.
35 Der Name ist anscheinend das Pseudonym eines deutschen SF-Fachmanns.
36 Wagner-Glass, S. 99.
37 Biografische Angaben waren nicht zu ermitteln.

Autor Lyman Frank Baum Mitglied der Theosophischen Gesellschaft war, und nicht zuletzt in Joanne K. Rowlings Bestseller *Harry Potter*, in dem mit der Figur der Seherin Cassandra Vablatsky, deren Name ein Anagramm des Namens der Theosophin ist, auf Blavatksy Bezug genommen wird. Vablatsky war eine Prophetin aus Troja, deren Wahrheiten niemand Glauben schenkte, ihr Buch *Die Entnebelung der Zukunft* wird in Hogwarts als Lehrbuch der Wahrsagerei verwendet.«[38]

Ganz falsch sind die geschilderten Zusammenhänge nicht; interessant wäre hier zu erfahren, wo die Autorinnen inhaltlich theosophische Niederschläge in den genannten Werken gefunden haben.

Wie auch immer. Es gibt diese Verbindungen wirklich. Diverse Romanautoren nahmen diese esoterischen Traditionen auf und schufen Verbindungen zwischen unterschiedlichsten Figuren. »Twin Peaks«-Mitschöpfer und Autor Mark Frost (*1953) verbindet in seinem Bestseller »Sieben« (Originaltitel »The List of Seven«, 1993) unterschiedliche Figuren aus Literatur und Esoterik – hier sind es »Sherlock Holmes«-Autor und Okkultist Arthur Conan Doyle, »Dracula«-Autor Bram Stoker und Helena Blavatsky.

Aber nicht alles ist schlimm oder unlesbar; auch humoristisch ist es inzwischen möglich, mit Reichsflugscheiben und ähnlichem esoterischem Irrsinn umzugehen. Das beweist der Systemadministrator und »Steampunk«-Experte Alexander Jahnke (*1969) mit »Neues aus Neuschwabenland« drastisch.

Die Fantastik hat eine klare Begriffstrennung verdient. Es ist nicht die Fantasy, welche die esoterischen Traditionslinien alleine oder auch nur mehrheitlich weitergibt, dies gilt genauso für die Science-Fiction und (eher im Bereich von satanischen/»bösen« Elementen) der Horror. Die Themen sind längst im »Mainstream« angekommen – im Thriller, im »historischen Roman«, in der Fantastik.[39] Noch einmal: Esoterik, Fantasy und Science-Fiction sind in den letzten zwanzig Jahren zu *den* Bilder- und Mythengebern der populären Kultur geworden. Indigokinder, »Die Nebel von Avalon«, »Krieg der Sterne«, gefährliche Handystrahlung, »Conan«, »Star Trek«, Homöopathie, Neil Gaimans »Sandman« und Öko-SF-Thriller sind inzwischen Mainstream; fest verankert als zitierbare Vorbilder für die Populärkultur.

Science-Fiction wiederum hat einen starken Einfluss auf die Kultur:

> »In spite of all the talk, the role of science fiction as an educative force is still gravely undervalued.«[40]

Dieses Zitat aus »New maps of Hell«, einer Untersuchung über Science-Fiction des Science-Fiction-Autors Kingsley Amis (1922–1955), stammt aus dem Jahre 1960 und ist immer noch richtig. Keine (Literatur-) Gattung wirkte in den letzten dreißig Jahren so prägend auf die Alltagskultur wie die Fantastik mit der Science-Fiction, der Horrorliteratur und der Fantasy.

Eine letzte Warnung noch vorweg: Man darf nicht glauben, dass die unterschiedlichen Gruppen (Esoteriker, Heiden, Science-Fiction-Fans, esoterische Nazis) deckungsgleich oder völlig voneinander geschieden sind. Es gibt Schnittmengen. Nur die Größe dieser Schnittmengen ist strittig, nicht ihr Vorhandensein.

Wer daran glaubt, dass es UFOs gibt, leugnet nicht unbedingt den Holocaust. Wer sein Wasser verwirbelt, um es von böser Strahlung zu befreien, muss nicht glauben, dass Hitler noch lebt und auf der Venus im Exil ist. Aber ...

---

38 Keller und Sharandak, S. 14.
39 Unverständlicherweise spricht der Band »Endzeitkämpfer – Ideologie und Terror der SS« (Brebeck et al. [Hrsg.]) durchweg nur von Fantasy (vgl. S. 419).
40 Amis, S. 87: »*Egal, was man so erzählt – die Rolle der Science-Fiction als erzieherische Kraft wird weiterhin stark unterschätzt.*« [Übersetzung HR]

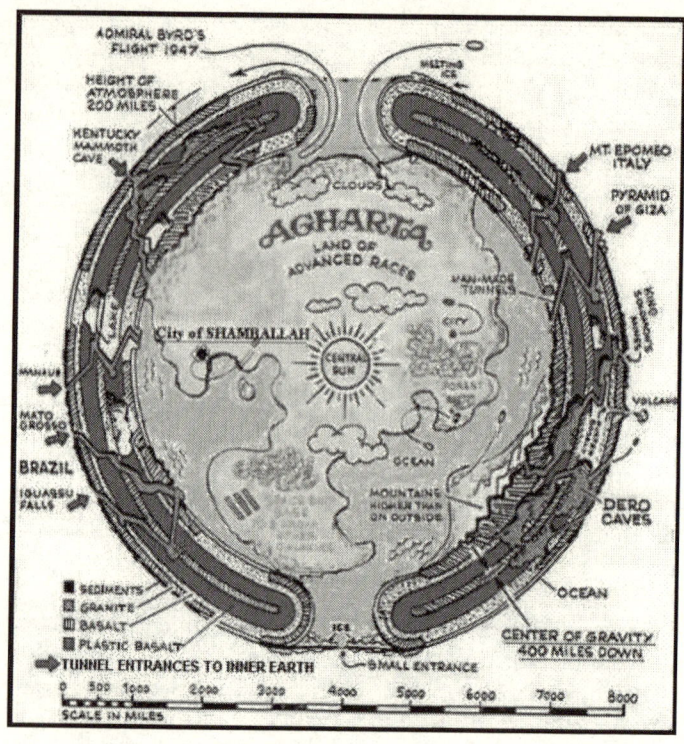

4. Exkurs: Die Nazis gewinnen den Zweiten Weltkrieg

»Ähnlich war es mit Henoch vor der großen Katastrophe. Nach der Sintflut wurde das Ziel seiner Reisen offenbar absichtlich geheim gehalten, was für Agartha, die in Tibet gelegene Geheimzentrale, sprechen würde.«
Robert Charroux, »Die Meister der Welt«[41]

Eine wichtige Begriffstrennung muss noch erfolgen, bevor wir uns inhaltlich mit Verschwörungstheorien beschäftigen. Denn gerade zum Thema Drittes Reich/Zweiter Weltkrieg gibt es Unmengen von Literatur (Romane und auch Sachbücher), in denen sich die historischen Geschehnisse anders entwickeln als in der uns bekannten Geschichte. Viele der Autoren unterstellen in ihren Werken keine echte andere historische Entwicklung, sondern sie postulieren (oft aus Gründen der reinen, hehren Unterhaltung) einen anderen Geschichtsverlauf. Und dieser Geschichtsverlauf steht im Widerspruch zur »bekannten« Geschichte, ohne jedoch in irgendeiner Form zu behaupten, dass die geschilderte »andere« Geschichte nur jenen zugänglich sei, die über Sonderinformationen verfügen, also zum Beispiel eine große Verschwörung aufdecken wollen oder die »wahren Fakten« kennen.

Diese Geschichtsdarstellung – im Gegensatz zur faktischen Geschichte kontrafaktische Geschichte genannt – beginnt im 20. Jahrhundert 1931 mit der Aufsatzsammlung »If it had happened otherwise« des britischen Historikers John Collings Squire (1884–1958).[42]

Diese kontrafaktische Geschichte folgt eigenen Spielregeln:

1. Die uns bekannten naturwissenschaftlichen Grundregeln müssen in der kontrafaktischen Geschichte eingehalten werden. – Damit entfallen z. B. alle Geschichten, in denen Magie auftaucht.
2. Die Beschreibung von kontrafaktischen Alternativen ergibt nur Sinn, wenn für die beschriebene Zeit und den beschriebenen Ort etwas an Fakten bekannt ist, aus denen man eine Alternative entwickeln kann. – Eine Superzivilisation auf Lemuria, die, ohne Spuren in der Geschichte zu hinterlassen, auftaucht und untergeht, ist ebenso wenig kontrafaktische Geschichte wie die Schilderung eines Steinzeitstammes, der, statt ins linke Tal abzubiegen, ins rechte Tal abbiegt.
3. Das, was keiner beobachtet, geschieht auch nicht. – Ereignisse ohne Außenwirkung sind keine kontrafaktische Geschichte.
4. Die Intention des Verfassers ist wichtig für die Einstufung seines Werkes. – Ein Autor muss absichtlich eine kontra-

---

41 Charroux, »Die Meister der Welt«, S. 93.
42 Deutsch erst 1988 als »Wenn Napoleon bei Waterloo gewonnen hätte«. Squire wird auch in der Sekundärliteratur allgemein als Startschuss erfasst. Einige Wertungen von Squires Rolle für die kontrafaktische Geschichte finden sich bei Alpers et al., Amery, Helbig und Snowman.

faktische Geschichte schildern. Dies trennt den kontrafaktischen Roman vom schlecht recherchierten historischen Roman ... Das Auftauchen einer unhistorischen Waffe oder eines unhistorischen Fahrzeugs führt nicht dazu, dass die geschilderte Handlung automatisch zur Handlung eines kontrafaktischen Romans wird!
5. Diese Intention des Verfassers, einen kontrafaktischen Roman zu schreiben, äußert sich oft durch die Darstellung von Hinweisen auf unsere Welt (Träume oder Visionen der echten Geschichte, Spekulationen über einen anderen Geschichtsverlauf [der überraschenderweise mit unserem identisch ist], Anspielungen auf bekannte Produkte, Erwähnung von historischen Persönlichkeiten in anderen Zusammenhängen etc. p. p.).

Eine Zusammenfassung der Definition könnte also so lauten: Bei der Beschreibung von kontrafaktischer Geschichte müssen nicht nur die Grundregeln der Naturwissenschaft eingehalten und Fakten für eine kontrafaktische Gegenrechnung zugrunde gelegt werden, zusätzlich muss der Verfasser planen, einen kontrafaktischen Roman zu schreiben und dies auch kenntlich machen, in dem die von ihm geschilderten Veränderungen nicht ohne Außenwirkungen bleiben.

Das Schwergewicht liegt im Bereich der erzählenden Literatur, aber Historiker haben sich immer wieder an solchen Ansätzen geübt. Immer noch ist hier bei Arbeiten von Historikern zum Thema zuerst der Artikel von Eberhard Jäckel (*1929) »Wenn der Anschlag gelungen wäre ...« (1974) zu nennen.

Der Zweite Weltkrieg bietet sich besonders für militärhistorische Betrachtungen an. Stellvertretend können hier »Options of Command« (1984) des Militärhistorikers Trevor N. Dupuy (1916-1995), Bruce Quarrie (1947-2004) mit »Hitler: The Victory that nearly was« (1988) oder »The Hitler Options« (1995), herausgegeben von Kenneth Macksey (1923-2005), stehen.

Gerade die deutschen Kriegs- und Nachkriegspläne sind sehr gut dokumentiert, ein Nachkriegsszenario unter deutscher Vorherrschaft lässt sich daher ausmalen. Die Detailfülle geht so weit, dass wir die Schienenpläne und Bahnuniformen für eine Nachkriegsordnung Europas aus deutscher Sicht kennen.[43] Michael Freemans »Atlas of Nazi Germany« zeigt die deutschen Zielplanungen vom Autobahnnetz bis hin zum Aufbau des »Reichsgaus Wartheland«. Einzelstudien beleuchten die Pläne des NS-Regimes z. B. für Afrika.[44]

Das bekannteste deutschsprachige Sachbuch zu diesem Thema ist sicherlich »Wenn Hitler den Krieg gewonnen hätte« des Journalisten Ralph Giordano (1923–2014). Erstaunlich ist die von Giordano dokumentierte Planungswut der Deutschen:

> »Da waren Gebiete vorgesehen, die innerhalb kürzester Frist dem Reich zugeschlagen und total eingedeutscht werden sollten. Daran anschließend nach Osten hin sogenannte Siedlungsmarken, die nicht mehr – oder noch nicht – dem Reich zugehörig galten, aber ›an vorderster Front des deutschen Volkstums‹ standen. Diese Gebiete sollten in 15 Jahren zur Hälfte eingedeutscht werden. Noch weiter östlich waren Siedlungsstützpunkte als Städte mit starken, deutschen Garnisonen geplant, von deutschen Dörfern umgeben. Knotenpunkte an Eisenbahnlinien und Autobahnen, die zu den Marken des Reiches führten.«[45]

Die Zahl der Romane zum Thema ist Legion – und damit meine ich weiterhin nur die eindeutig kontrafaktischen Romane. Der erste Roman zum Thema stammt aus dem Jahre 1940. Fred Allhofs »Lightning in the Night« (deutsch als »Blitzkrieg. Die Nazi-Invasion in Amerika«) ist die Romanfassung einer Fortsetzungsgeschichte aus »Liberty«[46], in der ein deutscher Angriff auf die USA prophezeit wird.

1962 erschien »The Man in the High Castle« (deutsch als »Das Orakel vom Berge«) des Science-Fiction-Schriftstellers Philip K. Dick (1928–1982) über einen deutschen Sieg im

---

43 Vgl. Joachimsthaler, passim.
44 Vgl. Ndumbe III, passim.
45 Giordano, S. 163.
46 Nach Miller, S. 7.

Zweiten Weltkrieg und die Besetzung Amerikas. In dieser Welt ist die Westküste Nordamerikas japanisch, die Ostküste deutsch besetzt. Die Bewohner dieser Welt machen sich nun Gedanken über die Frage, ob es eine Welt geben könnte, in der die Alliierten den Krieg gewonnen haben.

Im selben Jahr erschien Keith Laumers (1925–1993) »Worlds of the Imperium«, in dem ein Parallelwelt-Richthofen und ein Parallelwelt-Göring wichtige Führungspersönlichkeiten einer pazifistisch eingestellten Zivilisation sind.

Humoristisch behandelte 1966 Otto Basil (1901–1983) das Thema in »Wenn das der Führer wüsste«: Ein siegreiches Deutschland der 60er Jahre streitet mit Atomwaffen um den Endsieg über die ganze Welt.

Mit einer Indizierung kämpfte Norman Spinrad (*1940) im Jahre 1981 bei der deutschen Ausgabe seines 1972 erschienenen »The Iron Dream« (deutsch als »Der stählerne Traum«). Dieses Buch umfasst in weiten Teilen den Fantasyroman »Der Herr des Hakenkreuzes«, das eigentliche »Der stählerne Traum« ist nur eine Rahmenhandlung samt Vor- und Nachwort um diesen Fantasyroman.

»Der Herr des Hakenkreuzes« selbst ist ein schlechter Fantasyroman, angeblich von einem nach Amerika ausgewanderten Hitler geschrieben. Der Zweite Weltkrieg fand auf dieser Welt niemals statt. Das Buch versteht sich als Satire – und war in Deutschland einige Jahre lang indiziert, weil es angeblich das Naziregime verherrlichte.

Über »Hitler has won« (1975) von Frederic Mullally (1918–2014) heißt es:

> »The story that follows is a novelist's blend of truth and fiction. It freezes the march of events inside Hitler's Reich at the date in March 1941 when the Regent of Yugoslavia was first summoned to Hitler's mountaintop retreat at Berchtesgaden. (...) The Hitler of ›Hitler Has Won‹ has already smashed the Red Army west of Moscow and taken the Russian capital when the story opens. He has also persuaded his Japanese ally to strike at Vladivostok rather than at Pearl Harbour.«[47]

1978 veröffentlichte der Thrillerautor Len Deighton (*1929) »SS-GB« über einen deutschen Sieg über England im Zweiten Weltkrieg. Er schildert ein Großbritannien, das 1941 von den Deutschen besetzt worden ist. König Georg VI. sitzt als Gefangener im Tower.

Jerry Yulsman (1924-1999) schildert in »Elleander Morning« (1984) eine großartige kontrafaktische Welt, die den Besucher aus unserer Welt völlig verwirrt:

> »Lesley reichte ihm beide Bände der Geschichte des Zweiten Weltkriegs und beobachtete ihn, während er einen davon durchblätterte; seine Gesichtszüge verrieten die gleiche Verwirrung und erregte Unruhe, die sie selbst auch gefühlt hatte. Und plötzlich kam ihr in einer jähen euphorischen Anwandlung zu Bewusstsein, dass sie eben dabei war, in ein neues Leben zu treten, das keinerlei Ähnlichkeit mit ihrem bisherigen haben würde. Sie erschauerte.
>
> Nach ein paar Minuten blickte Freddy Hayworth auf. Verblüfft sagte er mit einer Stimme, deren Tonlage eine halbe Oktave höher war als sonst: ›Was, zum Teufel, ist der Zweite Weltkrieg?‹«[48]

Dass auch deutsche Autoren eindrucksvolle kontrafaktische Geschichten zum Thema beitragen können, bewies Thomas Ziegler (1956-2004) mit »Die Stimmen der Nacht« (1985). In dieser Welt wurde der Morgenthau-Plan umgesetzt. Deutschlands Industrie wurde zerstört oder demontiert, in Südamerika formiert sich eine neue deutsche Nazioberschicht.

---

47 Mullally, S. IX: »*Die folgende Geschichte ist die Vermischung von Wahrheit und Erfindung durch den Autor. In Hitlers Reich werden die Ereignisse März 1941 eingefroren, als der jugoslawische König erstmals in Hitlers Ferienhaus in den Bergen bei Berchtesgaden eingeladen wurde. (...) Der Hitler dieser Erzählung hat die Rote Armee westlich von Moskau zerschlagen und die russische Hauptstadt erobert, bevor die Geschichte beginnt. Er hat außerdem seine japanischen Verbündeten dazu überredet, gegen Wladiwostok statt Pearl Harbour zu schlagen.*« [Übersetzung HR]

48 Yulsman, S. 79.

In »The Proteus Operation« (1985; deutsch: »Unternehmen Proteus«) von James P. Hogan (1941-2010) gewinnen die Deutschen den Zweiten Weltkrieg.

Die schon ziemlich irre Welteistheorie von Hanns Hörbiger (1860-1931) wird in Brad Linaweavers (*1952) »Moon of Ice« (1988) zum Ausgangspunkt für ein deutsches Weltraumprogramm und einen Wettlauf zum Mond. In Linaweavers Parallelwelt war Roosevelt nur bis 1942 US-Präsident, Nazi-Deutschland entwickelte eine Atombombe und die äußerst unwahrscheinliche Heldin ist Hilda Goebbels.

In »Vaterland« (Orginaltitel »Fatherland«, 1992) von Robert Harris (*1957) wird das Thema eines deutschen Sieges in Europa wieder aufgegriffen. Hier ist in der Welt des Jahres 1964 der Holocaust unbekannt. Erst gegen Ende des Romans wird die planmäßige Auslöschung der europäischen Juden der amerikanischen Regierung bekannt.

In »1945« (erschienen 1995) von Autor und Historiker William R. Forstchen (*1950) und dem Politiker Newt Gingrich (*1943) sabotiert Deutschland nach einem Sieg in Europa das amerikanische Atombombenprogramm. Die Kontroversen um das von einem bekannten amerikanischen Politiker mitgeschriebene Buch erreichten sogar die Seiten des »Spiegel«.[49]

John Bowens (*1924) beschreibt in »No Retreat« (erschienen 1994) eine Welt ohne japanischen Angriff auf Pearl Harbor. Die USA bleiben neutral und ohne deren Unterstützung kapituliert England 1942. Bis 1992 bleibt alles ruhig, dann bricht hier ein kontrafaktischer Golfkrieg aus.

Einen literarischen Höhepunkt bietet für mich »Die Vereinigung jiddischer Polizisten« (Originaltitel »The Yiddish Policemen's Union«, 2007) von Michael Chabon (*1963). Die Überlebenden des Holocaust siedeln nicht in Israel, sondern in Alaska...

---

49 Hoyng, »Thor Eins an Siegfried«.
50 Charroux, »Die Meister der Welt«, S. 67 f.
51 Nach Wegener, »Alfred Schuler, der letzte deutsche Katharer« (ab jetzt als »Schuler« zitiert), S. 59; dito Maroney, S. 22.
52 Wachsmuth, S. 6.

Noch einmal: Diese Bücher sind alle unterhaltend gemeint, aber nicht ernst. Und das unterscheidet sie von jenen Sumpfblüten der Esoterik, die »geheime Wahrheiten« ankündigen, aber schlechte Unterhaltung bieten; der kontrafaktische Roman liefert keine Wahrheiten, aber oftmals gute Unterhaltung.
Exkurs Ende.

5. Das späte 19. Jahrhundert

»In seinem Buch ›La Clé des Choses Cachées‹ (›Der Schlüssel zu den verborgenen Dingen‹) schreibt Maurice Magre: ›Gemäß einer Überlieferung, die mit jener von Agartha zusammenhängt, gab es nach der großen kosmischen Katastrophe, in deren Verlauf Atlantis versank, Menschen, die sich retten konnten und es sich zur Aufgabe machten, das ethische Erbe der Menschheit aufrechtzuerhalten.‹«
Robert Charroux, »Die Meister der Welt«[50]

Die (gegenseitige) Beeinflussung von Literatur und Okkultismus begann schon früh. Werke wie »The Coming Race« (1871) des Schriftstellers und Okkultisten Edward Bulwer-Lytton (1803-1873) hatten Einfluss auf Helena Blavatsky[51] und die Theosophie, später auf Rudolf Steiner und die Anthroposophie. Der deutsche Anthroposoph Guenther Wachsmuth (1883-1963) schreibt im Vorwort zur deutschen Ausgabe von Bulwer-Lyttons »The Coming Race« (»Vril oder Eine Menschheit der Zukunft«):

»Nach dem Ersten Weltkrieg forderte mich Rudolf Steiner auf, dieses Werk Bulwers [»The Coming Race«, HR] ins Deutsche zu übersetzen. Als ich ihm damals erwiderte, dass die Inhalte doch recht phantastisch seien, entgegnete er, dies sei nur scheinbar und zeitbedingt, in Wirklichkeit habe Bulwer im inneren Bilde richtig geschaut, was in der Evolution potenziell veranlagt sei, insbesondere durch die zukünftige Entdeckung bisher unbekannter Naturkräfte.«[52]

Nicht zum ersten Mal beliefert ein fantastischer Roman Esoteriker mit »Informationen«. Im späten 19. Jahrhundert war die Theosophie die neue esoterische Denkrichtung, auf welche die aktuelle Literatur schnell reagiert.

Die Wurzeln der Theosophie gehen auf Helena Petrovna Blavatsky (1831–1891) zurück, welche 1875 die »Theosophische Gesellschaft« gründete. In Blavatskys Schriften finden wir die Idee einer überlegenen Urrasse, von der alle bekannten Mittelmeerkulturen herstammen, vermischt mit der These der rassischen und intellektuellen Überlegenheit jener Urrasse. Die Mittelmeerkulturen waren nicht in der Lage, aus sich selbst heraus eine hochstehende Zivilisation zu gründen. Während bei Blavatsky noch eine mysteriöse Urrasse der Auslöser dieses Zivilisationsschubs war, so waren die Auslöser für diese Höherentwicklung wenige Jahrzehnte später laut der Ideologie des Nationalsozialismus die Arier. Wegener schreibt hierzu in »Alfred Schuler, der letzte deutsche Katharer«:

> »Auch die Arier spielen in Blavatskys Lehre eine Rolle: ›... finden wir die letzten Atlantier vermischt mit dem arischen Element noch vor 11000 Jahren. Dies zeigt das ungeheure Übergreifen der einen Rasse über die Rasse, welche ihr nachfolgt ...‹ Auch die Ägypter, Griechen und Römer werden von ihr zum ›Überreste der Atlanto-Arier‹ erklärt. Blavatsky differenziert in ihrer Rassenlehre zwischen den ›höheren intellektuellen Rassen‹ und den ›niederen Rassen, von denen noch einige Analoga übrig sind – wie die jetzt rasch aussterbenden Australneger ...‹. Damit fügt sie dem Atlantismythos zum ersten Mal eine rassistische Komponente bei.«[53]

Genauso urteilt der Science-Fiction-Experte Joachim Körber (*1958):

> »Die erste rassistische Färbung erfährt der Atlantis-Mythos aber nicht in Deutschland, sondern im 1888 veröffentlichten Buch ›The Secret Doctrine‹ (dt. ›Die Geheimlehre‹) der Okkultistin und Begründerin des

theosophischen Ordens Helena Blavatsky. Sie erwähnt das ›arische Element‹ in der Rasse der Atlantier und stellt sie als eine von fünf ›Wurzelrassen‹ über aus ihrer Sicht ›niedere Rassen‹ wie die ›rasch aussterbenden Astralneger‹. In der ›Geheimlehre‹ fällt der entscheidende Satz: ›Die arische Rasse wurde im fernen Norden geboren‹.«[54]

Die Weltordnung ist für Blavatsky eindeutig in der Geschichte verortet: Vor der adamitischen Rasse lebten vier Rassen auf vier Kontinenten. Dazu gibt es ein »Imperishable Sacred Land«, das so liegt, dass der »polestar has its watchful eye upon it«.[55] Blavatsky schrieb darüber vertiefend:

> »Even in our days, science suspects beyond the Polar seas, at the very circle of the Arctic Pole, the existence of a sea which never freezes and a continent which is ever green.«[56]

Weiterhin finden sich bei ihr alle Schlagwörter zur Erdgeschichte und Entwicklung der modernen Menschheit, die man schon immer in der »normalen« Geschichtsschreibung vermisst hat, aber in Esoterik und Fantasyliteratur findet: Hyperborea und Lemuria[57] sowie Atlantis[58].

Prinzipiell gilt Wegeners Aussage zum Okkultismus in dieser Zeit:

> »Die Quellenlage zu diesem Themenfeld [Okkultismus des 19. Jahrhunderts, HR] ist in der Regel miserabel: Eine ›okkult‹, also verborgen agierende Gruppe von

---

53 Wegener, »Schuler«, S. 60.
54 Körber, S. 146; vgl. Novian, S. 25.
55 Blavatsky, S. 106: Das »*Ewige Heilige Land*« liegt so, dass der »*Polarstern sein wachsames Auge darauf hat*«. [Übersetzung HR]
56 Blavatsky, S. 111: »*Selbst heutzutage vermutet die Wissenschaft unter dem Polarmeer, am arktischen Pol, die Existenz eines Meeres und eines Kontinentes, der immer grün ist.*« [Übersetzung HR]
57 Blavatsky, S. 107.
58 Blavatsky, S. 108.

Menschen wird kaum Protokolle ihrer Sitzungen dem Stadtarchiv zwecks späterer historischer Aufarbeitung anvertrauen.«[59]

Nur so viel sei erklärt: Wichtige Gestalten im esoterischen Weltbild der Theosophie sind die Mahatmas. Für Blavatsky saß die »Bruderschaft der Mahatmas« in ihrem Hauptquartier in Tibet, von wo aus sie die Welt »mittels okkulter Strahlen und der Fähigkeit, die Schöpfung in ihre Astralleiber aufzulösen«, erobern würden.[60]

Der Ethnologe Martin Brauen (*1948) schreibt in seinem Artikel »Traumwelt Tibet« dazu:

»In Shambhala wurde, der theosophischen Rassenlehre zufolge, der Kern der ›fünften Wurzelrasse‹ gebildet, deren ›erste Unterrasse‹ die indischen Arier bildeten und deren fünfte und damit höhere Unterrasse die Weißen waren. Diese absonderlichen Vorstellungen sind Teil eines Mythos, dessen sich Neonazis in verschiedensten Büchern bis heute bedienen. Helena Petrovna Blavatsky, wesentliche Figur und Begründerin der theosophischen Rassentheorie, leistete dabei, wie andere Theosophen auch, rassistischem Gedankengut offensichtlich Vorschub.«[61]

Marcus Hammerschmitt (*1967) ist ein Journalist, der sich auch als Autor von Science-Fiction betätigt hat. Sein Urteil über Blavatsky in »Instant Nirwana« ist kurz, bösartig und treffend:

»Dass die Blavatsky, die Urmutter des Unsinns, ihre verquaste Rassenmystik auch mit angeblichen Reisen nach Tibet und dahergeraunten ›tibetischen Mysterien‹ begründet hat, müsste eigentlich ein starker Hinweis darauf sein, dass hier, zumindest für Europäer, Abgründe lauern.«[62]

Dem ist nichts hinzuzufügen.

Ignatius Donnelly (1831–1901) war ein amerikanischer Politiker und Hobbyforscher. 1882 erschien sein Buch »Atlantis, the Antediluvian World«.[63] Zweck des Buches ist der Nachweis, dass im Atlantik eine »große Insel« existierte, die unter dem Namen Atlantis bekannt war.[64] Dies sei die Region, »in welcher der Mensch zu allererst sich aus dem Zustande der Barbarei erhob und die Zivilisation emporwuchs«[65]. Und

> »dass die Bevölkerung von Atlantis im Verlauf unermesslicher Zeitalter zu einer volkreichen mächtigen Nation heranwuchs, deren überquellende Bestandteile die Ufer des mexikanischen Golfes, des Mississippis, des Amazonasstromes, der Pazifikküste Südamerikas, des Mittelländischen Meers, und ferner die Küsten von Westeuropa und Westafrika, der Ostsee, des Schwarzen Meeres und des Kaspischen Meeres mit gebildeten Volksstämmen bevölkerte.«[66]

Wieder geht es um eine Urrasse, die allen anderen Völkern die Zivilisation bringt.

Donnelly erwähnt neben Atlantis Lemurien.[67] Ägypten war nur eine »schwache und unvollkommene Kopie« von Atlantis.[68] Die vier Häuptlinge der Besiedelung Amerikas vor der Sintflut hießen laut Donnelly Ayar-mancotopa, Ayar-chaki, Ayar-aucca und Ayar-uyssu. »Ayar« kommt laut Donnelly von Sanskrit »Ajar«, es heißt »erster Häuptling«.[69]

---

59 Wegener, »Heinrich Himmler – Deutscher Spiritismus, französischer Okkultismus und der Reichsführer SS« (ab jetzt als »Himmler« zitiert), S. 25.
60 Nach De Camp, »Versunkene Kontinente«, S. 65.
61 Brauen, S. 54 f.
62 Hammerschmitt, S. 32 f.
63 Deutsch erst 1911 als »Atlantis, die vorsintflutliche Welt«.
64 Donnelly, S. 3.
65 Ebenda.
66 Ebenda.
67 Donnelly, S. 52.
68 Donnelly, S. 254 f.
69 Donnelly, S. 271.

Die »Negerrasse« kommt als einzige Rasse (weiß, rot, gelb, schwarz) nicht von Atlantis und gehört auch nicht zu den Nachkommen Noahs.[70] Aber:

»Jedwede Eigentümlichkeit der Rassen, des Blutes, des Glaubens, jedweder Lichtstrahl des Gedankens führt in letzter Linie zurück auf Atlantis!«[71]

Nach solchem Gefasel ist es nicht ungewöhnlich, dass sich Atlantisforscher bis zum Erfinder der Helgoland-Atlantis-These Jürgen Spanuth (1907–1998) und seinem »Das enträtselte Atlantis« (erschienen 1953) auf den »amerikanischen Forscher I. Donelly« [sic][72] beziehen.

6. Das frühe 20. Jahrhundert

»Hitler named this place Shamballah after the legendary underground city of evil in the Tibetan Himalayas (...).«[73]
John F. Rossmann, »Shamballah«[74]

Wenn man hoffte, dass diese rassistischen Äußerungen über eine Kultur bringende nordische Rasse nach Blavatsky verschwunden sind, so muss man sich leider eines Besseren belehren lassen. Anthroposophie-Gründer Rudolf Steiner (1861–1925) steht in der Linie, die mit einem rassistischen Okkultismus beziehungsweise einer rassistischen Esoterik bei Blavatsky begonnen hat.

So gibt es für Steiner jenseits der »vergänglichen« eine »unvergängliche« Geschichte; die Anthroposophen nennen diese die Akashachronik.[75] Bei der Wiedergabe »mehrerer Kapitel« aus der Akashachronik geht es laut Steiner auch um das »atlantische Festland«, das einst zwischen Amerika und Europa lag.[76] Die Vorfahren der Atlantier wohnten südlich vom heutigen Asien. Sie heißen Lemurier.[77]

Die Entwicklungsgeschichte der Menschheit liest sich bei Steiner dann so:

»Die größte Masse der atlantischen Bevölkerung kam in Verfall, und von einem kleinen Teil stammen die sogenannten Arier ab, zu denen unsere gegenwärtige Kulturmenschheit gehört. Lemurier, Atlantier und Arier sind, nach der Benennung der Geheimwissenschaft, Wurzelrassen der Menschheit.«[78]

Eine Gruppe »Hauptführer«, von den Theosophen Manu genannt, entnahmen in einer Art geistigem Zuchtprogramm aus diesen Rassen »die Befähigsten«:

»Das geschah, indem der Führer die Auserlesenen an einem besonderen Ort der Erde – in Innerasien – absonderte, und sie vor jedem Einfluss der Zurückgebliebenen oder der auf Abwege Geratenen befreite.«[79]

Dieser Ort in Innerasien könnte Tibet gewesen sein ... Eine Reiseroute vom Grund des Meeres hinauf in die höchsten Höhen!

Noch einmal Hammerschmitt, der in seinem »Instant Nirwana« sehr schön auch in wenigen Worten die Rolle der Anthroposophie in der modernen Esoterik beschreibt:

»Die Anthroposophie ist der Katholizismus unter den esoterischen Lehren. Sie ist mittlerweile schon so alt, dass sie allein dadurch Würde gewonnen hat, die Pati-

---

70 Donnelly, S. 302.
71 Donnelly, S. 340.
72 Spanuth, S. 159.
73 »Hitler benannte diesen Ort Shamballah, nach der legendären, unterirdischen Stadt des Bösen im tibetischen Himalajagebirge.« [Übersetzung HR]
74 Ross, S. 139.
75 Nach Steiner, S. 5.
76 Steiner, S. 7.
77 Nach Steiner, S. 19.
78 Steiner, S. 20.
79 Steiner, S. 44 f.

na auf den Bildern Steiners verleiht seiner Lehre den Ernst des Althergebrachten.«[80]

Dem ist wenig hinzuzufügen.

6.1. Lanz von Liebenfels (ab 1905)

Jörg Lanz von Liebenfels, eigentlich Adolf Joseph Lanz (1874–1954), hatte starken Einfluss auf die Entwicklung einiger Ideologien des Dritten Reichs. In seinem 1958 erschienenen Buch nannte der Psychologe Wilfried Daim (*1923) Lanz lapidar »Der Mann, der Hitler die Ideen gab«; dieser Einschätzung würde ich mich nicht anschließen, aber sie deutet an, welche Wirkungsmacht der aus heutiger Sicht nur verquast und irre klingende Lanz damals entfaltet hat.

Sein Wirken war vielfältig: Lanz erfand den Begriff der Ariosophie, entwarf die Theozoologie (sein Buch »Die Theozoologie oder die Kunde von den Sodoms-Äfflingen und dem Götter-Elektron« erschien schon 1906) und veröffentlichte als Publikationsmöglichkeit für seine vielfältigen, kruden Vorstellung ab 1905 die Zeitschrift »Ostara«.

Ken Anderson[81] schreibt über Lanz in »Hitler and the Occult«:

> »There is an agreement between orthodox and occult historians that in 1909 Hitler came under the influence of a Lanz Von [sic] Liebenfels, a defrocked monk who was not only an astrologer, but a racist whose real name was Adolf Lanz. Some occult writers see this as part of a process in which Hitler drifted deeper if irrationally into occult studies.«[82]

Fairerweise sollte man erwähnen, dass Anderson als Autor in vielen Dingen fehlerhaft und in seinen Quellen eigenartig ist. Eine Biografie und Bibliografie von Ken Anderson sind online nicht nachweisbar.[83]

Von Anderson stammt auch die These, dass Himmler über Felix Kersten, seinen finnischen Masseur (!), Kontakt zu »Ko« bekommen habe.[84] Bei Ko handelt es sich danach um tibetanische weiße Magie. Warum finnische Masseure tibetanische Magie vermitteln können, wird leider nicht geklärt.

Aber: Lanz schien esoterisch gut vernetzt, wie auch Daim konstatierte:

>»Lanz hatte auch Beziehungen zu den verschiedensten anderen Sektierern, so zu Madame Blavatsky, der Theosophin, und zu Madame Besant.«[85]

Lanz' Ideologie war verquer. Daim fasste sie folgendermaßen zusammen:

>»Er [Lanz, HR] teilte die Menschen in zwei Gruppen ein: die Blonden, oder wie sie später heißen, die Asinge (von den Asen, den germanischen Göttern), die Heldlinge, die Arioheroiker, die Edelrassigen, die Angehörigen der Herrenrasse und die übrigen, die Tschandalen (von Candala, den Mischrassen im alten Indien) oder Äfflinge oder später besonders böse die Bolschi-Juden, oder Waninge, Schrätlinge u. a.«[86]

Nicht viel anders äußert sich Goodrick-Clarke über Lanz:

>»Lanz tut einen Blick in eine seltsame prähistorische Welt gottähnlicher, arischer Übermenschen, in ein mittelalterliches Europa von patriarchalisch-religiösen Ritterorden sowie auf ein visionäres New Age mit ras-

---

80 Hammerschmitt, S. 53.
81 Lebensdaten waren nicht zu ermitteln.
82 Anderson, S. 41: »*Orthodoxe und okkulte Historiker sind sich darin einig, dass Hitler 1909 unter den Einfluss von Lanz Von [sic] Liebenfels geriet, einem ehemaligen Mönch, der nicht nur ein Astrologe, sondern auch ein Rassist war, dessen richtiger Name Adolf Lanz lautete. Einige okkulte Autoren sehen dies als Teil einer Entwicklung, die Hitler tiefer und irrationaler in okkulte Studien geraten ließ.*« [Übersetzung HR]
83 Stand: 03.12.2014.
84 Anderson, S. 223.
85 Daim, S. 140.
86 Daim, S. 60 f.

senreinen Rittern, Mystikern und Weisen. Kern seiner ario-christlichen Doktrin ist eine dualistische Häresie der einander bekämpfenden Kräfte von Gut und Böse, verkörpert von arischen Asen und ihrem Retter Frauja (ein gotischer Name für Jesus), der nach der heiligen Vernichtung der Untermenschen, der ›Äfflinge‹, und aller anderen rassisch Minderen ruft.«[87]

All dies waren Thesen, die sich wenige Jahre später politisch im Dritten Reich niederschlugen.

6.2. Guido von List und seine Erben (ab 1908)

Der Schriftsteller und Esoteriker Guido List, später Guido von List (1848–1919), gilt als einer der Ideengeber der völkischen Ideologie des Dritten Reichs. Lists Gründung des Armanenordens hatte in Folgeorganisationen Wirkung bis heute.

Der Literaturwissenschaftler Jost Hermand (*1930) sieht eine Verbindung von der Theosophie zu List und später den Armanen:

»So versuchte etwa Guido von List den nordischen Armanismus in direkter Anlehnung an die Theosophie aus der mystischen Esoterik des Wuotanismus abzuleiten (…).«[88]

Von Schnurbein schreibt zu den Armanen und ihre Übernahme von theosophischem Ideengut via von List in ihrem Buch »Göttertrost in Wendezeiten«:

---

87 Goodrick-Clarke, »Die okkulten Wurzeln des Nationalsozialismus«, S. 83.
88 Hermand, S. 80 f.
89 Von Schnurbein, »Göttertrost in Wendezeiten«, S. 25.
90 Carter, »John Carter: Sword of Theosophy«, S. 211: »*Ich habe wirklich den Eindruck, dass Edgar Rice Burroughs in der Theosophie reichhaltiges Hintergrundmaterial für seine Mars-Bücher fand; seine hauptsächliche Aufgabe war das Hinzufügen von Kanälen und Pflanzen zur Erzeugung von Atmosphäre zu Landschaften, die eigentlich für Atlantis und Lemuria und weitere in Richtung Mu weisende Orte gedacht waren.*« [Übersetzung HR]

»Bis zurück ins sagenhafte Atlantis verlegen die Armanen den Ursprung der Germanen – eine theosophische Idee, die wohl über Guido von Lists Theorien in den Orden gelangte. In der atlantischen Zeit habe es Menschen gegeben, die die Wurzel aller Dinge, das ›Goth‹ erkannt hätten, nach dem sie sich Goden nannten. Von diesen Goden stammten die Arier ab, die ›Lichtgeborenen‹ oder ›Kinder der Sonne‹. Sie zeichneten sich aus durch helle Haut und ein ›leuchtendes Wesen‹. Nach dem Untergang des atlantischen Kontinents hätten diese Arier alle Teile der Welt besiedelt und ihnen Kultur gebracht.«[89]

Die Arier als Kulturbringer aus Atlantis, »Kinder der Sonne« und die Verbindung mit Goten/Goden und Germanen, all das wurde als mentale Mixtur durch die Jahrzehnte weiter gereicht.

6.3. Tarzan auf dem Mars (ab 1912)

Die esoterische Literatur folgte den Ideen der Theosophie, aber mindestens genauso schnell war die Umsetzung von theosophischen Konzepten in der fantastischen Literatur angekommen.

Edgar Rice Burroughs (1875–1950), der Erfinder von Tarzan, übernahm für seine Marsromane (beginnend 1912 mit »A Princess of Mars«) Inspirationen der Theosophie. So schreibt der Fantasyfachmann Lin Carter in dem Artikel »John Carter: Sword of Theosophy« über John Carter, den Protagonisten der ersten Marsromane von Burroughs:

»In short, I got the impression that Edgar Rice Burroughs had found in theosophy a rich source of background materials for his Mars books; his chief job seemed to have been adding canals and atmosphere plants to landscapes originally drawn for Atlantis, Lemuria, and points Mu-ward.«[90]

Ähnlich äußert sich Science-Fiction-Autor und Burroughs-Fachmann Richard A. Lupoff (*1935) in »Barsoom – Edgar

Rice Burroughs and The Martian Vision«; bei der Frage nach dem Hintergrund zu Burroughs Marsromanen wird Blavatsky als eine (von vier) möglichen Quellen genannt.[91]

6.4. »Tiere, Menschen und Götter« (1923) und die Folgen

Diese Schlaglichter beweisen doch nur, dass es einzelne Stränge der »Überlieferung« für theosophisches Gedankengut gibt. Was neu hinzukam, waren nun Berichte, die wissenschaftlich klangen. Die Vermischung von Magie und Völkerkunde findet sich an vielen Stellen, doch für die Überlieferung des Tibetmythos in Verbindung mit der Theosophie ist die Quelle der Forschungsreisende Ferdynand [Ferdinand] Ossendowski (1876–1945). Schon 1923 liest es sich in seinem Reisebericht »Tiere, Menschen und Götter« wie folgt, wenn über den »König der Welt in Agarthi«[92] berichtet:

> »Nur ein Mann kennt seinen heiligen Namen, nur ein jetzt lebender Mann ist jemals in Agharti gewesen. Das bin ich.«[93]

Mit dieser Selbsteinschätzung ist klar, wie Ossendowski an die Informationen kommt. So schreibt er, dieser König der Welt würde eines Tages »aus seiner unterirdischen Hauptstadt an das Tageslicht heraustreten«[94].

Die Hintergrundgeschichte dieses Reiches ist mehr als eigenartig:

> »Vor mehr als sechzigtausend Jahren verschwand ein Heiliger mit einem ganzen Menschenstamm unter dem Erdboden (…).«[95]

Dort begründete dieser Heilige dann sein unterirdisches Königreich, in dem alles besser ist als auf der Oberwelt:

> »Die Wissenschaft hat sich in ihm ruhig entwickelt, nichts in ihm [ist, HR] durch Zerstörung bedroht. Das unterirdische Volk hat das höchste Wissen erreicht. (…) Sein Herrscher ist der König der Welt.«[96]

Ebenso gehören die früheren Bewohner zweier untergegangener Kontinente zu diesem Königreich[97] – meiner Meinung nach spielt Ossendowski hier auf Lemuria und Atlantis an.

Ossendowski hat seine Verweise auf Shambala und Agartha aus anderen Büchern übernommen, doch er war es, der sie bekannt gemacht hat.[98] Compart schreibt dazu in seinem Nachwort der Neuherausgabe von Ossendowskis Buch:

> »Das vieldiskutierte und vielgekaufte Buch fand einen ganz besonders zweifelhaften Fan: Heinrich Himmler.«[99]

Eine kurze Anmerkung sei erlaubt: Auch andere Mythen nehmen bei Ossendowski ihren Ursprung:

> »Eine Abteilung ist den mysteriösen Büchern über die Magie, den Aufzeichnungen der historischen Leben und Arbeiten der einunddreißig Lebenden Buddhas und den Bullen des Dalai Lama, des Hohenpriesters von Tashi Lumpo, des Hutuktu von Utai in China, des Pandita Gheghen von Dolo Nor in der Inneren Mongolei und der hundert chinesischen Weisen gewidmet.«[100]

Dieses Tashi Lumpo spielt dann später wieder in den Mythos der »Schwarzen Sonne« hinein.

Der Maler Nicholas (auch: Nikolai) Roerich (1874–1947) ist klar von Ossendowskis »Tiere, Menschen und Götter« beein-

---

91 Lupoff, S. 31.
92 Ossendowski, S. 103.
93 Ossendowski, S. 103.
94 Ossendowski, S. 228.
95 Ossendowski, S. 261.
96 Ossendowski, S. 261.
97 Ossendowski, S. 261.
98 Nach Compart, S. 284.
99 Compart, S. 284; zu Himmler und Ossendowski ähnlich Sünner, S. 47.
100 Ossendowski, S. 238.

flusst worden, obwohl der Journalist Ernst von Waldenfels (*1963) sich da nicht sicher ist:

> »War es Ossendowski, der polnische Chronist der mongolischen Abenteuer Barons Ungern-Sternberg, der in seinem Bestseller von einem unterirdischen Reich Agara geschrieben hatte, oder war es d'Alveydre, der Urheber der Legende selbst, der die Roerichs auf den Geschmack gebracht hatte, jedenfalls erfährt man aus Sinaidas Tagebuch, dass in der Vorstellungswelt der Roerichs zu Schambala nunmehr auch Agarta gekommen war.«[101]

Die Verbindung zum deutschbaltischen Abenteurer Roman von Ungern-Sternberg (1885–1921) ist indirekt über Ossendowski geschehen.[102] Und Roerichs Ausführungen enthalten immer wieder Verweise auf Ossendowski.

Roerich hatte in den 20er und 30er Jahren über seine Frau Helena Roerich angeblich Kontakt mit jenen Mahatmas aus »Schambala«. Helena Roerich hatte eine sehr klare Sprache, wenn es um die Mitteilungen der Meister ging:

> »Den ›Apparat verbreitern‹, die ›Instrumente verfeinern‹, das alles gehörte zu den völlig konkreten, dinglichen Vorstellungen, die Helena von der Art hatte, wie die Mahatmas mit ihr in Kontakt traten. Dasselbe galt für ›Schambala‹, den Rückzugsort der Mahatmas im Himalaya mit seinen ›Türmen‹ und ›wissenschaftlichen Laboratorien‹.«[103]

Jetzt war Roerich kein esoterischer Sonderling; der »Roerich-Pakt« war ein früher Versuch, Kunstschätze vor den Folgen von Kriegshandlungen zu schützen. Diese Initiative brachte ihm diverse Nominierungen für den Friedensnobelpreis ein. Aber politisch war er ein wenig unbedarft (um es freundlich zu formulieren). So versuchte er die Einreise nach Tibet, um dort als fünfundzwanzigster König Schambalas anerkannt zu werden. Als die Briten ihm 1930 kein Visum für Indien vergeben wollten, machten sich diverse Gruppen und

Ministerien für Roerich stark, u. a. ein Vizepräsident der Westinghouse Corporation und Talbot Mundy.[104]

Talbot Mundy (1897–1940) war ein Pulpschriftsteller. Er war Mitglied in der Organisation von Nicholas Roerich; ab 1929 wohnte er im »Master Building« in New York, in dem auch das Nicholas-Roerich-Museum war.[105] Er kannte den Tibetforscher Sven Hedin persönlich.

Und – wie Roerich – glaubte er an geheime Herrscher Tibets. Seine Romanhelden (wie in »Caves of Terror«, erschienen 1924) werden vom Filmhistoriker Brian Taves[106] wie folgt beschrieben:

> »Like the Grey Mahatma in *Caves of Terror*, King, Grim, and their companions also believe in these nine wise Masters, a secret society that has existed since the time of Atlantis, helping to better the destiny of mankind.«[107]

Und die Bindung zu Tibet ist wieder vorhanden:

> »Many have searched for Sham-bha-la, and it has remained one of the most prominent myths of the East, a fabled kingdom consecrated to the teachings of the Buddha's disciples. The residents are the Masters and their initiates, who preserve the ancient wisdom on written manuscripts in a language older than Sanskrit. They have renounced violence and refuse to take a life under any circumstances (...). These individuals make up the secret White Lodge; the Dalai Lama and the

---

101 Von Waldenfels, S. 269.
102 Von Waldenfels, S. 193.
103 Von Waldenfels, S. 121.
104 Nach Von Waldenfels, S. 391.
105 Taves, S. 172.
106 Taves' Lebensdaten waren nicht zu ermitteln.
107 Taves, S. 95: *»Wie die grauen Mahatmas in ›Höhlen des Schreckens‹ glauben King, Grim und ihre Begleiter auch an die Existenz der neun weisen Meister; einer Geheimgesellschaft zur Verbesserung des Schicksals der Menschheit, die seit der Zeit von Atlantis besteht.«* [Übersetzung HR]

Tashi (or Panchen) Lama are the trusted outer representatives.«[108]

Fantasyfachmann L. Sprague de Camp (1907–2000) schreibt über Mundy:

»The assumption of the existence of secret societies passing on the supernatural wisdom of ancient Atlantis – just as Mme. Blavatsky had claimed – runs through many of Mundy's oriental tales.«[109]

Talbots schriftstellerischer Ruhm zieht sich durch die weitere Geschichte der Pulps und der fantastischen Literatur allgemein. Als von ihm beeinflusst gelten u. a. die »Darkover«-Autorin Marion Zimmer Bradley, Conan-Erfinder Robert E. Howard, A. Merritt, H. Warner Munn, E. Hoffmann Price, Fritz Leiber, Andre Norton und L. Sprague de Camp.[110]

6.5. Einschub: Verlorenes Mu (1931)

Ein kleiner Schlenker, vom Himalaja über den Atlantik in den Pazifik geschwungen, sei erlaubt, da er ein kurzes Licht auf die damalige Einstellung gegenüber der Esoterik wirft.

Der Autor James Churchward (1851–1936) bezog sein Wissen angeblich aus Übersetzungen von uralten Tafeln aus Indien und Mexiko, die über zwölftausend Jahre alt waren.[111]

1931 erschien sein Buch »The Lost Continent of Mu«. Er dankt im »Preface« zu seinem Buch »Certain Monasteries in India and Tibet, whose names are withheld by request.«[112]

Mu ist in seinem Werk eine Art Atlantisklon im Pazifik. Das Land ging in einer großen Katastrophe unter:

»The record of the destruction of Mu, the Motherland of Man, is a strange one indeed. From it we learn how the mystery of the white races in the South Sea Islands may be solved and how a great civilization flourished in mid-Pacific and then was completely obliterated in almost a single night.«[113]

Ein Geheimnis um die weißen Bewohner der Südsee? Diese Frage stellt sich für Churchward nicht:

> »The dominant race in the land of Mu was a *white race* (...).«[114]

Und die weiße Rasse geht auf einen gemeinsamen Ursprung zurück:

> »The last white race was the forerunner of the Latins. The forefather of the white Polynesians of today, the forefathers of the white Mayas of Yucatan and the forefathers of all our white races were one and the same.«[115]

---

108 Taves, S. 128: »*Viele haben nach Sham-bha-la gesucht; es ist weiterhin einer der bekanntesten Mythen des Ostens, ein gepriesenes Königreich, das sich der Verbreitung von Buddhas Lehren geweiht hat. Dort leben die Meister und ihre Schüler, welche die uralten Weisheiten auf Manuskripten bewahren, in einer Sprache, die älter ist als Sanskrit. Sie haben der Gewalt abgeschworen und nehmen kein Leben, egal unter welchen Umständen. (...) Diese Menschen bilden die Weiße Loge; der Dalai Lama und der Tashi (oder Panchen) Lama sind ihre vertrauten äußeren Repräsentanten.*« [Übersetzung HR]
109 De Camp, »Mundy's Vendhya«, S. 105: »*Die Annahme der Existenz von uralten Vereinigungen, die das übernatürliche Wissen von Atlantis weitergeben (so wie Madama Blavatsky behauptet), zieht sich durch viele orientalische Werke Mundys.*« [Übersetzung HR]
110 Nach Taves, S. 258.
111 Nach Churchward, S. 5.
112 Churchward, S. 6: »*(...) bestimmten Klöstern in Indien und Tibet, deren Namen auf deren Wunsch geheim gehalten werden.*« [Übersetzung HR]
113 Churchward, S. 33: »*Die Geschichte der Zerstörung Mus, des Mutterlandes der Menschheit, ist eigenartig. Von ihr erfahren wir, wie das Geheimnis um die weißen Rassen auf Inseln der Südsee gelöst werden kann und wie eine große Zivilisation inmitten des Pazifiks blühen konnte und in praktisch einer einzigen Nacht komplett vernichtet wurde.*« [Übersetzung HR]
114 Churchward, S. 37, Hervorhebung im Original: »*Die dominante Rasse im Lande Mu war eine* weiße *Rasse.*« [Übersetzung HR]
115 Churchward, S. 236: »*Die letzte weiße Rasse waren die Vorfahren der Latiner. Die Vorfahren der heutigen weißen Polynesier, die Vorfahren der weißen Mayas des Yucatán und die Vorfahren aller unserer weißen Rassen waren ein und dieselben.*« [Übersetzung HR]

Weiße als Kulturgründer, wohin man schaut – auch in der Südsee.

6.6. Die Pulps

Die 30er waren das Zeitalter der in den USA aufkommenden Pulps, billiger Heftromane voll mit farbig illustrierten Kurzgeschichten. Vertreten waren alle Genres, aber für uns interessant ist der (große) Teil der Pulps, der sich mit Fantastik (Fantasy und Science-Fiction) beschäftigte.

Die Pulps waren insgesamt nicht soooo schlecht. Sie sind das Kind ihrer Zeit und haben viele Autoren hervorgebracht, die später erfolgreich waren (und Sinclair Lewis [1885–1951], eine Zeit lang »associate editor« eines Pulps, erhielt sogar den Literaturnobelpreis)[116].

Diese in Massenauflage hergestellten Hefte hatten bald einen großen Einfluss auf die meist jugendliche Leserschaft. Einflüsse aus Okkultismus und Esoterik (und damit natürlich auch der Theosophie) spiegelten sich in den Pulps. Eigenartige Theorien wurden über Romane verbreitet und fanden ein großes, lesehungriges Publikum. Barkun schrieb dazu:

> »Linked now to such non-stigmatized genres as science fiction, elements of conspiracism reached millions who would not otherwise have been exposed to it.«[117]

Viele Pulpautoren wurden zu den »Gründervätern« der modernen Fantastik, die wir unter dem Begriff »Fantasy« wahrnehmen. Neben dem schon genannten Talbot Mundy seien zwei weitere Autoren erwähnt, um zu zeigen, dass die Pulps heute zum Teil im literarischen Mainstream angekommen sind – und natürlich in ihren medialen Umsetzungen, seien es Fernsehen, Kino oder Computerspiele.

Robert E. Howard (1906–1936) erschuf mit Kull und Conan Helden einer vorsintflutlichen Welt, die reich war an Hinweisen auf Lemuria und Atlantis (ich verweise auf Robert E. Howard und seine »snake-men«, aber genauso auf Clark Ashton Smith und H. P. Lovecraft).[118] Howards Art der Fantasy – jenen Strang, den man heute als »Sword & Sorcery« kennt – schuf Tausende von Epigonen, die sich auf die Werke des Meisters berufen. Und der muskelbepackte Held Conan ist aus der Fantasy nicht mehr wegzudenken und wurde inzwischen in jeder Darreichungsform präsentiert (seien es Buch, Comic, Film, Computerspiel oder Brett- und Rollenspiel).

Ähnliches galt für die Wirkungsmacht des Erfinders des »Cthulhu«-Kultes, Howard Phillips Lovecraft (1890–1937). Dieser hatte sich schon früh mit heidnischen Themen beschäftigt:

> »Nach der ›orientalischen Periode‹ vertiefte sich der junge HPL [Howard Phillips Lovecraft, HR] in griechisch-römische Mythen und Sagen, wobei seine Begeisterung so weit ging, dass er bei seinen Spielen Altäre aufrichtete und Pan, Apollo und anderen heidnischen Göttern opferte.«[119]

Der inzwischen von anderen Autoren weiter geschriebene und fast schon »kanonisierte« mythologische Fantasyhintergrund von Lovecrafts Werken erhielt den gemeinsamen Titel »Cthulhu-Mythos«. Dieser Mythos enthält insgesamt Hinweise auf verschwundene Rassen, unverständliche göttliche Wesen wie die »großen Alten«, unterirdische Städte und untergegangene Reiche; nur hier sind die Magier nicht Tibeter, sondern sie haben Tentakel.

Der Mythenforscher Sergius Golowin (1930–2006) schrieb in seinem Buch »Götter der Atom-Zeit« über Lovecraft:

> »Bei Lovecraft (...) werden mehrfach uramerikanische Sagen als Vorahnungen großer Wahrheiten angeführt. Die ›jungen angelsächsischen USA‹ werden bei ihm zu einem von Milliarden unlösbarer Rätsel schwangeren

---

116 Nach Goulart, S. 32 und 34.
117 Barkun, S. 181: »*Nun mit nicht-stigmatisierten Genres wie der Science-Fiction verbunden, erreichten Elemente der Verschwörungstheorien Millionen, die diesen anders nicht ausgesetzt gewesen wären.*« [Übersetzung HR]
118 Dito Barkun, S. 121.
119 Kirde, S. 23.

Mythenland – Träger-Erben weltalter, in naher Zukunft möglicherweise wieder mit ungebrochener Lebenskraft erwachender Geheimnisse.«[120]

Lovecraft und sein Werk mussten später noch für eine Menge eigenartiger Ideen herhalten. Sicherlich ist jene besonders zu erwähnen, nach der Lovecraft alleine an der Theorie der außerirdischen Besucher in der Vorzeit der Menschheit schuld war:

»Eventually I would come to realize that H. P. Lovecraft was the seminal figure in the world of alternative archaeology, and it was from his imagination that nearly all of the strange theories and alternative explanations were channelled. Lovecraft towered above all the other figures of fact and fiction as the First Cause of the ancient-astronaut hypothesis, and it was from him that all subsequent tales of extra-terrestrial gods and lost civilizations came.«[121]

Dafür hätte nachgewiesen werden müssen, dass es außer Lovecraft keine Traditionslinien für die Existenz von »verlorenen Zivilisationen« gibt, deren Hinterlassenschaften uns weiterhin beeinflussen. So ist es aber nicht ... neben Lovecraft gab es im Pulp schon diverse Traditionslinien, und außerhalb der Fantasyliteratur wurden diese Ideen über die Esoterik brav weitergegeben. Aber das Zitat (und der Ansatz dahinter) sollen zeigen, wie wirkungsmächtig Lovecrafts »Cthulhu«-Mythos ist.
Und wie wichtig die Werke der Pulps für unsere heutigen modernen Mythen sind.

7. Das Dritte Reich

»Auch der Städtename Asgard, der Sitz der Asen im Mittelpunkt der Erde, erinnert an Aggartha, die mythische, unterirdische Stadt Asiens, die nach einer Hindu-Sage die Wohnung der ›Meister der Welt‹ war.«[122]
Gerard de Sede, »Das Geheimnis der Goten«

Genug ist veröffentlicht worden über die mystische Seite des Dritten Reichs – scheinbar hält sich diese Subliteratur die Waage mit Werken über geheime Waffenentwicklungen der Nazis. Oftmals werden diese Themen dann noch verknüpft, und UFOs werden mit Vril betrieben und Telepathen gehören zur Grundbesatzung einer jeden standardmäßigen Reichsflugscheibe.

Im Gedankengut des Dritten Reichs finden sich Anknüpfungspunkte an Atlantis. Alfred Rosenberg (1893-1946), der Ideologe des Dritten Reichs, äußert sich in seinem »Der Mythus des 20. Jahrhunderts« (erschienen 1934) zu diesem Thema:

> »(...) es erscheint auch nicht ganz ausgeschlossen, dass ... einst ein blühendes Festland aus den Fluten ragte, auf dem eine schöpferische Rasse eine große weitausgreifende Kultur erzeugte und ihre Kinder als Seefahrer und Krieger hinaussandte in die Welt ... Gleich diesen uralt arisch-atlantischen Erinnerungen treten die nur durch nordische Herkunft verständlichen kultischen Gleichnisse ... auf ... (...) Mag vieles auch sehr fraglich sein ... das Ergebnis ... [der] Forschung vermag jedoch an der einen großen Tatsache nichts zu ändern, dass der »Sinn der Weltgeschichte« von Norden ausstrahlend über die ganze Erde gegangen ist, getragen von einer blauäugig-blonden Rasse, die in mehreren großen Wellen das geistige Gesicht der Welt bestimmte.«[123]

---

120 Golowin, S. 129.
121 Colavito, S. 22: »*Auf einmal wurde mir klar, dass H. P. Lovecraft die Schlüsselfigur in der Welt der alternativen Archäologie war. Es war seine Einbildungskraft, aus der fast alle eigenartigen Theorien und alternativen Erklärungen kamen. Lovecraft steht über allen anderen in Fakt und Fiktion als der wahre Grund für die Theorie der Hypothese um die antiken Astronauten, und von ihm gehen alle folgenden Geschichten über außerirdische Götter und verlorene Zivilisationen aus.*« [Übersetzung HR]
122 de Sede, S. 38.
123 Zitiert nach Wegener, »Weltbild«, S. 49 f.

Die Germanen oder Arier – blond und blauäugig – kamen strahlend vom Norden her und brachten der Menschheit die Kultur, zu deren alleiniger Erschaffung die anderen Rassen natürlich nicht fähig sind.

In Deutschland findet sich eine bekannte literarische Umsetzung des Themas – »Sun Koh – Der Erbe von Atlantis« von Autor Paul Alfred Müller (1901-1970). Jener, ein Anhänger der Hohlwelttheorie, veröffentlichte die Serie von 1933-1936; Neuveröffentlichungen gab es seit Kriegsende bis in die Gegenwart immer wieder.

8. Die zweite Hälfte des 20. Jahrhunderts

»Den langjährigen Welteis-Schriftsteller Edmund Kiß zog es nach Südamerika. An bolivianischen Kulturdenkmälern führte er esoterische ›kulturhistorische‹ und ›anthropologische‹ Forschungen durch, die den eindeutigen Beweis erbringen sollten, dass die Inka Zeuge mehrerer Mondniederbrüche geworden seien. Am Sonnentor von Thiahuanaco fänden sich, folgt man Kiß' obskuren Schilderungen, die Belege für die Richtigkeit der Welteislehre in Stein gemeißelt.«[124]
Christina Wessely, »Welteis«

8.1. Die späten 1940er

8.1.1. UFOs unter dem Eis

Kaum war das Dritte Reich militärisch besiegt, schon begannen die Mythenbildungen darüber, dass eigentlich der Krieg gewonnen worden wäre, wenn nicht ... Dieses Mal war es nicht die Heimatfront, die den kämpfenden Truppen einen Dolchstoß in den Rücken verabreicht hatte, sondern es waren andere Gründe, welche die Deutschen den Krieg verlieren ließen.

Ein wichtiges Element dieser verworrenen Thesen waren schnell die UFOs. Diese waren schon bald das Werkzeug für Hitlers Flucht:

»The suggestion that flying saucers had been under development by the Third Reich and were spirited out of Germany appears to have emerged first among German nationalists in the 1950s. It was quickly assimilated into legends of Hitler's supposed escape to South America or the Antarctic.«[125]

Das Überleben Hitlers wurde mit einer geheimen Nazifestung, am liebsten unter dem Pol, verknüpft. Schon im Juli 1945 tauchten erste Artikel auf, dass Hitler und Eva Braun an Bord eines U-Boots in die Antarktis geflohen seien. Hier tauchen die Schlagworte einer neuen Alpenfestung (»a new Berchtesgaden«) und die Hinweis auf Richard Byrds Expedition 1946/1947 sowie die deutschen Südpolexpeditionen von 1938 und 1939 auf.[126] Alles angeblich Indizien dafür, dass sich im sogenannten Neuschwabenland ein deutsches Rückzugsgebiet befindet. Inzwischen kann man im Internet Kaffeetassen mit dem Emblem »Neuschwabenland« kaufen und findet reihenweise online und offline »Belege« für eine deutsche Festung unter dem Eis des Pols.

Und: Hitlers Flucht per U-Boot sei der wahre Grund für die Einsetzung eines Admirals (nämlich Dönitz) als Hitlers Nachfolger.[127] Diese These wurde später von Landig in die Literatur eingebaut:

»Als Großadmiral Dönitz vor den Marinekadetten in Kiel von den vielen Schlupfwinkeln in allen Meeren sprach, war diese Station [in der Antarktis, HR] bereits miteinbezogen. Dönitz sprach noch bei einer späteren Gelegenheit von einer uneinnehmbaren Festung in diesem Raum.«[128]

---

124 Wessely, S. 256.
125 Barkun, S. 85: »*Die Behauptung, fliegende Untertassen seien im Dritten Reich entwickelt und aus Deutschland geschmuggelt worden, scheint erstmals unter deutschen Nationalisten in den 50ern aufgetaucht zu sein. Schnell wurden sie in Legenden von Hitlers angeblicher Flucht nach Südamerika oder die Antarktis eingebaut.*« [Übersetzung HR]
126 Nach McKale, S. 64 und S. 137 ff.
127 Nach McKale, S. 137.

Atlantis... Lemuria!

MAGIC NAMES!

Are you interested in the almost forgotten past of the Earth? If you are, here is the wonder book of all time concerning the great catastrophe which destroyed the civilization of 24,000 years ago!

"I REMEMBER LEMURIA!"

by RICHARD S. SHAVER

This is an incredible story of a Pennsylvania welder who began to receive strange thoughts from his electric welder. At first he thought he was going mad, but then, when the astounding story of Lemuria came to him, he realized that here was something more than mere madness. His experiences convinced him that what he was hearing was true. Whether his "memories" are true or not is for you to judge. Thousands of people have already claimed "I Remember Lemuria!" and its sequel of 10,000 years later, "The Return of Sathanas" is a revelation. The evidence of its truth is self-contained for those who will read, and think!

Particularly recommended to Students of the Occult

Limited edition. Get your copy now. The price is $3.00 postpaid. Only prepaid orders accepted.

THIS IS ONE OF THE MOST SIGNIFICANT ESOTERIC BOOKS EVER PUBLISHED

VENTURE PRESS
305 STUDIO BLDG., 1718 SHERMAN AVE., EVANSTON, ILLINOIS

Auf Landig komme ich später noch zurück.

Die UFOs sind natürlich alle das Werk der Naziwissenschaftler, welche die KZs entwickelt haben:

> »It is fitting that General Hans Kammler, the same Nazi who designed the Auschwitz concentration camp, should also have overseen the development of the ›foofighter‹ – the predecessor of the flying disk (...).«[129]

Was daran »fitting«, also passend sein soll, ist mir unklar.

8.1.2. Shaver

1945 begann etwas anderes – ein Phänomen, das unter dem Namen Shaver-Mythos bekannt wurde. Das ist so irre, dass man es kaum glauben mag. Ron Goulart (*1933), erklärter Fachmann für die Pulps und Science-Fiction der Ära, schreibt darüber:

> »Raymond S. Palmer's [Herausgeber von ›Amazing Stories‹, HR] most memorable contribution to the field of pulp science fiction was the Shaver Mystery. Richard S. Shaver lived in a small town in Pennsylvania and believed in Lemurians. Commencing with ›I remember Lemuria‹ in the March, 1945 issue of *Amazing*, Shaver's accounts of his experiences with and theories about the refugees of the Atlantis-like Lemuria became a regular series. (...). ›Drawing on his »racial memories« Shaver described in great detail the activities of a midget race of degenerates called »deros« who live in huge caverns beneath the surface of the earth. By means of telepathy and secret rays the Deros are responsible for most of earth's catastrophes –

---

128 Landig, »Wolfszeit«, S. 25.
129 Constantine, S. 83: »*Es ist passend, dass General Hans Kammler, derselbe Nazi, welcher das Konzentrationslager Auschwitz entworfen hat, ebenso die Entwicklung der ›Foo-Fighter‹ – des Vorgängers der fliegenden Scheiben – beaufsichtigt haben soll.*« [Übersetzung HR]

wars, fires, airplane crashes, ship wrecks, and nervous breakdowns. (...) I thought it was about the sickest crap I'd run into. Palmer ran it and doubled the circulation of *Amazing* within four months.‹«[130]

Der Autor David Hatcher Childress (*1957) schreibt in seinem Buch »The Shaver Mystery« über Shaver, dass »The Shaver Mystery« im März 1945 mit dem kompletten Ausverkauf von »Amazing Stories« begann, die Zahl der Fanbriefe stieg von fünfzig pro Monat auf zweitausendfünfhundert.[131]

Shaver bietet das volle Programm. Es gibt bei ihm Mu und Siedlungen unter Atlantis und verschiedene Rassen, die um die Herrschaft kämpfen. So gibt es Atlanter, Titanen und »Nortans« –

»but the Nor-men shun all suns and can only be found where the sun rays shine not.«[132]

Das ist so einer der Sätze, die man sich mit der Stimme von Orson Wells gesprochen vorstellen sollte – eine Stimme aus dem Off, während Bela Lugosi im wallenden Mantel die Szene betritt. Irrsinn, aber gut gemacht.

---

[130] Goulart, S. 171 f.: »*Raymond S. Palmers [Herausgeber von ›Amazing Stories‹, HR] größte erinnerte Leistung zum Feld der Pulp-Science-Fiction war der Shavermythos. Richard S. Shaver lebte in einem kleinen Ort in Pennsylvania und glaubte an Lemurier. Beginnend mit ›Ich erinnere Lemuria‹ in der März-1945-Ausgabe von ›Amazing‹ wurden Shavers Schilderungen seiner Erfahrungen und Theorien über die Flüchtlinge eines atlantisähnlichen Lemuria zu einer richtigen Serie. (...) ›Sich auf seine »Rassenerinnerungen« berufend beschrieb Shaver in großen Einzelheiten die Aktivitäten einer kleinwüchsigen degenerierten Rasse namens »Deros«, die in großen unterirdischen Höhlen unter der Oberfläche der Erde hausen. Durch Telepathie und geheime Strahlen sind die Deros verantwortlich für die meisten irdischen Katastrophen – Kriege, Feuer, Flugzeugabstürze, Schiffsuntergänge und nervöse Zusammenbrüche. Ich glaube, das war der größte Mist, den ich je in die Finger bekam. Palmer druckte es und verdoppelte die Auflage von »Amazing« innerhalb von vier Monaten.‹*« [Übersetzung HR]
[131] Nach Childress, »The Shaver Mystery«, S. 223.
[132] Shaver/Palmer, »I remember Lemuria«, S. 10: »*(...) aber die Nor-Männer meiden Sonne und sind nur dort zu finden, wo keine Sonnenstrahlen scheinen.*« [Übersetzung HR]

Die weißen »nor-maidens« haben natürlich weiß-gelbes Haar.[133] Später findet man noch die Asen (Aesir), die Einheriar sowie die Götter Tyr und Odin (samt Odins Auge, hier einem »great ray«).[134]

In Childress' begleitendem Text finden sich die üblichen Hinweise auf Ossendowski[135] und die Naziexpeditionen nach Tibet[136]. Raymond A. Palmer (1910-1971), der Herausgeber von »Amazing Stories«, scheint das verbindende Glied zwischen Ossendowski und dem »Shaver-Mythos« zu sein:

> »Ossendowski's book apparently fell into the hands of Raymond Palmer, for in May 1946 the Amazing Stories editor wrote a short but prominently displayed piece called ›The King of the World?‹ In Palmer's hands, Agarthi's ruler became a Venusian who would ›when Mankind is ready ... emerge and establish a new civilization of peace and plenty.‹«[137]

Der »Historiker« des amerikanischen Science-Fiction-Fandoms, der Journalist Harry Warner jr. (1922-2003), schrieb schon 1969 über »The Shaver Mystery«:

> »The entire Shaver mythos is so obviously derived from the Lovecraftian fictional background that it is hard today to imagine that it impressed any experienced readers.«[138]

---

133 Shaver/Palmer, »I remember Lemuria«, S. 53.
134 Shaver/Palmer, »The return of Sathanas«, S. 128; deutlicher S. 133.
135 Childress, »The underground world of Central Asia«, S. 304.
136 Childress, »The underground world of Central Asia«, S. 325.
137 Barkun, S. 118: »*Ossendowskis Buch fiel offensichtlich in die Hände von Raymond Palmer, denn in der Ausgabe Mai 1956 von ›Amazing Stories‹ erschien ein kurzer, aber gut platzierter Artikel des Herausgebers namens ›Der König der Welt?‹. In Palmers Schreibe wurde aus dem Herrscher Agarthis ein Venusier, der ›wenn die Menschheit reif ist (...) erscheint und eine neue Zivilisation von Frieden und Reichtum etabliert.‹*« [Übersetzung HR]
138 Warner, S. 181: »*Der ganze Hintergrund des Shaver-Mythos stammt so offensichtlich aus dem fiktiven Hintergrund von Lovecrafts Geschichten, dass es heute kaum vorstellbar ist, dass es überhaupt irgendeinen erfahrenen Leser beeindruckt hat.*« [Übersetzung HR]

Der Autor und Lektor Ulrich Magin (*1962) schreibt in seinem Artikel »Das ›Shaver-Geheimnis‹« zusammenfassend über Shaver:

»Shaver muss ein fanatischer Leser gewesen sein, denn in seinen Konstrukten finden sich zahlreiche Einflüsse von religiösen, mythologischen und esoterischen Büchern, aber auch von frühen SF- und Horrorgeschichten. So stammt die Idee der ›älteren Rasse‹ in den riesigen Höhlensystemen direkt aus den Werken des Horrorschriftstellers H. P. Lovecraft (...), die geheime Geschichte der Menschheit mit den Wurzelrassen und den versunkenen Kontinenten (Atlantis, Lemuria, Agarthi) entstammt den theosophischen Werken der Madame Blavatsky (...) und den frei erfundenen Archäologiebüchern des James Churchward (Mu); er übernahm eine gehörige Portion Theorien aus dem Werk von Charles Fort (...).«[139]

Das Fortwirken des Shaver-Mythos wird immer noch unterschätzt; er war doch einer der Vorläufer der späteren Autoren über außerirdische Beeinflussungen in der Frühgeschichte der Menschheit. Brian Ash (1936–2010), Autor einiger Referenzwerke zur Science-Fiction, schreibt über Shaver:

»Today, if anyone cites the theories of Däniken and others, the science fiction reader may well merely sigh and say that he has read it all before, long ago.«[140]

Die Präastronautik als Cthulhus Stieftochter ... eine interessante These.

8.1.3. Mythischer Beifang

Wer jetzt sagt, dass dies alles nur in den USA möglich war, wird enttäuscht sein. Auch im Nachkriegsdeutschland feierten das okkulte Tibet und andere Mythenreste der Theosophie weiter fröhliche Urstände. So erschien 1949/1950 in Deutschland eine Art Nachfolgeserie zu Paul Alfred Müllers »Sun

Koh« namens »Rah Norten – der Eroberer des Weltalls« mit dem ersten Band »Der Mann aus Tibet« 1949.[141] Keine Fragen.

8.2. Die 1950er

Schon 1950 erschien ein Bericht, dass Hitler den Krieg überlebt hat und in ein Kloster nach Tibet entflohen sei.[142] Später erschienen weitere Artikel, nach denen Hitler bis 1947 in einem Kloster am Fuß des Himalajas gelebt hätte.[143]

Die Fantastik hat inzwischen die verschiedenen esoterischen Überlieferungsstränge vereinigt. Claus Eigk (1905–?), eigentlich Hartmut Bastian, war ein deutscher Science-Fiction-Autor. In »Das rote Rätsel« (1955) lebt Birger Mundus, also eigentlich der »Weltbürger«, am Südpol in seinem utopischen, eisfreien Land Niflheim. Bei einer Diskussion über Atlantis meldet sich der anwesende Brahmane (!) zu Wort:

> »›Mein Wissen um diese Dinge ist tiefer begründet als nur dialektisch!‹, hob der Brahmane wieder an. ›Es gibt nämlich ein Buch, das Buch Dzyan, das vor ungefähr zehntausend Jahren abgefasst sein muss. Es enthält die Geschichte der gesamten Menschheit, verstehen Sie recht – der gesamten Menschheit, und wenn ihre Ursprünge noch so weit zurückliegen. Dieses Buch weiß noch nichts von Ägypten, Babylonien, Indien usw., weil es viel älter ist als diese Kulturen. Aber es weiß von Atlantis und anderen Reichen, von denen sich unsere Wissenschaft einstweilen noch nichts träumen lässt.‹«[144]

---

139 Magin, »Shaver«, S. 17.
140 Ash, S. 340: »*Wenn heute jemand die Theorien von Däniken etc. zitiert, kann der Science-Fiction-Leser nur seufzen und sagen, dass er all das vor langer, langer Zeit schon gelesen hat.*« [Übersetzung HR]
141 Nach Galle, passim.
142 McKale, S. 142.
143 McKale, S. 204.
144 Eigk, S. 153.

Jenes von Blavatsky erfundene, mythische Buch »Dzyan« entwickelt ein starkes Eigenleben in der Fantastik. Aufbewahrt wird das Werk als Heiligtum in einem tibetischen Kloster:

> »Das Buch Dzyan wird im Rongbuk-Kloster aufbewahrt, das unmittelbar am Fuß des Tschomolungma liegt, oder des Mount Everest, wie er mit seinem englischen Namen heißt.«[145]

Und die Quelle des Wissens ist klar, das Buch darf der forschenden Menschheit nämlich nicht zugänglich gemacht werden:

> »Das würde zu einer Profanisierung dieses heiligen Buches führen, es darf nur dem großen Kreis der theosophisch interessierten Gläubigen zugänglich gemacht werden (...).«[146]

Tibet, der Pol und Madame Blavatsky gemeinsam mit der nordischen Mythologie (Niflheim) in einem Topf. Soweit zu Tibet.

Die größte Wirkung auf eine Atlantisrenaissance hatten in diesem Jahrzehnt nicht die normalen Fantasyautoren, sondern jenes monumentale Fantasywerk, das bis heute die Wahrnehmung des Genres (leider) prägt: 1954 erschien Tolkiens »The Lord of the Rings«. Fantasyautor Lin Carter schreibt über dieses Buch und seinen Atlantisbezug in seinem Artikel »The real Hyborian Age«:

> »(...) and a certain work called *The Lord of the Rings* is clearly set in millennia following the lapse of an island civilization which can only be interpreted as Atlantis.«[147]

Richtig. Damit war eine andere Traditionslinie (erneut) in der Fantasy angekommen und »schummelte« sich durch diese Hintertür wieder in den »Mainstream«.

8.3. Die 1960er oder: Der esoterische Flaschenhals

8.3.1. »Aufbruch ins dritte Jahrtausend« (1962)

1962 erschien in Deutschland »Aufbruch ins dritte Jahrtausend« der beiden Journalisten Jacques Bergier (1912-1978) und Louis Pauwels (1920-1979). Das Original war zwei Jahre vorher in Frankreich erschienen.

In diesem Buch wurden eine Menge Mythen (wieder-) belebt, die danach aus der esoterischen Landschaft nicht mehr wegzudenken waren. Interessant ist, dass die Autoren eine Menge Mythenstränge zusammenflochten und so darstellten, als wäre es insgesamt ein in sich geschlossenes, okkultes System.

Dabei müsste dem Leser der fantastische Charakter der meisten Verweise klar sein, denn das Buch selbst ist reich an Anspielungen und Verweisen auf die Fantastik. So werden an einschlägigen Autoren u. a. James Blish, Ray Bradbury, Edward Bulwer-Lytton, Gilbert Keith Chesterton, Arthur C. Clarke mit seiner kompletten Kurzgeschichte »Die neun Milliarden Namen Gottes«[148], Hanns Heinz Ewers, H. Rider Haggard, Fred Hoyle, C. S. Lewis, H. P. Lovecraft, Arthur Machen mit einem Auszug aus »The White People«[149], Abraham Merritt, Gustav Meyrink mit einem Text aus »Das grüne Gesicht«[150], Walter M. Miller mit der kompletten Kurzgeschichte »Ein Lobgesang für Sankt Leibowitz«[151], Talbot Mundy, Theodore Sturgeon, J. R. R. Tolkien, A. E. Van Vogt[152] und H. G. Wells ge-

---

145 Eigk, S. 154.
146 Eigk, S. 155.
147 Carter, »The real Hyborian Age«, S. 68 f., Hervorhebung im Original: »(...) und ein bestimmtes Werk namens Der Herr der Ringe ist eindeutig Jahrtausende nach dem Untergang einer Insel-Zivilisation angelegt, welche nur als Atlantis interpretiert werden kann.« [Übersetzung HR]
148 Interessanterweise spielt diese in in Tibet ... (Bergier/Pauwels, S. 202 ff.).
149 Bergier/Pauwels, S. 295 ff.
150 Bergier/Pauwels, S. 496 ff. (Meyrink wurde im Register auf S. 542 fälschlich als »Meyrinck« vermerkt).
151 Bergier/Pauwels, S. 233 ff.
152 Im Register steht van Vogt fälschlich als Vogt, Van (Bergier/Pauwels, S. 546).

nannt. Eine lange Reihe von Autoren der Fantastik, die eigentlich erklären sollte, wessen Geistes Kind Bergier und Pauwel sind. Und in ihrem Fantastikmagazin »Planète« förderten sie die Werke von H. P. Lovecraft[153], zumindest in der »Szene« waren sie also eher als Fantastikfans denn als esoterische oder gar historische Fachkräfte bekannt.

Eigentlich schreiben die Autoren sogar selbst, wie sie mit den Quellen umgehen:

> »Möglicherweise ist auch Numinor [sic], die mysteriöse Keltenstadt aus dem 5. Jahrhundert v. Chr., keine Legende, obwohl wir nicht das geringste über sie wissen.«[154]

In der dazugehörigen Fußnote hierzu heißt es augenzwinkernd:

> »Siehe hierzu die Arbeiten Prof. Tolkiens von der Universität Oxford.«

Ein wenig der Verwunderung über ihre Wirkung liest man noch aus dem Vorwort ihres nächsten Buches »Der Planet der unmöglichen Möglichkeiten« (Originalausgabe 1968) heraus:

> »Als wir (...) das Buch ›Aufbruch ins dritte Jahrtausend‹ veröffentlichten, waren wir nicht darauf gefasst, ein so breites Publikum zu finden. Wir erstrebten mit unserer Arbeit eine Tiefenwirkung, in dem wir einige Menschen aufrütteln wollten, dachten aber niemals an eine Breitenwirkung, da wir uns einfach nicht vorstellen konnten, dass so viele Menschen darauf ansprechen würden.«[155]

Bergiers und Pauwels' Aussagen über Tibet und Thule wurden offensichtlich später für bare Münze genommen. Bei den beiden heißt es unter anderem:

> »Nach Trebitsch-Lincoln (der behauptete, in Wirklichkeit der Lama Djordi Den zu sein) stammte die Gesell-

schaft der Grünen, die der Thule-Gesellschaft verwandt war, aus Tibet. In Berlin gab es einen tibetanischen Mönch, der unter dem Spitznamen ›der Mann mit den grünen Handschuhen‹ bekannt war (...). Dieser Mann hatte regelmäßige Zusammenkünfte mit Hitler. Er war, wie die Eingeweihten sagten, ›der Bewahrer der Schlüssel, die das »Reich Agarthi« öffnen‹.«[156]

Oder an anderer Stelle:

»Im Jahre 1926 bildeten sich in München und Berlin kleine Kolonien von Hindus und Tibetanern. Nach dem Einmarsch der Russen in Berlin fand man unter den Leichen etwa tausend Todesfreiwillige in deutscher Uniform ohne Ausweise und Abzeichen, die sichtlich der Himalaja-Rasse angehörten.«[157]

Dies wurde später unter anderem von Landig übernommen, der schrieb, dass im Endkampf um Berlin auch dreihundert tibetische Lamas starben.[158]

Die Quellen der Autoren sind mehr als eigenartig. So wirkte Dr. Willy Ley, »einer der größten Experten auf dem Gebiet der Raketentechnik«, der Deutschland 1933 verlassen musste, als Informant über die Vrilgesellschaft. Diese hatte sich angeblich auf Bulwer-Lyttons »The Coming Race« gestützt.[159] Seinen Behauptungen nach war der Name der Organisation »Vril-Gesellschaft« oder »Die Loge der Brüder vom Licht«.[160] Bei Bergier und Pauwels steht:

»Alle diese Bewegungen: die der modernen Rosenkreuzer, der *Golden Dawn*, die deutsche Vril-Gesellschaft (die uns zur Thule-Gesellschaft führen wird [...]), standen in Verbindung mit der mächtigen und

---

[153] Colavito, S. 130.
[154] Bergier/Pauwels, S. 212.
[155] Pauwels, S. 9.
[156] Bergier/Pauwels, S. 374 f.
[157] Bergier und Pauwels, S. 377.
[158] Landig, »Wolfszeit«, S. 203.
[159] Bergier/Pauwels, S. 303.
[160] Bergier/Pauwels, S. 304.

161 Bergier/Pauwels, S. 309 (Hervorhebung im Original).
162 Frenschkowski, S. 168.
163 Frenschkowski, S. 169.
164 Nichts gegen Science-Fiction-Magazine; ich würde nur keine Verschwörungstheorie mit ihnen als Quelle aufbauen.
165 Frenschkowski, S. 170; vgl. Kramer, S. 26.

gut organisierten Theosophischen Gesellschaft. Die Theosophie fügte der neu-heidnischen Magie einen orientalischen Habitus und eine hinduistische Terminologie hinzu.«[161]

Also wieder einmal eine Entwicklung, die über die Theosophie führt.

Beschäftigt man sich näher mit diesen Themen, so stellt man bald fest, dass viele Quellen zumindest eigenartig sind. Zur Vrilgesellschaft schreibt der Religionswissenschaftler Marco Frenschkowski (*1960) in »Die Geheimbünde« eindeutig:

»(…) aber es ist nicht einmal erwiesen, dass eine Gesellschaft dieses Namens vor 1933 tatsächlich existiert hat.«[162]

Und auch Vril kommt bei ihm nicht gut weg:

»Wie so oft im Okkultismus wanderte das rein fiktionale Konzept der Vril-Kraft und Vril-Ya [aus Bulwer-Lyttons »The Coming Race«, HR] in der Rezeptionsgeschichte dieses Romans in die Spekulationswelt der theosophisch u. ä. interessierten Zirkel.«[163]

Geht man den Quellen der beiden Franzosen auf den Grund, so stellt man bald fest, dass ein Science-Fiction-Magazin[164] Auslöser für die Geschichten war:

»Von einer deutschen Vrilgesellschaft (noch nicht unter diesem Namen) im engeren Sinne spricht m. W. zuerst der nach Amerika emigrierte deutsche Raketenpionier Willi Ley (1906–1969) in seinem Artikel ›Pseudoscience in Naziland‹ (in: Astounding Science Fiction 39/3, Mai 1947, 90–98).«[165]

Willy Ley, Raketenfachmann, Emigrant, Science-Fiction-Autor und früher, aktiver Science-Fiction-Fan – das ist jemand, dem ich zutrauen würde, neben Büchern über mystische Tiere und Atlantis auch gerne mal ein wenig Blödsinn über die Nazis zu veröffentlichen –, auf den dann Autoren aufspringen, die dringend jemand suchen, der statt der Nationalsozialisten die Schuld an den Gräueln des Dritten Reichs trägt.

Immerhin verweisen Bergier und Pauwels ehrlicherweise auf Ossendowski[166] und schüren den Mythos um Tiahuanaco mit der Schilderung, dass dort der deutsche Archäologe Kiss (d. i. Edmund Kiß [1886-1960]) als Schüler des Welteislehrers Hanns Hörbiger tätig gewesen sei.[167]

Goodrick-Clarke weiß mehr Irres über Kiß zu berichten:

»Kiß schloss sich der Waffen-SS an (...) und diente später als Kommandant der Wache in Hitlers Hauptquartier. Gegen Ende des Krieges hoffte er, einen Kommandotrupp nach Tibet anzuführen; dort sollte die Unterstützung mongolischer Stämme gewonnen werden, um sowjetische Streitkräfte in Zentralasien zu binden und so dem umkämpften Reich Luft zu verschaffen.«[168]

Im Sammelband zur ständigen Ausstellung auf der Wewelsburg namens »Endzeitkämpfer – Ideologie und Terror der SS« heißt es:

»Während die Aktivitäten der Tibetforscher wissenschaftlich anerkannt waren, stand die von Edmund Kiss in Bolivien angewandte Forschungsmethode in der Kritik. Kiss glaubte an die sogenannte ›Welteislehre‹, die die Entstehung des Universums aus Eis propagierte und sowohl das Wetter als auch die astronomischen Erscheinungen daraus ableitete. Diese These war zwar populär, wissenschaftlich jedoch widerlegt. Trotzdem vertrat Kiss die Meinung, dass es in der Vergangenheit durch auf die Erde stürzende Eismonde zu Klimakatastrophen gekommen war, die den Rückzug der nordischen Urrasse in die Anden, den Himalaja und das äthiopische Hochland bedingt hätten. Die in den Anden gelegene Metropole Tihuanacu, die in der Zeit von 2.000 v. Chr. bis 1.200 n. Chr. bestand, hatte

Kiss schon 1928 besucht. Er erklärte sie zu einer von nordisch-germanischen Menschen gegründeten Stadt, da er den indianischen Ureinwohnern nicht zutraute, solch imposante Bauwerke zu schaffen. Die Einwanderung der ›Urarier‹ datierte er anhand eines als ›Sonnentor‹ bezeichneten Bauwerks, dessen Schmuck er als Kalender interpretierte, auf einen Zeitpunkt vor mehreren Millionen Jahren.«[169]

Das Erschreckende an »Aufbruch ins dritte Jahrtausend« ist seine Wirkungsmacht – praktisch kein esoterischer Verschwörungsautor der folgenden Jahrzehnte kam ohne eine Danksagung an die beiden Autoren aus. Und mir ist auch nach dem erneuten Lesen nicht klar, ob die beiden das Buch nicht doch als Jux geplant haben und später von der »Wertschätzung« aus bestimmten esoterischen Kreisen nicht eher überrascht waren.

Über »Aufbruch ins Dritte [sic] Jahrtausend« schreibt die Tibetologin Isrun Engelhardt[170] in ihrem Artikel »Tibet und Nationalsozialismus« zusammenfassend Folgendes:

»Ende der 1950er Jahre wurden die okkulten Tibet-Vorstellungen unterschiedlicher Herkunft zum ersten Mal von den Franzosen Louis Pauwels und Jacques Bergier in ihrem in viele Sprachen übersetzten Werk *Aufbruch ins dritte Jahrtausend* (...) miteinander verknüpft. (...) Der Mythos wurde immer wieder neu aufbereitet und weiter ausgeschmückt.«[171]

Schwierig ist es auch, die beiden Autoren politisch einzuordnen. Die Autoren Friedrich Paul Heller und Anton Maeger-

---

166 Bergier/Pauwels, S. 375.
167 Bergier/Pauwels, S. 327 und S. 328.
168 Goodrick-Clarke, »Im Schatten der Schwarzen Sonne« (ab jetzt als »Schatten« zitiert), S. 280.
169 Brebeck, Wulff E. et al. (Hrsg.), »Endzeitkämpfer – Ideologie und Terror der SS«, S. 169.
170 Lebensdaten waren nicht zu ermitteln.
171 Engelhardt, S. 45.

le[172] machen es sich in ihrem Buch »Thule – Vom völkischen Okkultismus bis zur Neuen Rechten« einfach:

> »Pauwels gehört zu den Schirmherren der neurechten Zeitschrift Nouvelle Ecole und ist Generaldirektor des Figaro-Magazines (...).«[173]

Ob das (ohne Beleg und weitere Ausführungen) ausreicht, um die beiden Autoren politisch einzuordnen, halte ich für zumindest fragwürdig.

8.3.2. »Phantaſtiſche Vergangenheit« (1969)

Keine Darstellung der 60er in der Esoterik kommt um Robert Charroux herum. Charroux, eigentlich Robert Joseph Grugeau (1909–1978), war ein bekannter Esoterikautor. 1969 kam sein Werk »Phantastische Vergangenheit« auf Deutsch heraus (Hinweise auf die französische Originalausgabe fehlen dort ebenso wie ein Register und Literaturangaben). In diesem Buch finden sich immer wieder Verweise auf Bergier und Pauwels.

Und: Laut Charroux gab es früher tropisches Klima an den Polen, die Hyperboreer lebten dort, vor ihrer Auswanderung nach Amerika und Europa.[174] Charroux erwähnt Agartha, Lhasa ist für ihn »der weiße Pol der Welt«[175] und wieder einmal findet sich Ossendowski.[176]

1970 folgte Charroux' Buch »Unbekannt Geheimnisvoll Phantastisch« auf Deutsch (Original 1969). Dieses Buch ist eine krude Mischung mit Kapiteln wie »Gedächtnischromosomen«, »Hyperborea und Ägypten« sowie »Das Wasser des Lebens«. Bei ihm sind (wieder einmal) die Mayas über die Atlanter mit der »weißen Rasse verwandt«.[177]

Bei vielen Absätzen wäre man für einen Fußnotenapparat mehr als dankbar. Z. B. bei Folgendem:

> »Auch andere Seefahrer und Historiker sprachen von Thule und verwechselten es einmal mit Island, dann mit den Shetland- oder Orkney-Inseln, ein andermal mit Finnland oder Grönland, so dass heute niemand mehr wüsste, so es tatsächlich lag, würde uns nicht die Tradi-

tion der Hyperboreer – von Hitler im Jahre 1938 sehr eigenwillig interpretiert – darüber Auskunft geben.

Thule lag an der Weltenschleuse, an jenem Punkt also, wo man den irdischen Bereich verlassen konnte und wo die tellurischen Ströme zusammenliefen.«[178]

Aha.

Robert Charroux war Kulturminister der von Nazi-Deutschland abhängigen französischen Vichy-Regierung.[179] Dies dürfte vielleicht die eine oder andere Herkunft von Mythen in seinem Werk erklären.

8.3.3. Ein Jahrzehnt im Rückblick

Natürlich ist diese Entwicklung in der Esoterik auch ernsthaften Forschern nicht ganz verborgen geblieben. So schreibt Daniela Siepe[180] in »Die Rolle der Wewelsburg in der phantastischen Literatur, in Esoterik und Rechtsextremismus nach 1945«:

> »In den sechziger Jahren kam eine Spielart der phantastischen Literatur auf, die bis heute in an Esoterik interessierten Kreisen sehr erfolgreich ist. In ihr wird behauptet, die wahre, der Geschichtswissenschaft bisher verborgen gebliebene Geschichte des Nationalsozialismus lasse sich nur mit dem Wirken von Geheimgesellschaften im Hintergrund der offiziellen Politik erklären.«[181]

---

172 Zumindest der Letztere ist erklärtermaßen ein Pseudonym; Lebensdaten für die beiden Autoren waren nicht zu recherchieren.
173 Heller und Maegerle, S. 46.
174 Charroux, »Phantastische Vergangenheit«, S. 121 f.
175 Charroux, »Phantastische Vergangenheit«, S. 141.
176 Charroux, »Phantastische Vergangenheit«, S. 142.
177 Charroux, »Unbekannt Geheimnisvoll Phantastisch«, S. 86.
178 Charroux, »Unbekannt Geheimnisvoll Phantastisch«, S. 147 f.
179 Laut Goodrick-Clarke, »Schatten«, S. 244.
180 Ihre Lebensdaten waren online nicht zu ermitteln.
181 Siepe, S. 493.

Weder ist es eine Spielart der fantastischen Literatur, noch ist der Ansatz mit den Geheimgesellschaften neu ... aber das Jahrzehnt, das hat sie richtig beschrieben.

8.4. Die 1970er

8.4.1. Wilhelm Landig (ab 1971)

Nach dem Zweiten Weltkrieg wird auch die »These« der atlantischen Kulturerzeugung in Romanform wieder aufgegriffen – dieses Mal ohne die Verbrämung durch Fantasy. Wilhelm Landig (1909–1997) lässt sich länger über dieses Thema aus; ich will ihn deshalb auch länger zitieren, um die pseudowissenschaftlichen Erläuterungen im Zusammenhang stehen zu lassen; über die wissenschaftliche Haltbarkeit von Hörbigers Mondtheorien, der »Beobachtung« von nordischen Zügen auf südamerikanischen Steinköpfen, menschliche Zivilisationen vor der Kontinentaldrift und die deutsche Großsteingräberkultur kann sich jeder selbst informieren. In kurzen Worten: Blödsinn.

Trotzdem hat Landigs Trilogie (»Götzen gegen Thule« [1971], »Wolfszeit um Thule« [1980] und »Rebellen für Thule« [1991]) eine hohe Wirkungsmacht; eigentlich unverständlich, wenn man die Bücher wirklich gelesen hat.

In einzelnen Fällen ist es möglich, Autoren und Gruppen politisch eindeutig einzureihen. So geht es zum Beispiel mit dem Autor und ehemaligem SS-Mitglied[182] Landig. Laut Daniela Siepe war er 1933 Mitglied der illegalen österreichischen NSDAP.[183] Er nahm am nationalsozialistischen Putschversuch 1934 in Österreich teil, floh nach Deutschland und wurde dort SS-Mitglied.[184]

Seine Einstellung spiegelt sich in seinen Romanen. In »Götzen gegen Thule« erklären zwei der Hauptfiguren übereinstimmend, dass sie den Soldateneid achten wollen:

> »Bei uns gibt es keine Stauffenbergs!«[185]

Als wäre der Anschlag auf Hitler eine Art Dolchstoß gewesen, der – erneut – das siegreiche Heer im Inneren entkräftet haben soll. Glaubt man Landig, geht es noch weiter; Geheimwaffen waren im Dritten Reich noch gebaut, aber nicht mehr eingesetzt worden:

> »Es waren Waffen und Mittel, von denen die wichtigsten und maßgeblichsten einem späteren Zugriff der Alliierten trotz überall lauernden Verrats entzogen werden konnten (...).«[186]

Doch es kommt noch schlimmer. Der Bericht über das KZ Dachau war nach Landig Propaganda der Alliierten:

> »... und wir wissen, dass man die Bombenopfer von München zusammen schaufelte, auf Lastwagen verlud, nach Dachau transportierte und sie dort als angeblich vergaste Opfer fotografierte und diesen Gräuelfilm, mit den Gemordeten der alliierten Bomben, als Zwangsvorführungen in den Gefangenenlagern der deutschen Soldaten laufen ließ ...«[187]

Sind seine politischen Ansichten schon eigenartig genug, so sind seine esoterischen Vorstellungen noch viel hanebüchener (falls das möglich ist). Landig hatte eine klare Vorstellung von Atlantis:

> »Atlantis bestand Mutmaßungen zufolge aus einigen sehr großen Inseln, die nach Hanns Hörbigers Theorie vom Mond (...) versanken, ehe dieser seine Bahn um die Erde lief. Nach Hörbiger trat damals eine große Katastrophe ein und eine riesige Flutwelle umrundete den Erdball (...). In den Überlieferungen der Menschheit wurde das kosmisch beeinflusste Geschehen als

---

182 Nach Wegener, »Weltbild«, S. 57; dito Goodrick-Clarke, »Schatten« über Landig und die Waffen-SS, S. 273.
183 Siepe, S. 508.
184 Nach Körber, S. 155.
185 Landig, »Götzen gegen Thule« (ab jetzt als »Götzen« zitiert), S. 82.
186 Landig, »Wolfszeit um Thule« (ab jetzt als »Wolfszeit« zitiert), S. 11.
187 Landig, »Götzen«, S. 445.

Sintflut bezeichnet. Ausläufer dieser alten Kultur wurden jedoch noch festgestellt. Der bekannte Afrikanist Leo Frobenius brachte seine Funde in Jorubaland überzeugt in Verbindung damit, dass sie keine negroiden Elemente aufweisen. Merkwürdigerweise fand auch der deutsche Geologe und Strandlinienforscher Edmund Kiß im bolivianischen Altiplano einen überdimensionierten Steinkopf in der Nähe von Tiahuanaco, der rein nordische Züge aufwies.«[188]

Seine Aussagen zu den »Negroiden« sind eindeutig:

»Die Neger haben nicht nur ein geringeres Gehirnvolumen und somit einen um zwanzig Prozent geringeren Intelligenzquotienten im Vergleich zur weißen Rasse, auch ihre Kiefer sind im Gegensatz zum Halbrund der Gebisse der Weißen, wie eine Hufeisen-Tischtafel, also eckig geformt. (...) Die eckige Hufeisenform der Gebisse ist nicht nur den Negern eigen, sie ist ebenso bei den Menschenaffen vorhanden.«[189]

An anderer Stelle schreibt Landig über die Auswirkungen dieses (atlantischen) Kulturkreises:

»In der erdgeschichtlichen Periode des Älteren Quartär oder des Diluviums erstreckte sich über eine lange Epoche ein Kulturkreis, der einen Großteil der damals anders geformten Kontinente umschloss. Die Träger desselben waren Menschen der damals arktisch-nordischen und später sich abzweigenden atlantisch-nordischen Rasse. Uralte Funde, wie die 25.000 Jahre alte Inschrift, die bisher älteste der Menschheitsgeschichte, auf der Monhegan-Insel an der Küste von Maine, sowie die ähnlichen, fast gleichen Zeichen der archaisch-chinesischen Schrift, die Zeichensteine der Hedschra Mektuba des Sahara-Atlas, von Carisco-Rock und Desert Queen Well in Kalifornien, von Tanum in Schweden oder Hodein Magol in Nubien, sie alle sind älteste Zeugen dieses gewaltigen Kreises der Megalithzeit.«[190]

Wenig später erklärt er dann, wer die alten Atlanter »wirklich« waren:

> »Ein in jüngerer geologischer Periode versunkenes Gebiet war auch das Doggerland. Die Versackung dieses Gebietes um die Mitte des letzten Jahrtausends vor der Zeitenwende ist eine geschichtlich noch unmittelbar uns betreffende Katastrophe!
> (...) Dieses Doggerland war der Hauptteil des alten Forsete-Landes (...). Und dieses Land war ein Kernland des alten Tuatha-Reiches, des ältesten Reiches der Deutschen! Es war die Heimat der ingväonischen Völker, deren Schiffe mit den Schwanenhals-Steven oder den Schwanenspiralen noch in den Bilderdarstellungen von den Männern vom Fremdboottypus in Altägypten und Alt-Iran festgehalten sind. Es sind jene Pulsata-Leute, die in der biblischen Geschichte als Philister ihre Kämpfe mit den nachdrängenden Stämmen Juda ausfochten. Die Tuatha waren die Träger der jungsteinzeitlichen Großsteingräberkultur und ihr Name bedeutet die Deutschen! Deutsch heißt auf altirisch »tuath«, auf altfriesisch »thiude« und auf mittelhochdeutsch »tiutisch«.«[191]

Deutsch ist eigentlich Atlantisch, eigentlich die »Erbsprache« der Atlanter, wie man unproblematisch beweisen kann:

> »Und noch weiter zum Laut A: Dieser findet sich am Beispiel des Wortes Attaland – Atlantis – gleich dreimal. Es erhielt sich ja im Deutschen als Vatta – Vaterland. Deutsch ist die Erbsprache von Atlantis!«[192]

---

188 Landig, »Götzen«, S. 37.
189 Landig, »Rebellen für Thule« (ab jetzt als »Rebellen« zitiert), S. 107.
190 Landig, »Götzen«, S. 160 f.
191 Landig, »Götzen«, S. 161.
192 Landig, »Rebellen«, S. 109.

Und natürlich sind die Atlanter eigentlich Goten, was einleuchtet, wenn die Goten die Vorfahren der Deutschen und selbst die Nachfahren der Atlanter sind:

> »Die Bedeutung des Wortes Atlantis ist Vaterland. Auf das Vaterwort Atta weisend, beginnt auch Wulfilas gotisches Vaterunser mit ›Atta unsar‹, es bedeutet Vater und Alter gleichermaßen. Atlantis-Atta-Land und das Synonym Papi-lond, aus dem sich das landläufige Babylon der Jetztbezeichnung erhielt, erweisen dem Ursprung einer uralten und weitverbreiteten Rassenkultur.«[193]

Und die Babylonier waren ebenfalls Germanen, oder zumindest sind sie sehr eng mit ihnen verwandt:

> »Die Babelleute und die germanischen Völker hatten die gleiche Mutter. Man beachte, dass die Babelleute und Assyrer die gleichen Hörnerhelme trugen, dass die Formen der babylonischen Schiffe die gleiche Bauart aufwiesen, wie sie auf den skandinavischen Felsbildern erhalten sind und dass die genannte[n] Völker alle einen heroischen Geist gemeinsam haben.«[194]

Auch im zweiten Band von Landigs Trilogie spielt Edmund Kiß eine wichtige Rolle.[195] Hier leitet Landig die Namen vierer mythischer südamerikanischen Anführer (Ayar mancotopa, Ayar chaki, Ayar aucca und Ayar yussu) vom Sanskrit-Wort »Ajar« ab:[196]

> »Dieser Name bedeutet ›Offenbarer des Lichts‹. Damit aber wird wieder die alte arische Sendung bestätigt,

---

193 Landig, »Götzen«, S. 298.
194 Landig, »Rebellen«, S. 387.
195 Landig, »Wolfszeit«, S. 91 ff.
196 Landig, »Wolfszeit«, S. 93.
197 Landig, »Wolfszeit«, S. 93.
198 Landig, »Wolfszeit«, S. 95.
199 Landig, »Wolfszeit«, S. 263.
200 Nach Landig, »Wolfszeit«, S. 349.
201 Landig, »Wolfszeit«, S. 290.
202 Landig, »Wolfszeit«, S. 295.
203 Landig, »Wolfszeit«, S. 351.
204 Landig, »Wolfszeit«, S. 353.
205 Landig, »Wolfszeit«, S. 353.

derzufolge die Arier das Licht in die Welt bringen sollen.«[197]

Kiß war es auch, der die »tempelartige Sonnenwarte Kalasaya« untersuchte:

»Kiß brachte eine Rekonstruktion dieser Anlage zustande, wobei er auch eine frühere dreifarbige Bauweise in Schwarz, Weiß und Rot herausgefunden haben will. Und gerade diese Baufarben haben nach den alten Überlieferungen den Haupttempel der Atlanter geziert. Immer wieder taucht diese Farbzusammenstellung in der atlantischen Periode auf, und sie ist es, die den Deutschen auch heute noch etwas bedeutet.«[198]

Die alte deutsche Fahne ist also ein atlantisches Herrschaftszeichen ... was mir irgendwie noch nie aufgefallen ist.
Landig erklärt auch die Schwarze Sonne zur Goldenen Scheibe von Atlantis alias der Stern Antares alias »And war« oder Andwari der »Edda«.[199] Es geht noch weiter: Ursprung der Idee der Heiligen Lanze laut Landig ist der Ger, der Odin durch den Leib ging. Daher auch die Bezeichnung Ger Manen.[200]
Und Landig erwähnt – Blavatsky rezipierend – eine »geheime Kosmische Chronik« samt einer »atlantischen Mythe«, die sieben Unterrassen aufzählt: Arier, Akkader, Tolteken, Turanier und Mongolen.[201]
Landig erwähnt auch Ossendowski als eine seiner Quellen[202], außerdem Guido List und Lanz von Liebenfels[203]. Auch auf Rudolf Steiner geht er ein: Hitlers »Jugendbegleiter in Wien war Doktor Rudolf Steiner«.[204] Weiter schreibt er:

»Derselbe Steiner war es auch, der die Thuleleute sowie maßgebende klarsehende Männer aus der Ära des Dritten Reiches als Anhänger der satanischen schwarzen Magie und der Anwendung eines schwarzen Okkultismus beschuldigte.«[205]

Laut Landig gibt es (man mag fast schreiben: selbstverständlich) eine geheime Weltregierung:

>»Die Konferenz von Jalta am 1. Februar dieses Jahres war ein Übereinkommen zwischen den Japhetiten der Krim und den Shrinern, den Hütern der Bundeslade in New York. Diese Kräfte repräsentierten sich durch die Personen der sichtbaren Weltpolitik. Das Ergebnis war, über das Schicksal Deutschlands hinaus, ein Diktat auf eine Teilung der Welt in eine östliche und eine westliche Hemisphäre auf die Dauer von zehn Jahren.«[206]

Bei den »Shriners« handelt es sich um die Freimaurer, zu denen Landig unter anderem Churchill und Roosevelt zählt.[207] Auch Shangri La und Aggartha tauchen als Spieler in diesem Spiel auf.[208] Die ganze Welt steht hier symbolisch unter der Kraft des Pols – der Beweis sind die

>»United Nations (...), deren Symbol eine blaue Flagge mit dem Pol als Zentrum des Erdballs ist.«[209]

An anderer Stelle schreibt er:

>»Die Symbolik der UNO offenbart sich für die Wissenden in ihrer Flagge oder ihrem Wappen: die blauweißen Farben sind zugleich die Farben Israels.«[210]

Nun gut, es gibt also eine geheime Weltregierung, die von Tibet aus zu regieren scheint, aber von Israelis dominiert wird. Und die UNO – das, was nach Meinung der Öffentlichkeit einer Weltregierung am nächsten kommen dürfte – ist in Wirklichkeit ein Konglomerat dunkler Mächte.

Landig schuf zusätzlich eine direkte Verbindung zwischen der SS und Tibet:

>»Die Schwarze Sonne ist das Symbol eines kleinen, aber einflussreichen esoterischen Schutzstaffelkreises, dessen Verbindungen über die ganze Welt laufen. Eine der wichtigsten Verbindungen geht nach Tibet zu

den Gelbmützenlamas und zu der Schwarzmützensekte.«[211]

Die Weißmützen haben Tibet verlassen und leben in Schlumpfhausen ... aber das ist nicht wirklich lustig, denn die Verschwörungen hinter den weltpolitischen Kulissen, die Landig hier andeutet, sind für viel zu viele Menschen wahr.

Landigs Argumentationskette greift weiter; für ihn sind die Männer, die unter der »Schwarzen Sonne« kämpfen, eigentlich gar keine »bösen Nazis«, sondern Opfer:

»Zuletzt war es ein kleiner Kreis Wissender aus dem Bereich der Schutzstaffeln des Dritten Reichs, der sich wenig um die Linie und Politik der die Macht innehabenden Partei kümmerte und unter dem Schutz des Reichsführers der Schutzstaffeln, eine eigene Richtung verfolgte. Dieser Kreise, dessen Angehörige fast durchwegs höhere Ränge waren und aus dem Hintergrund Fäden ziehen konnten, war es auch, der die Schwarze Sonne als Inneres Licht in das Wissen und als Erkennungszeichen aufnahm. Dieser Kreis vermochte es durchzubringen, dass die Schwarze Sonne als ›Schwarze Ronde‹ zum zusätzlichen Hoheitszeichen der noch knapp vor Kriegsende in Aufstellung begriffenen Schutzstaffel-Luftwaffe gezeigt werden sollte. Das schnelle Kriegsende machte alle Pläne zunichte. Was für eine seltsame Übereinstimmung: Die Abkürzung für Schwarze Sonne sind zwei S und die Abkürzung für die Schutzstaffeln des Dritten Reiches waren ebenfalls zwei S gewesen. Diese wurde nach dem Kriege auch als Soldaten verfolgt, wie früher die Templer, die Katharer und volksbewusste Kräfte anderer Nationen.«[212]

---

206 Landig, »Götzen«, S. 106.
207 Landig, »Götzen«, S. 108 f.
208 Landig, »Götzen«, S. 106.
209 Landig, »Götzen«, S. 107.
210 Landig, »Wolfszeit«, S. 344.
211 Landig, »Wolfszeit«, S. 26.
212 Landig, »Rebellen«, S. 393.

Die Katharer sind also eine Art SS, nur ohne Reichsflugscheiben ... und das »schnelle Kriegsende« war ein sehr langsames Sterben, in denen eine Reichsregierung einen Krieg monatelang weiterschleppte, der militärisch längst verloren war.

Aber die Verbindung zu den UFOs (denn etwas anderes war die eben genannte »Schutzstaffel-Luftwaffe« offensichtlich nicht) ist für Landig vorhanden. So gibt es fliegende Kreisel bei Landig[213], ebenso Verweise auf Schaubergers entsprechende Arbeiten in Wien.[214] Die Antriebskraft ist klar:

> »Vril ist eine Molekularkraft und ist nach alten Berichten im Höhlen-Od oder im Sonnen-Od verborgen. Diese Kraft soll als Antriebskraft für Fluggeräte geeignet sein und wurde im altindischen Flugsystem bereits angewandt.«[215]

Ich habe es immer gewusst: Altindische Motoren betreiben faschistische Raumschiffe.

Der Journalist Rüdiger Sünner (*1953) schrieb in »Schwarze Sonne« über Landigs »Thule«-Trilogie:

> »In diesen Büchern, die ein junges Publikum für die vermeintlich hochidealistische Gesinnung der SS begeistern sollen, wird die ›Schwarze Sonne‹ als ›Ausgangspunkt der arischen Sendungsüberlieferung und Urquell der arischen Kräfte‹ beschrieben, als ein ›geheimes Zeichen für Thule‹ und ›Lichtquell der Weisheit und Strahl des einen Großen, dessen Wille alles lenkt‹.«[216]

---

213 Landig, »Götzen«, S. 75 ff.
214 Landig, »Wolfszeit«, S. 23 f.
215 Landig, »Götzen«, S. 175.
216 Sünner, S. 148 f.
217 Heller & Maegerle, S. 96.
218 Ravenscroft, S. 261 f.; Hervorhebung im Original.

Die politische Einschätzung Landigs ist klar. Heller und Maegerle schreiben es eindeutig in »Thule – Vom völkischen Okkultismus bis zur Neuen Rechten«:

»Landig ist der profilierteste Vertreter nationalsozialistischer Esoterik im deutschsprachigen Raum.«[217]

Dem ist wenig hinzuzufügen.

8.4.2. »Die heilige Lanze« (1972)

In den 70ern erschienen mehr und mehr Verschwörungstheorien. »Die heilige Lanze« (im Original 1972 erschienen) von Trevor Ravenscroft (?-1989) ist ein schlechtes Buch, wenn man wissenschaftlich an es herangeht. Viele Quellen sind nicht belegt, die angebliche Geschichte, die es wiedergibt, ist ziemlich krude:

»Zwei verschiedene Gruppen der arischen Völker, die von abtrünnigen Eingeweihten der Orakel angeführt wurden, verschrieben sich der Anbetung des Bösen und errichteten ihre eigenen Gemeinschaften in den Bergen, die einstmals in den Fluten des Atlantischen Ozeans in der Nähe von Island versunken sind. Aus ihren blutrünstigen und grausamen Kulten ist die Thulelegende hervorgegangen. Diese Eingeweihten des Bösen überlebten gleichfalls die Katastrophe, die in der *Bibel* als die Sintflut beschrieben wird. Sie wanderten ebenfalls ostwärts quer durch Europa nach Asien und ließen sich in Tibet in zwei riesigen Höhlen unterhalb des Bergheiligtums des ›Sonnenorakels‹ nieder, von wo aus die höheren Eingeweihten fortan die Kulturen des nachatlantischen Zeitalters kraft ihrer Weisheit dirigierten.«[218]

Es bietet sich an, dieses Werk nicht als wissenschaftlichen Beitrag zur Diskussion zu begreifen. Pointiert äußert sich der Autor Hans Thomas Hakl (*1947) in seinem Beitrag »Nationalsozialismus und Okkultismus« über Ravenscroft:

»Fest steht ebenfalls, dass die biografischen Angaben Ravenscrofts auf den Umschlagklappen der amerikanischen Ausgabe nicht mit dem übereinstimmen, was Anderson recherchiert hat. Dazu kommen noch die etlichen Ungereimtheiten und Unmöglichkeiten in Ravenscrofts Werk (...). Eine ironische Bemerkung beschließt diese Arbeit. Anderson weist darauf hin, dass wir mehr Informationen dafür besitzen, dass Winston Churchill in okkulte Gesellschaften eingeweiht war, als wir sie für Hitler haben.«[219]

Verwunderlich ist nur, dass dieses Buch scheinbar immer noch gelesen wird und es Menschen gibt, welche die Geschichte darin für bare Münze nehmen. Aber irgendwie muss man Ravenscroft auch dankbar sein: Immerhin wissen wir jetzt um den Ursprung der »Heimlichen Lehre« vor »etwa 10000 Jahren unter den Eingeweihten im alten Tibet«[220] und um Agarthi und Schamballah – »Die bösen Zwillinge«[221].

8.4.3. In der Erde und unter Wasser (ab 1973)

Okkultautor Serge Hutin (1927–1997) steuerte 1973 mit »Unsichtbare Herrscher und geheime Gesellschaften« seinen Teil zur Mythenverwirrung bei. Hier gibt es Agarttha als Reich im Erdinneren, regiert von einem »König der Könige«[222]; Hutin verweist ebenfalls auf Ossendowski.[223] Nach Hutin gab es seit 1926 eine Kolonie von Indern und Tibetanern in Berlin und München; der Kontakt bestand durch den Thulebund.[224]

In seinem Buch bedankt sich Hutin und spricht von »unser[m] Freund Jacques Bergier«.[225]

---

219 Hakl, S. 197.
220 Ravenscroft, S. 242.
221 Ravenscroft, S. 260 (Kapitelüberschrift).
222 Hutin, S. 54 f.
223 Hutin, S. 56.
224 Hutin, S. 164 f.
225 Hutin, S. 10.
226 Barkun, S. 85.

Im selben Zeitraum begann in der Öffentlichkeit, das Interesse an Atlantis wieder zu erwachen (das nie ganz geschlafen hatte). Auslöser waren die beiden Bücher von Charles Berlitz (1913-2003) »Das Atlantis-Rätsel« (das Original erschien 1974, in Deutschland erschien 1976 eine vom Autor hierfür erweiterte Fassung) und »Der 8. Kontinent« (Original und deutsche Ausgabe 1984). Der Untertitel des zweiten Buches lautete nicht ohne Grund »Wiege aller Kulturen«, und genau dies wollten die Bücher beweisen.

8.4.4. Ernst Zündel (ab 1976)

Erneut begann die Verbindung von Verschwörungstheorien, esoterischen Mythen und politischen Extremisten. Laut Barkun verbindet der Holocaustleugner Ernst Zundel (auch Zündel; *1939) erstmals ab 1976 UFOs und Nazis[226]:

> »One of the byways of UFO speculations has associated UFOs and aliens with Nazi Germany. In the hands of Neo-Nazis, such as Canadian Holocaust denier Ernst Zundel, this has taken the forms of claims that Hitler and the Nazi elite escaped to an Antartic sanctuary and from there to the inner earth, where they developed UFO technology.«[227]

Damit waren die Stränge der unterschiedlichen, esoterischen Überlieferungen erneut verbunden.

8.4.5. Jacques de Mahieu (ab 1978)

Der französische Schriftsteller Jacques de Mahieu (1915-1990) begann in den frühen 70ern mit der Veröffentlichung

---

[227] Barkun, S. 142: »Eine der Richtungen der UFO-Spekulationen bringt diese UFOs in Verbindung mit Nazi-Deutschland. In den Händen der Neonazis, wie dem kanadischen Holocaustleugner Ernst Zündel, entwickelte sich das zu der Behauptung, Hitler und die Nazi-Elite seien in ein antarktisches Rückzugsgebiet geflohen, von dort in das Innere der Erde, wo sie die Technologie der UFOs entwickelt hätten.« [Übersetzung HR]

von Werken über die (angeblichen) Aktivitäten der Wikinger in Südamerika.

Als letztes Buch dieser Serie aus sieben Bändern erschien 1981 »Das Wikingerreich von Tiahuanacu«. In diesem Buch wird Helgoland als Pseudoatlantis beschrieben, regiert von »einer Aristokratie nordischer Rasse«, eine »indoeuropäische Kultur«, welche »die Mutter aller Alphabete Europas« erschuf.[228] Endlich wird auch klar, warum die Hochkulturen Südamerikas überhaupt Kultur entwickelt haben – die Olmeken sind eigentlich Wikinger, so bedeutet »Olmeca« eigentlich »Ullmanns Leute«[229]. Das ist schwer zu kommentieren. Aber es geht noch weiter:

>»Die Inkas sprachen also eine germanische Sprache. Durch die Titel, die sie trugen, wissen wir, dass es ein nordischer Dialekt war.«[230]

Eine weitere Kultur, die es offensichtlich ohne die Weißen es nie zu etwas gebracht hätte.
Goodrick-Clarke schreibt dazu:

>»Die im Original französischen Werke de Mahieus wurden von Wilfred von Oven ins Deutsche übersetzt, Goebbels' ehemaligen Stellvertreter (...).«[231]

Und tiefer will ich in sein Werk nicht eintauchen.

8.4.6. Bergier & Pauwels in den 70ern

Jacques Bergier schrieb das Vorwort zu der französischen Übersetzung (1970) von »Darker Than You Think« (Original 1948) von Science-Fiction-Autor Jack Williamson (1908–2006). Dort gibt es auch einen Verweis auf »Aufbruch ins dritte Jahrtausend« von Bergier und Pauwels.[232] Und der Science-Fiction-Autor Jack Dann (*1945) dankt in »Weltenvagabund« u. a. Pauwels und Bergier und »The Morning of the Magicians« in seinem »Nachwort des Autors«.[233]

Wichtiger für die »Wirkungsmacht« war sicherlich ein Hinweis im dritten Teil der »Illuminatus«-Trilogie von Robert

Shea (1933-1994) und Robert Anton Wilson (1932-2007). Dieser Band namens »Leviathan« erschien 1975. Dort heißt es:

> »In diesem Zusammenhang – und *en passant* auch als einen Hinweis darauf, dass die Verbindung Adolf Hitlers mit den Illuminaten für diesen Roman nicht erfunden worden ist – empfehlen wir dem Leser, einen Blick in Pauwels und Bergiers *Aufbruch ins dritte Jahrtausend*.«[234]

Wenn man sich mit »Illuminatus« und seiner Wirkung beschäftigt, dabei die politische Einstellung der beiden Autoren im Blick behält (die ich linksliberal und eher im Bereich der geschickt angewandten Ironie verorten würde), dann kann man diese Aussage eher als humoristischen Seitenhieb verstehen, der leider bei vielen Lesern nicht angekommen ist.

8.5. Die 1980er

8.5.1. »Die schwarze Sonne«

Das Buch »Mythos schwarze Sonne« von Rudolf J. Mund und Gerhard von Werfenstein reproduziert als Hauptteil »Das Mysterium der schwarzen Sonne« von Rudolf J. Mund. Leider fehlt das Erscheinungsjahr; es ist eine Datierung auf 1981 zu vermuten.[235] Der Beitrag selbst ist voller Tippfehler und dafür ohne Quellenangaben.

Das Buch ist inhaltlich auch ein wenig ... durcheinander. Das Vorwort oder »Das Geheimnis der Wewelsburg« schrieb

---

228 De Mahieu, S. 17.
229 De Mahieu, S. 26.
230 De Mahieu, S. 210.
231 Goodrick-Clarke, »Schatten«, S. 385.
232 Nach Eisfeld, S. 142.
233 Dann, o. S.
234 Shea & Wilson, S. 288 (Anmerkungen).
235 Die auf Mund/von Werfenstein, S. 34, erwähnte »jüngst« gezeigte Sendung des ORF wurde im August 1981 ausgestrahlt (Quelle: www.spiegel.de/spiegel/print/d-14347659.html, 13.06.2010).

der »Erzprior der Neutempler«, wahrscheinlich der auf dem Titel genannte (und im Buch nicht erwähnte) Gerhard von Werfenstein. Seine politische Einstellung ist ziemlich klar:

> »Sobald die Frauen die körperliche, biologische Geschlechtsreife erreicht haben, sollten auch die ersten Kinder gezeugt werden, alles andere ist gegen die Natur.«[236]

Es finden sich Hinweise auf spiritistische Zirkel, die von einem in Tibet lebenden »auf ca. 40 Jahre verjüngten Führer« reden. Das Symbol dieses Reiches, das man auch Thule nennt, sei die Schwarze Sonne.[237] Zu dieser These und der Herkunft des Symbols heißt es eindeutig in einem Artikel des Germanistikprofessors Georg Schuppener (*1968):

> »Besondere Erwähnung verdient im Zusammenhang mit der Aneignung der Runen die sogenannte ›Schwarze Sonne‹, die zu einem Erkennungssymbol der rechtsextremen Szene geworden ist. Dabei handelt es sich um einen Kreis, von dessen Mittelpunkt sternförmig zwölf Sigrunen ausgehen. Der Ursprung dieses Zeichens liegt jedoch nicht in der germanisch-nordischen Tradition, sondern die Schwarze Sonne wurde wohl erstmals im sogenannten Obergruppensaal der NS-Schulungsstätte Wewelsburg als Fußbodenrelief ausgeführt.«[238]

Also keine Herkunft aus Thule.

Zurück zu Mund: Es gibt einen Verweis auf Gespräche mit Landig und gegenseitige Inspirationen.[239] Richtig irre wird es aber erst, wenn man erfährt, wie hier Wewelsburg und Wiligut auf der einen Seite und Tibet auf der anderen Seite verwoben werden:

> »Ein Augenzeuge berichtet: ›Im Spätherbst fuhr ich um Mitternacht von Gut Böddeken Richung Wewelsburg, einige hundert Meter vor dem Ortseingang hatte ich eine unerklärliche Autopanne, indem die Zündung

meines Wagens plötzlich aussetzte und der Wagen abrupt stehen blieb. An einer kleinen Wegkreuzung sah ich vor mir plötzlich ein weißes Pferd, darauf saß ein Mann in schwarzem Mantel und mit einer schwarzen Schirmmütze, der rückwärts Richtung Wewelsburg blickte. Ich fragte ihn, woher er wollte, darauf drehte er sich zu mir um und entgegnete: »Nach Tibet in mein Königreich!« und ritt davon.‹

Der Augenzeuge, dem der Mann irgendwie bekannt vorkam, sah in einem Buch über die Wewelsburg nach, dort fand er ein Foto: Es war Karl Maria Wiligut, den man auch ›den Auferstandenen‹ nennt.«[240]

Die Nacht der reitenden Leichen.

8.5.2. Bergier & Pauwels in den 80ern

Der amerikanische Hohlweltautor Alec Maclellan (1931–2003) erwähnt in »Die verlorene Welt von Agharti« (Originaltitel »The Lost World of Agharti«, 1982) das volle Programm – Roerich, Pauwels & Bergier, Blavatsky, Ossendowski, Bulwer Lytton (sic), Ravenscroft und Shaver.

Und dort finden wir eine weitere »Quelle« für die Anwesenheit von Tibetern bei der Verteidigung Berlins in den letzten Tagen des Zweiten Weltkriegs:

»Am Morgen des 25. April 1945 machte eine Gruppe von russischen Soldaten, die sich ihren Weg vorsichtig durch die Trümmer des vom Krieg zerstörten Berlin bahnten, eine der verwirrendsten Entdeckungen dieser keineswegs ereignislosen Zeit. (...)

In einem fast unbeschädigten dreigeschossigen Haus machten die Soldaten eine kuriose Entdeckung.

---

236 Mund/von Werfenstein, S. 7.
237 Mund/von Werfenstein, S. 1.
238 Schuppener, S. 25.
239 Mund/von Werfenstein, S. 2 und S. 7 f.
240 Mund/von Werfenstein, S. 3 f.

In einem der Zimmer im Erdgeschoss fanden sie die Leichen von sechs Männern, die in einem kleinen Kreis auf dem Boden lagen. Im Zentrum des Kreises lag ein weiterer Toter auf dem Rücken; er hatte die Hände verschlungen, wie zum Gebet.

Auf den ersten Blick waren es natürlich nur Leichen (...). Aber bei näherer Betrachtung wurde offenbar, dass diese Toten zwar in abgetragene deutsche Uniformen gekleidet waren, andererseits jedoch einwandfrei asiatische Gesichtszüge aufwiesen.

In der Tat waren sie Tibetaner – einer der russischen Soldaten, ein junger Mann aus dem Grenzgebiet der Mongolei, wies schon bald auf diesem Umstand hin. Und er war es auch, der bemerkte, dass die zusammengekrallten Hände des im Zentrum des Kreises toter Männer liegend mit leuchtend grünen Handschuhen bekleidet waren.

(...) Bevor die Russen zu ihren Alliierten aufschlossen (...) fanden sie die Leichen von mehreren Hundert Tibetanern – manche Quellen nennen sogar einige Tausend – unter ganz vergleichbaren Umständen. (...)

Die Leichen stellten ein Rätsel dar, dessen Lösung viel Zeit beanspruchen sollte. Doch als die einzelnen Fakten über den Tod dieser Männer sorgfältig zusammengetragen worden waren, ergab sich ein erstaunlich schlüssiges Bild, das sozusagen das fehlende Bindeglied zwischen dem unterirdischen Königreich von Agharti, Adolf Hitler und Bulwer Lyttons unheimlichem Buch *The Coming Race* darstellt. Tatsächlich könnte man mit Fug und Recht behaupten, dass das Buch zu einem großen Teil dafür verantwortlich war, dass sich diese Männer zu diesem Zeitpunkt in Berlin aufgehalten hatten, und zu einem weitaus kleineren Teil auch für das Blutbad, das der Führer des Dritten Reiches Europa und vielen anderen Teilen der Welt während der Jahre von 1939 bis 1945 zufügte.«[241]

Die handelnden Figuren sind klar: Neben den Tibetern, die mit am Ausbruch des Weltkriegs und dem Holocaust beteiligt waren (zumindest, wenn man der Argumentation von Maclellan glaubt), waren dies noch die Mitglieder der Vrilgesellschaft. Der zitierte Gewährsmann ist hier wieder einmal Willy Ley:

> »Ley betonte, die Gruppe rekrutiere sich aus handverlesenen Spezialisten aus aller Welt, die sich mit dem Ziel vereint hatten, eine arische Superrasse zu erschaffen. Zu ihren Mitgliedern gehöre auch ein großes Kontingent tibetanischer Lamas, die man wegen ihres Wissens über Agharti mit einbezogen hatte.«[242]

Zu Leys Zuverlässigkeit als Quelle hatte ich mich schon geäußert.

1988 wählt Brad Linaweaver für seinen Roman »Moon of Ice« einen anderen Weg. Dieses Werk ist ein kontrafaktischer Roman, in dem in Europa siegreiche Nazis sich ein Rennen zum Mond gegen die USA liefern – aber nur, damit die Deutschen beweisen können, dass der Mond (Hörbigers Welteistheorien folgend) aus Eis ist.

Linaweavers Stil ist eher spöttisch:

> »When Atlantis sank beneath the waves, the survivors sailed to the Himalayas. At that time, Tibet was at sea level. The cataclysm that reduced Atlantis to a legend (...) raised Tibet 13,000 feet above sea level. So that untold generations later, earnest young men of the SS could make pilgrimages to lonely monasteries in search of lost Arya.«[243]

---

241 Maclellan, S. 125 ff., Hervorhebung im Original.
242 Maclellan, S. 135.
243 Linaweaver, S. 179: »*Nachdem Atlantis unter den Wellen versunken war, segelten die Überlebenden in den Himalaja. Damals lag Tibet noch auf Meereshöhe. Die Katastrophe, die Atlantis in eine Legende verwandelte, hob Tibet 4.000 Meter über Meereshöhe. Daher konnten unsagbar viele Generationen später ernsthafte junge Männer der SS auf der Suche nach den verlorenen Ariern zu einsamen Klöstern pilgern.*« [Übersetzung HR]

Und im Roman selbst wird mit einem Augenzwinkern Bergiers & Pauwels' gedacht:

> »We received good publicity from your ministry when we executed those two French snoopers for trespassing: Louis Pauwels and Jacques Bergier.«[244]

Zumindest in dieser (kontrafaktischen) Welt erscheint das Buch der beiden Franzosen nicht.

8.6. Die 1990er

8.6.1. »Die schwarze Sonne von Tashi Lhunpo« (1991)

1991 wurde der ganze Mythos durch einen gewissen Russell McCloud wieder aufgewärmt. Goodrick-Clarke schreibt, dass sich

> »hinter dem angelsächsischen Pseudonym (...) ein Autorenteam unter Leitung des deutschen Wissenschaftsjournalisten Stephan Mögle-Stadel«

verbirgt.[245] Der Autor selbst, Stephan Mögle-Stadel (*1965), ist ein deutscher Buchautor, der nur mit diesem Werk »im Thema« ist.

Schon der gewählte Titel »Die schwarze Sonne von Tashi Lhunpo« weist auf die pseudo-tibetischen Quellen hin. Quelle für den Namen ist offensichtlich der Forschungsreisende Sven Hedin (1865–1952):

> »Taschi-lunpo ist ein Gumpa, eine ›Wohnstätte der Einsamkeit‹, ein Kloster. Es ist eine ganze Kloster- und Tempelstadt von mindestens hundert Häusern, die durch enge Gassen voneinander getrennt sind, ein Labyrinth weißverputzter Steinhäuser mit roten und schwarzen Dachfriesen.«[246]

An anderer Stelle heißt es bei Hedin zur Bedeutung des Ortes:

»Von den Tibetern wurde er Pantschen Rinpotsche oder Taschi-Lama genannt (...). Er war eine Wiedergeburt des um die Mitte des 14. Jahrhunderts (...) geborenen Reformators Tsongkapa, der seinerseits die Wiedergeburt des Schutzgotts Amitabha gewesen war. Von frühester Kindheit an war der jetzt zweiundvierzigjährige Taschi-Lama Großlama im Kloster Taschilunpo in Südtibet gewesen.«[247]

McCloud scheint den Namen und einen Teil des Mythos' aus dieser Quelle übernommen zu haben. Aber: Laut McCloud flohen die Bewohner des versunkenen Thule nach Tibet.[248] Die Überlebenden teilten sich in zwei Gruppen:

»Die einen wollten, wenn die Zeit dafür reif war, aus den Menschen ihresgleichen machen. (...) Die anderen wollten, dass die Menschen bleiben, was sie sind.«[249]

Der erste Weg »zur linken Hand« nannte sich Agarthi, der andere waren die Schamballah.[250] Zu Agarthis Seite zählte laut McCloud der mythische Kern der SS.[251] Daher erklärt sich auch das Interesse der SS an Tibet.[252] Weiterhin steht der Thuleorden auf der Seite Agarthis, auf der Seite Shamballahs stehen die Freimaurer.[253]

Eines der mächtigen Werkzeuge Agarthis ist der »Speer des Schicksals«. Von Jesu Kreuzigung über Heinrich IV., Konstantin, Attila, Karl der Große, Heinrich der Große, Otto I. bis

---

244 Linaweaver, S. 194: »*Die Rückmeldungen aus ihrem Ministerium waren gut, als wir diese beiden französischen Schnüffler wegen unbefugten Eindringens hinrichteten: Louis Pauwels und Jacques Bergier.*« [Übersetzung HR]
245 Goodrick-Clarke, »Schatten«, S. 252.
246 Hedin, »Reisen und Abenteuer in Tibet«, S. 75.
247 Hedin, »Tsangpo Lamas Wallfahrt – Die Pilger«, S. 11.
248 McCloud, S. 157.
249 McCloud, S. 157.
250 McCloud, S. 157.
251 Vgl. McCloud, S. 169.
252 McCloud, S. 169.
253 McCloud, S. 181.

Otto III., Adolf Hitler – sie alle trugen ihn und wurden damit zum Werkzeug des Schicksals.[254] Der Speer lagerte in der Wewelsburg[255] – ein »geistiges Zentrum« der SS.[256] Eingebunden in die Wahl der Wewelsburg waren unter anderem Heinrich Himmler und Weisthor[257] alias Karl-Maria Wiligut.

Mit seiner Stilisierung von Atlantis im germanischen Kontext steht Landig nicht alleine. Nur muss dieser untergegangene Kontinent nicht immer Atlantis heißen; bei McCloud (1996) ist es Thule, das Atlantis ersetzt:

>»Die Legende von Atlantis. Oder eben die Wahrheit von Thule.«[258]

Weiter heißt es:

>»Vor zwölftausend Jahren ging ein Reich in einer riesigen Katastrophe zu Ende, wie es bis heute nie wieder auf der Welt existiert hat. Thule war das Reich einer Rasse, die von den Göttern abstammt. (...) Der Mensch der Gegenwart ist degeneriert.«[259]

Sünner schreibt über Russell McCloud in »Schwarze Sonne« lapidar:

>»Der schlecht geschriebene und ungenau recherchierte Roman »Die schwarze Sonne von Tashi Lhunpo«.«[260]

Sünner hat recht.

---

254 McCloud, S. 290 ff.
255 McCloud, S. 292.
256 McCloud, S. 72.
257 McCloud, S. 72.
258 McCloud, S. 156.
259 McCloud, S. 156.
260 Sünner, S. 145.
261 Holey, »Die Akte Jan van Helsing«, S. 10.
262 Van Helsing, »Geheimgesellschaften 2: Interview mit Jan van Helsing«, S. 23.
263 Holey, »Die innere Welt«, S. 7.
264 Holey, »Die Akte Jan van Helsing«, S. 209.

8.6.2. van Helsing (ab 1995)

1995 erschien »Geheimgesellschaften und ihre Macht im 20. Jahrhundert« des Verschwörungstheoretikers Jan van Helsing (eigentlich Jan Udo Holey; *1967). Seinem Erstling folgte im selben Jahr »Geheimgesellschaften 2: Interview mit Jan van Helsing«; 1996 erschien dann »Buch 3«. Van Helsing ist ein Pseudonym; dies enttarnt er aber später.[261] Den Namen wählte er offensichtlich nach dem bekannten Vampirjäger aus Bram Stokers »Dracula«.

Seine Bücher sind in der Beweisführung in den meisten Teilen unlogisch und schlampig lektoriert. Das gibt der Autor selbst zu:

> »Ich habe ehrlich gesagt so gut wie überhaupt nicht recherchiert.«[262]

In einem späteren Buch schreibt er buchstäblich:

> »Die Geschichte dieses Buches ist frei erfunden. Es wurden jedoch auch wahre Aspekte mit eingebaut. Somit liegt es an Ihnen, herauszufinden, was der Wahrheit entspricht und was der Fiktion«.[263]

Das sollte dem Verkaufserfolg, wie er dann stattgefunden hat, eigentlich widersprechen. Dazu (und zur Indizierung seiner ersten Bücher) schreibt er:

> »Aber ich glaube, dass das Verbot inzwischen nicht mehr so schlimm ist, da die Menschen, die diese Bücher lesen sollten, sie auch in die Hände bekommen haben, und wer sie unbedingt lesen will, der wird auch irgendwoher eine Kopie bekommen. Nach Aussagen eines Insiders vom Börsenverein des deutschen Buchhandels können es via vieler Fotokopien fast zwei Millionen deutschsprachiger LeserInnen sein.«[264]

Dafür ist klar, wie van Helsing mit Kritik umgeht:

> »Auch hier ist es wichtig, zu überprüfen, aus welchem *Lager* der Autor kommt, den Sie für Ihre Kritik verwenden und ob er nicht auch für eine staatliche Behörde arbeitet oder mit einer mit den Illuminaten verknüpften Organisation verbunden ist, um daran den Wert der Kritik zu bemessen.«[265]

Ich arbeite nicht für eine Behörde, aber für (wenn auch auf Umwegen) staatliches Geld. Ob ich in einer Organisation bin, die in den Augen van Helsings mit den Illuminaten verknüpft ist, wage ich nicht zu beurteilen. Wahrscheinlich ... ich habe den SFCD (»Science Fiction Club Deutschland«) seit vielen Jahrzehnten im Verdacht, eigentlich für die Illuminaten zu arbeiten. Fnord. Das würde einiges erklären. Natürlich bin ich damit für van Helsing kein ernst zu nehmender Kritiker. Aber bei einem »Werk« wie dem seinen ist es nicht schwer, Kritiker zu finden.

Seine inhaltlichen Versatzstücke kommen einem bekannt vor:

> »Karl Haushofer knüpfte während des Ersten Weltkrieges Kontakt mit einer der einflußreichsten Geheimgesellschaften Asiens: den ›GELBMÜTZEN‹. Diese wurden 1409 von dem buddhistischen Reformator Tsongkhapa gegründet. (...) Die Kontakte zwischen Haushofer und den Gelbmützen führten dazu, dass sich in den zwanziger Jahren tibetanische Gemeinden in Deutschland bildeten.«[266]

In der Thulegesellschaft waren angeblich unter anderem Guido von List und Jörg Lanz von Liebenfels, Adolf Hitler, Rudolf Hess, Hermann Göring, Heinrich Himmler Mitglied.[267] Ihre politischen Ziele stellt van Helsing so dar:

> »Die Thule-Leute wussten ganz genau über die jüdischen Bankensysteme (...) und die Protokolle der Weisen von Zion Bescheid und fühlten sich berufen (...), das Volk, doch ganz speziell das jüdische Banken- und Logensystem, zu bekämpfen und das Lichtreich auf Erden zu schaffen.«[268]

Die Thulegesellschaft erhielt 1919 angeblich eine telepathische Mitteilung aus dem Sonnensystem Aldebaran:[269]

»Des weiteren kamen die Vril-Telepathen zu der Erkenntnis, dass das Sumerische nicht nur mit der Sprache der Aldebaraner identisch ist, sondern auch, dass das Aldebaranisch-Sumerische wie ein unverständliches Deutsch klingt und auch die Sprachfrequenz beider Sprachen – des Deutschen und des Sumerischen – fast gleich ist.«[270]

So nimmt es nicht Wunder, dass die Außerirdischen gleich ihre Nachfahren ansprechen:

»Es war [für die Aldebaraner, HR] naheliegend, zuerst einmal bei ihren indirekten Nachfahren, die ihnen in ihrer Kultur und Art noch am ähnlichsten geblieben waren, nachzusehen – die Menschen von Thule (Atlantis) – die Deutschen. Und diese sprechen offenbar sogar noch fast die gleiche Sprache wie damals (...). Davon abgesehen war den Aldebaranern aufgefallen, dass viele große Entwicklungen und Errungenschaften auf der Welt aus diesem Volke kamen (...), was ebenfalls darauf schließen ließ, dass diese sich am schnellsten und besten entwickelt hatten.«[271]

Die These, die Deutschen seien die wahren Nachfahren der Atlanter, haben wir schon kennengelernt. Van Helsing erklärt jetzt die Herkunft der UFOs, denn vom Aldebaran kommt das Wissen um die Reichsflugscheiben. In seinem Buch finden sich die Konstruktionspläne von Reichsflugscheiben namens

---

265 Van Helsing, »Geheimgesellschaften und ihre Macht im 20. Jahrhundert« (ab jetzt als »Geheimgesellschaften« zitiert), S. 303 (Hervorhebung im Original).
266 Van Helsing, »Geheimgesellschaften«, S. 104 (Hervorhebung im Original).
267 Nach Van Helsing, »Geheimgesellschaften«, S. 108.
268 Van Helsing, »Geheimgesellschaften«, S. 106.
269 Nach Van Helsing, »Geheimgesellschaften«, S. 118.
270 Van Helsing, »Geheimgesellschaften«, S. 120.
271 Van Helsing, »Unternehmen Aldebaran«, S. 274.

»Haunebu I«, »Haunebu II« und »Vril 1«.[272] Eigentlich müsste man das Wort »Konstruktionspläne« in dicken Anführungszeichen schreiben, denn der Nachbau dürfte (außer als Streichholzmodell) sehr schwierig werden. Die technischen Daten der von ihm geschilderten Raumflugkörper sind beachtlich; »Vril 1« hatte eine »Weltallfähigkeit von 100%«.[273] Mit der »Vril-7« wurden »wichtige reichsdeutsche Persönlichkeiten« nach Neuschwabenland ausgeflogen.[274]

Immer wieder wird der Nebelwerfer angeworfen – alles, was er herausgefunden hat, ist wahr, aber die Regierung (die nur Handpuppen für irgendwelche Verschwörer sind) hält alles geheim:

> »Verstehen Sie nun, warum das Thema der UFOs in den Massenmedien, besonders in Deutschland, als Humbug abgetan wird? Nach diesem deutschen Background ist klar, dass die von den Illuminati durch die zionistisch-anglo-amerikanische Lobby kontrollierte Medien- und Nachrichtenwelt keine Kosten scheut, den deutschen Bürger vom Nachforschen auf diesem Gebiet abzuhalten.«[275]

Mehr braucht man nicht an Kommentar hinzuzufügen.

Seine Quellen sind mehr oder weniger eindeutig. Holey hat brav seinen Landig gelesen, so gibt er einmal »Wolfszeit um Thule« als Quelle an.[276]

Zu seinen Werken kann ich wenig mehr sagen, als das, was schon aus den Zitaten klar sein sollte. Der Science-Fiction-Schriftsteller Hartmut Kasper (*1959) schreibt in seinem Artikel »Übersinnliches und Unterirdisches – Anmerkungen zur Hohlwelttheorie, ihrer Geschichte und ihrer Entwicklung zum SF-Motiv« schön bissig:

> »Als Autor [von ›Die innere Welt. Das Geheimnis der schwarzen Sonne‹, HR] zeichnet jedenfalls ein gewisser Jan Udo Holey, was – spricht man es Hohl-Ei aus – nach dem idealen Pseudonym für einen Hohlwelttheo-

rieparodisten klingt, laut Verlagsinformation aber authentischer Eigenname ist (...).«[277]

Und eindeutig formuliert Kasper an anderer Stelle:

»Schrie früher der Wahnsinn nach Raum für das Volk, erfindet er sich heute das Volk im wahnhaften Raum.«[278]

Zum Autor selbst möchte ich den Journalisten Mathias Bröckers (*1954) mit seinem Werk »Verschwörungen, Verschwörungstheorien und die Geheimnisse des 11.09.« zu Wort kommen lassen:

»Die Frage, ob sich die Nazi-Elite nicht nur unbewusst nach dem Muster der fiktiven Geheimloge von Zion organisiert hat, sondern gezielt von realen Geheimbünden wie der Thulegesellschaft gesteuert wurde, ist mittlerweile Gegenstand von ausgefeilten Verschwörungstheorien. So hat sich ein junger Antiquar aus Süddeutschland unter Pseudonym in einem mehrbändigen Werk an dem Nachweis versucht, dass alle jemals aufgedeckten Verschwörungen nur zur Tarnung der Illuminaten dienen, die alle Nationen und so auch die ›Marionette Hitler‹ in Kriege getrieben und sie gezwungen habe, sich bei ihren Banken zu [ver]schulden. Das krude Werk, das wegen einiger an die *Protokolle* [von Zion, HR] und *Mein Kampf* erinnernde Passagen in Deutschland auf dem Index für jugendgefährdende Schriften steht, stellt die Nazis als verrückte

---

272 Van Helsing, »Geheimgesellschaften«, S. 123–128; Fotos von Reichsflugscheiben finden sich auch hier (S. 131–136; S. 141–145).
273 Van Helsing, »Geheimgesellschaften«, S. 129.
274 Van Helsing, »Geheimgesellschaften«, S. 139.
275 Van Helsing, »Geheimgesellschaften«, S. 146.
276 Holey, »Die innere Welt«, S. 343.
277 Kasper, S. 688.
278 Kasper, S. 690.

Hassfanatiker und untergeordnete Werkzeuge einer seit Jahrhunderten laufenden Superverschwörung von Rothschild- & Rockefeller-Plutokraten dar.«[279]

Eine Fußnote in diesem Text verweist auf Jan van Helsings Bücher. Mehr Erwähnung hat er eigentlich auch nicht verdient.

8.6.3. Deutsche auf der Venus (ab 1996)

Man muss manche Dinge auch im Zusammenhang mit den Zeitläufen sehen. In den 90ern war in Deutschland esoterisch alles möglich, irre Theorien hatten gerade Hochkonjunktur. Wer erinnert sich noch an Omnec Onec[280], die Frau von der Venus, die aus einem Dorf namens Teutonia stammte, benannt

> »im Andenken an einen brillanten deutschen Wissenschaftler«[281]?

Und natürlich stammen die Arier von der Venus.[282] Omnec Onec verkündete 1996, dass die Regierungen der Erde »ein gigantisches Verschwörungsinstitut« sind.[283] Das überrascht keinen, der auch mitbekommen hat, wie die geheime Weltregierung erfolgreich die Arier-Siedlungen auf der Venus verschleiert.

8.6.4. Bergier & Pauwels in den 90ern

Das Jahrzehnt wurde thematisch von Peter Orzechowski[284] und seinem »Schwarze Magie – Braune Macht« (1991) eröffnet. Aus vielen seiner Äußerungen ist nicht genau herauszulesen, was er meint; so leider auch bei seinem Zitat über Bergier & Pauwels:

> »Einige Zitate aus Pauwels' und Bergiers Buch (...) machen deutlich, dass es wirklich ›phantastische Vernunft‹ (so der Untertitel des Bestsellers) war die den beiden Autoren die Feder geführt hat (...).«[285]

Zu Recht wertet von Schnurbein Pauwels und Bergier in »Religion als Kulturkritik« (1992) ab, welche den Nationalsozialismus »zu einer gigantischen okkulten Verschwörung« machten.[286]

E. R. Carmin[287] gibt in seinem ansonsten unlesbaren »Das schwarze Reich« (Original 1994) die üblichen Verdächtigen wieder: Lanz von Liebenfels, List und Madame Blavatsky, dazu Bergier & Pauwels mit ihrem »Aufbruch ins dritte Jahrtausend«.[288] Neben einem passend »Die Übermenschen von Agarthi«[289] benannten Kapitel äußert er sich auch zu Thule:

> »Zunächst ist es ein Sagen- und Mythenkreis, in dem praktisch alles zusammenfließt und in den fast nahtlos auch die alten asiatischen Überlieferungen und alle diese geheimen Ur- und Vorzeitgeschichten der Esoteriker eingefügt werden könnten: Atlantis, Hyperborea, das sagenhafte Thule eben, das Reich der großen Weisen in der Wüste Gobi, kurzum, die Geschichte sämtlicher, natürlich vorzugsweise arischer Ahnen, die sagenhafte Vril-Kraft, der Gralsmythos und schließlich das geheimnisumwobene Buch Dzyan, das niemand anders gesehen hatte als Madame Blavatsky und das schließlich als esoterisches Kernstück von Haushofer in den Thule-Orden eingebracht wurde.«[290]

---

279 Bröckers, S. 45.
280 Da sie über zweihundertfünfzig Jahre alt sein will, sind ihre Lebensdaten hier nicht erwähnt.
281 Fischinger & Horn, S. 125.
282 Fischinger & Horn, S. 127.
283 Fischinger & Horn, S. 125.
284 Lebensdaten waren nicht zu ermitteln.
285 Orzechowski, S. 126.
286 Von Schnurbein, »Religion als Kulturkritik«, S. 111.
287 Es handelt sich um ein bisher nicht gelüftetes Pseudonym.
288 Carmin, passim.
289 Carmin, S. 44 ff.
290 Carmin, S. 50.

Also ist der Thuleorden der Erbe der mystischen Überlieferung aus Vril, Gral, Blavatsky und Atlantis und nicht die Vrilgesellschaft. Wie kann man das nur verwechseln ...

Ken Anderson verweist in »Hitler and the Occult« (1995) ebenso auf Bergier & Pauwels.[291]

In seiner umfassenden Arbeit über den polaren Mythos »Arktos – The Polar Myth in Science, Symbolism, and Nazi Survival« (1996) rekurriert der Autor Joscelyn Godwin (*1945) auf Bergier & Pauwels:

> »The first book to present the many connections, real and imagined, between the Nazis and the occult was *The Morning of the Magicians* by Louis Pauwels and Jacques Bergier (...).«[292]

Ulrich Magin führt in »Geheimwissenschaft Geomantie« aus, dass Pauwels und Bergier die Ersten waren, die »extrem unkritisch« Hitlers okkulte Fantasien und Himmlers Germanenesoterik berichtet haben.[293]

Hans-Jürgen Lange (*1952) verweist in »Otto Rahn und die Suche nach dem Gral« (1999) auf dieselben Quellen:

> »Wieder ›Pauwels und Bergier‹ – eine fiktive Quelle für spekulative Schriftstellerei.«[294]

Noch nie war das Buch von Bergier und Pauwels in einer Dekade so oft erwähnt worden – aber noch nie waren die Meinungen so unterschiedlich, was seine Bedeutung und Wirkungsmacht betraf.

9. Das 21. Jahrhundert

> »Zum anderen besaß der Begriff ›Tibet‹ im Westen von jeher einen magischen Klang, mit sich mitunter die verrücktesten Vorstellungen wie etwa wie romantischen Fantasien von einem friedlichen, hyperspirituellen Paradies hinter dem Himalaja – Stichwort ›Shangri-La‹ – verbanden, sodass ein potenzielles Interesse an

allem, was irgendwie tibetisch aussah, im Westen bereits vorhanden war. Dies äußerte sich etwa darin, dass sich die Theosophen mit dem geheimnisvollen Schneeland beschäftigten und in der Zeit des Nationalsozialismus eigens eine Expedition nach Tibet entsandt wurde, um dort die Ursprünge der ›Arier‹ zu finden. Als sich dann gegen Ende der sechziger Jahre vor allem jüngere Menschen für die asiatische Spiritualität zu interessieren begannen, existierte daher im Westen bereits ein idealer Nährboden für die spirituelle Aussaat, die die tibetischen Lamas mitbrachten.«[295]

Christian Ruch, »Der tibetische Buddhismus und der Westen«

9.1. Die 2000er

9.1.1. V. Sieben (2002)

Das Thema stirbt nicht, sondern es lebt auch in den letzten Jahren weiter. Glaubt man dem 2002 geschriebenen »Die 23 Tage der Isais« von V. Sieben[296], dann dürfen siebenundsechzig Jahre nach Kriegsende (2012) blonde, blauäugige Helden das »neue Zeitalter« begrüßen.[297] Auch hier feiert der okkulte Mythenmix fröhliche Urstände. Da gibt es das Land unter der Antarktis und Tunnel in das Erdinnere:

»Ja, die Antarktis war früher ein blühendes Land vor vielen Tausend Jahren. Erst als die Zeit der Katastrophen anfing, die alten Kontinente versanken, die Sint-

---

291 Anderson, S. 135.
292 Godwin, S. 52: »*Das erste Buch, das die vielen Verbindungen – reale wie erfundene – zwischen den Nazis und dem Okkulten präsentierte war ›Aufbruch ins dritte Jahrtausend‹ von Louis Pauwels und Jacques Bergier (...).*« [Übersetzung HR]
293 Magin, »Geheimwissenschaft«, S. 151.
294 Lange, S. 221.
295 Ruch, S. 19.
296 Genauere Angaben über den Autor waren nicht zu ermitteln.
297 Sieben, S. 9.

flut kam und die Polargegenden zu vereisen begannen, suchten sie über Tunnel das Innere auf.«[298]

Natürlich gibt es die Flugscheiben wirklich und wir werden von der Regierung belogen:

> »Die Existenz der Flugscheiben ist jeder Regierung der Welt bekannt. In der Öffentlichkeit wird es lächerlich gemacht und als Werk von Außerirdischen abgetan.«[299]

Immerhin gibt es eine neue Variante eines alten Mythos' – des Grals. Der Gral »ist keine christliche Reliquie«, sondern »ein natürlicher Kristall« namens Garil, der von Helgoland stammt:

> »Manche Einwohner nenne sie noch ›Hilig Lun‹ – ›Heiliges Land‹. Die Alliierten wussten um ihr Geheimnis und wollten es ein für alle Mal aus der Welt schaffen. Nur zwei Jahre nach dem vermeintlichen Ende des großen Krieges schafften sie Unmengen von Bomben, Granaten und Torpedos auf die Felsen (...). Die Insel, der heilige Rest des alten Landes, sollte für immer im Ozean verschwinden.«[300]

Und natürlich gibt es eine Hohlwelt, Agarthi (hier ein Kontinent) und Tibeter:

> »Die Hohlwelt ist keine neue Entdeckung – in Tibet zum Beispiel spielte sie seit eh und je eine große Bedeutung. [sic] Der Kontinent Agarthi mit dem Herrscher der Welt, zu dessen Reich der Dalai Lama den Schlüssel hat. (...) Unter dem Potala-Palast in Lhasa ist der unterirdische Zugang.«[301]

9.1.2. »Flugscheiben über Neuschwabenland« (2005)

2005 erschien »Flugscheiben über Neuschwabenland« von Heiner Gehring (1963–2004) und Karl-Heinz Zunneck[302], Untertitel »Die Wahrheit über ›Vril‹, ›Haunebu‹ und die Templer-Erbengemeinschaft«.

Das Buch ist schlecht recherchiert; so sind Internetquellen öfters ohne Datum, das Literaturverzeichnis ist unvollständig und es fehlt mindestens eine Fußnote komplett.[303] In der »Einleitung« verweisen die Autoren zwar auf Science-Fiction, aber die »Bug-Rogers-Fluggeräte« sind wohl eher »Buck-Rogers-Fluggeräte« und haben mit einem SF-Helden und nicht mit Käfern zu tun.[304] Auch der Schriftsteller »Bullwer-Lytton« ist eigentlich Bulwer-Lytton.[305] Aber wissenschaftliche Korrektheit und richtige Schreibweisen sind nicht gewollt in diesen Kreisen, wie man immer wieder feststellen muss.

Als Quellen dürfen wieder Otto Rahn[306] und Wilhelm Landig herhalten.[307]

Man verweist wieder auf Flugscheiben bzw. Rundflügelmaschinen, es gibt mediale Botschaften vom Aldebaran[308], der eigentlichen Heimat der Menschen[309], und Testflüge der Maschinen dahin durch einen »Dimensionskanal«[310].

Schön ist aber die Erklärung für den Namen »Haunebu« der Flugscheiben:

> »Der Name ›Haunebu‹ ist die altorientalische Bezeichnung für die vom jeweiligen König beherrschte Welt.«[311]

---

298 Sieben, S. 17.
299 Sieben, S. 57.
300 Sieben, S. 79.
301 Sieben, S. 44.
302 Genauere Angaben waren nicht zu ermitteln.
303 Michael Bar-Zohars Buch (S. 137) fehlt in der Literaturangabe, die Schreibweise ist manchmal nicht eindeutig (Gehring & Rothkranz [S. 158] oder Gehring und Rothkugel [Literaturverzeichnis]; auf S. 175 fehlt die Fußnote zum *.
304 Gehring und Zunneck, S. 59.
305 Gehring und Zunneck, S. 66.
306 Gehring und Zunneck, S. 81.
307 So u. a. in einem eigenen Kapitel »Die Wahrheit« über Landig (Gehring und Zunneck, S. 181 ff.).
308 Vgl. Gehring und Zunneck, S. 48.
309 Nach Gehring und Zunneck, S. 67.
310 Gehring und Zunneck, S. 48 f.
311 Gehring und Zunneck, S. 50.

Die Templersektion »Die Herren vom Schwarzen Stein« (DHvSS) hat folgende »Kenntnis«:

> »Die Schwarze Sonne ist gemäß der Lehre der DHvSS die große Zentralsonne unserer Milchstraße. Ihre Strahlung bestimmt die Weltenzeitalter. Die Göttin Isais ist die Hüterin des Wissens um die Schwarze Sonne.«[312]

Eine nach 1945 tätige »Gruppe Thule« habe eine okkulte Ausrichtung »tibetischen Ursprungs« besessen.[313] Das ergibt Sinn, denn:

> »In Tibet haben sich die Lehren und die Überlebenden von Atlantis wohl am längsten unverfälscht und unvermischt erhalten.«[314]

Auch das ergibt ja Sinn, immerhin liegt Tibet irgendwie »neben Atlantis«. Wir erfahren etwas über Sumerer und Atlantis:

> »Die Sumerer, eines der ältesten Kulturvölker, hinterließen manchen Hinweis auf das Wissen über die Schwarze Sonne und Atlantis. Dank eines Tauschhandels gelangte zur Zeit der Kreuzzüge dieses Wissen in den Besitz der Templer. Schon im ersten Jahrhundert seines Bestehens war der Templerorden aber keineswegs eine einheitliche Organisation, sondern innerhalb des Ordens gab es zahlreiche Glaubensrichtungen. Gemeinsam war ihnen jedoch die Ablehnung des alttestamentlichen Gottes Jahwe, der von allen Templern als Satan angesehen und daher bekämpft wurde.«[315]

Wenn man glaubt, man hat alles gelesen ... aber es geht noch schlimmer:

> »Der ältere Teil [des Alten Testaments, HR] sei nichts anderes als ein von Moses falsch interpretierter und

somit mit falschen Worten ausgedrückter Teil aus dem *Heiligen Buch von Mu*, der Hinterlassenschaft jenes Kontinents, der vor 70.000 Jahren die allererste Zivilisation der Erde getragen haben soll und von dem alle Religionen ihren Ursprung genommen haben sollen.«[316]

Mu/Lemuria, Atlantis, Templer, Sumerer, Schwarze Sonne, Reichsflugscheiben – eine nicht sehr vernünftig klingende Wirkungskette, oder?

9.1.3. »Die Dritte Macht« (2006)

2006 erfuhren wir dann, dass das Dritte Reich nicht untergegangen ist – es lebt weiter, in Form einer »Nachfolgeorganisation«, der Dritten Macht.[317] Über diese heißt es:

»Einem Schock gleich käme jedoch ohne Zweifel das öffentliche Eingeständnis der Regierenden in den ›Siegerstaaten‹ von 1945, dass der 8. Mai 1945 nicht das unwiderrufliche Ende des Nationalsozialismus mit sich gebracht hat, sondern dass im Gegenteil die Nachfolgeorganisation des Dritten Reiches, die Dritte Macht, heute alle militärischen Machtmittel in der Hand hält, um jederzeit eine Revision der Ergebnisse des Zweiten Weltkriegs herbeiführen zu können.«[318]

Der Autor Gilbert Sternhoff[319] bringt viele Bezüge auf Landig[320], es finden sich Flugscheiben, die bei Kriegsende einsatzfähig waren[321] und natürlich war die Verhaftung der letz-

---

312 Gehring und Zunneck, S. 71.
313 Nach Gehring und Zunneck, S. 73.
314 Gehring und Zunneck, S. 79.
315 Gehring und Zunneck, S. 75.
316 Gehring und Zunneck, S. 76, Hervorhebung im Original.
317 Sternhoff, S. 7.
318 Sternhoff, S. 114.
319 Nähere Angaben über den Autor waren nicht zu ermitteln.
320 Sternhoff, S. 8 ff.

ten Reichsregierung unter Großadmiral Dönitz völkerrechtswidrig[322].

Da verwundert einen die Folgethese nicht weiter: Helgoland ist das arische Atlantis:

> »Die Kultur von Atlantis hat sich direkt aus der nordischen Megalithkultur entwickelt. (...). Ich bin der Meinung, dass Spanuth [Jürgen Spanuth, 1907–1998, Autor von Werken wie ›Das enträtselte Atlantis‹, HR] die letzte wissenschaftliche Anerkennung nur deshalb verwehrt wurde, weil seine Auffassung von einer Hochkultur in der nordischen Bronzezeit auf den Widerstand der Political Correctness gestoßen ist.«[323]

Und wer jetzt noch Fragen hat, dem sei gesagt, dass Außerirdische »nahezu ohne Ausnahme als blonde Wesen nordischen Typs beschrieben« werden.[324] Die Entführungen durch Außerirdische sind auch erklärbar, es werden nämlich »bevorzugt die Angehörigen der weißen Rasse abduziert«[325]. Der Grund ist klar:

> »Hinter dem Entführungsphänomen verbirgt sich ein genetischer Großversuch, der das Ziel hat, Menschen zu schaffen, die in möglichst reiner Form über die Erbmerkmale der sogenannten nordischen Rasse verfügen.«[326]

Aha. Dann haben die Außerirdischen gleich beim ersten Mal danebengegriffen: Der erste Entführungsfall, der für Aufsehen sorgte, war 1961 die angebliche Entführung von zwei Menschen in ein UFO. Es handelte sich bei den »Entführten« um das Ehepaar Betty und Barney Hill. Letzterer ist nicht nur am Jahrestag des Attentats auf Hitler geboren (20.07.1922), sondern auch noch Schwarzer. Wenn ich ein linker, multikultureller Außerirdischer wäre, dann würde ich ihn vielleicht entführen, weil ich neugierig bin. Sonst ... eher nicht.

---

321 Sternhoff, S. 46 f.
322 Sternhoff, S. 103.
323 Sternhoff, S. 179.
324 Sternhoff, S. 123.
325 Sternhoff, S. 142.
326 Sternhoff, S. 148.

9.1.4. »Aldebaran« (ab 2009)

2009 erschien dann der erste Band der Serie »Aldebaran« von Heinrich von Stahl. Es verwundert wenig, dass dieser wohlklingende Name ein Pseudonym ist. Auf dem Backcover steht zu lesen, dass der Autor angeblich seit 1997 im »Area 51« arbeitete; seit 2009 schreibt er diese Romanserie, »in der Fiktion und Wirklichkeit geschickt vermischt«[327] werden. Schön ist seine Vita von der Homepage der Serie:

> »Nach seiner Promotion im Jahre 1995 arbeitete Heinrich von Stahl zwei Jahre rund um den Erdball in diversen Instituten an der Vereinheitlichung von Quantenmechanik und Relativitätstheorie. Im Jahre 1997 verschwand er jedoch spurlos und galt als verschollen, bis er Anfang 2009 unter mysteriösen Umständen wieder auftauchte. Seitdem schreibt Heinrich von Stahl Romane, die voller Andeutungen über seine Erlebnisse in den vorangegangenen zwölf Jahren sind.«[328]

Der Roman beginnt gleich mit einem Hinweis auf Bulwer-Lytton.[329] Aber dann erfährt man erst einmal etwas über die Wurzeln der Menschheit. Berichtet wird von Sumeran, dem fünften Planeten Aldebarans.[330] Eine Menge Dinge scheinen die Germanen, besonders die Deutschen, von Sumeran übernommen zu haben. Das Wort Thule

> »ist sumeranisch für ›geheim‹ und hat die weitere Bedeutung ›Geheimdienst‹«[331].

Auch die Uniformen der Sumeraner kommen einem bekannt vor:

---

327 Von Stahl, Backcover.
328 www.kaiserfront.de/autor.html; 01.01.2015.
329 Von Stahl, S. 5.
330 Von Stahl, S. 14.
331 Von Stahl, S. 32.

> »Die Marschälle trugen (...) schwarze Uniformen mit kniehohen Lederstiefeln, (...) schwarze Schirmmützen mit dem Sonnenkreuz auf der Stirnfläche (...).«[332]

So nimmt es auch nicht Wunder, dass später in der Handlung diese Uniformen von englischen Piloten im Zweiten Weltkrieg mit SS-Uniformen verwechselt werden.[333]

Natürlich finden sich Vril-Flugscheiben[334]; die Handlung erinnert ein wenig an eine Kombination aus Motiven der »Perry Rhodan«-Serie und rassistischen Ideen der 1930er. So gab es ein »Erstes Imperium« mit einer Kolonie auf der Erde namens »Lemur«, beides Versatzstücke aus »Perry Rhodan« und nicht einmal gut geklaut.

Es gab in Stahls Roman keine Vermischung mit Aldebaranern; die Eingeborenen dort unterscheiden sich

> »durch die dunkle Hautfarbe, braune Augen und schwarzes, krauses Haar«[335]

von den Aldebaranern. Denn hier war nichts zu retten:

> »Die Eingeborenen verharrten in primitivem Aberglauben und zeigten kaum Interesse, ihre unwürdigen Lebensumstände zu verbessern.«[336]

Diese »Verhaltens- und Wertmaßstäbe« waren genetisch kodiert[337] und nicht zu ändern. Aber

> »erheblich gelehriger und zur Kooperation geeignet«

waren die Eingeborenen von Mu –

> »ebenfalls mit dunklen, jedoch glatten Haaren und hellerer Haut. Diese ließen erste Ansätze von höherer kultureller Entwicklung erkennen.«[338]

Die Außerirdischen besuchen Bulwer-Lytton, lügen ihm vor, sie kämen aus dem Erdinneren und erklären ihm das Vril.[339] Für die Sumeraner ergibt das Sinn, denn

»[b]iologisch gesehen ist Bulwer-Lytton ein Aldebaraner.«[340]

Und gleich kommt der nächste Schritt dieser genetischen Aufwertung eines Einzelnen:

»Wir sollten einmal die genetische Übereinstimmung zwischen uns und den Menschen, die Bulwer-Lytton ›Neger‹ nennt, prüfen (...)«.[341]

Da fällt einem dann nichts mehr ein.
Aber die Liebe zum Deutschtum gibt es nicht nur auf den Planeten der Sonne Aldebaran; in diesem Buch lehnen englische Bombenpiloten beim Bombenangriff auf Dresden (darauf verweist der 14.02.1945) das Bombardement ab –

»Doch das hier ist ein barbarischer Akt des nackten Terrors gegen Unschuldige.«[342]

Sogar in Briten steckt er manchmal, der weise Rest der Aldebaraner.

9.1.5. Andreas J. Voigt (2009)

2009 erschien auch »Der Nationale Doppelroman« von Andreas J. Voigt (*1969). Das Werk besteht aus den beiden Hälften »Der letzte Patriot« und »Aufstand im Weltenbrand«. Der Autor saß selbst in »Gesinnungshaft«[343], so haben entsprechende Passagen offensichtlich autobiografische Züge.

Im Hintergrund geht es um einen Geheimbund, die Kommenden, mit stark nationalsozialistischen Zügen. So treffen sich die »zwölf Ordensmeister der Weltregionen« unter Or-

---

332 Von Stahl, S. 33.
333 Von Stahl, S. 190 f.
334 Vgl. von Stahl, S. 40.
335 Von Stahl, S. 165.
336 Von Stahl, S. 166.
337 Von Stahl, S. 166.
338 Von Stahl, S. 167.
339 Von Stahl, S. 181 f.
340 Von Stahl, S. 184.
341 Von Stahl, S. 184.
342 Von Stahl, S. 186.
343 Voigt, S. 282.

densmeister »Thurisaz«[344] offensichtlich am 20.04., Hitlers Geburtstag[345].

Die Zielrichtung ist klar:

> »Das System bekämpfte junge Deutsche, die studierten, Klavier spielten, Felder und Wälder bewanderten, Volkslieder sangen, Kameradschaft pflegten, Rauschgift ablehnten, Heimattreue predigten und ohne Unrechtsbewusstsein langes blondes Haar in geflochtene Zöpfe verwandelten. Wer nicht Kokain durch die Nase zog, die Texte der aktuellen ›Porno-Rapmusik‹ nicht auswendig kannte, die Nächte nicht zu fremdartigen Melodien durchtanzte, tagsüber nicht vor einem blutigen Computerspiel saß, um von einem *rühmlichen* Amoklauf zu träumen, keine Freudenmädchen aus Osteuropa bestellte, weder in egomanischer materialistischer Selbstverwirklichung stumpfsinnig verharrte noch sexuelle Verwahrlosung als Allheilmittel gegen die *altdeutsche* Spießergesellschaft feierte, war, so schien es manchem lauteren Betrachter, den Herrschenden nicht geheuer.«[346]

Hier dürfen sie dann alle mitspielen:

> »›Aldebaraner‹, ›Lemurier‹, ›Atlanter‹, ›ârische Rishis‹, ›Vril-Ya‹, ›Priester der Rosenkreuzer‹ oder ›Graue Eminenzen des Deutschen Herrenklubs‹ – Begriffsbestimmungen und Sinndeutungen von außen gab es viele, indessen kannten nur noch sehr wenige Eingeweihte und Wissende ihre eigentliche Gattung. (…)
> Die fünf alten Hyperboreer beugten sich über eine große, ausgebreitete Landkarte der Antarktis, welche ihre Gesellschaft von einem geheimnisvollen Baron, dem berüchtigten Freiherrn von Sebottendorf, erhalten hatte. Das Kartenwerk war einzigartig und unschätzbar wertvoll, denn *nur* dieses zeigte das Portal zum einnehmbaren Bollwerk eines Shangri-La für auserwählte Nordmänner. Eine neue heimliche Expedition nach Neuschwabenland wurde geplant, die Zeit des

Aufstandes der *Unsichtbaren* nahte nun in schnellen, unaufhaltbaren Schritten.«[347]

9.1.6. Martin O. Badura (2009)

Der Roman von Martin O. Baduras[348] »Generation Vril Band 1: Geheimprojekt T.O.M.K.E.« bringt gleich im Vorwort ein Zitat von Kurt Brand, dem

> »Pionier der deutschen Science-Fiction, Mitarbeiter an der V2-(Aggregat 4)-Rakete in Peenemünde, Perry-Rhodan-Autor und geistiger Vater von Ren Dhark.«[349]

Es folgt auch gleich eine Widmung:

> »Im Gedenken an Admiral Wilhelm Canaris und Oberst Claus Schenk Graf von Stauffenberg sowie aller weiteren Angehörigen der Intelligenz des 20. Juli gegen die NS-Terrorherrschaft.«[350]

Bis dahin läuft alles gut. Inhaltlich ist das Buch ... schwierig. Vom Stil her ein Jugendbuch, rückblickend erzählt aus dem Jahr 2035, wenn die Erde Vrilya heißt. Die Autorin ist angeblich Betty Wagner von Freyburg, 24 Jahre alt und bei der Raumwaffe an Bord der »Hindenburg«. Ihr Vater ist Professor Odin-Ritter von Wagner.[351]

Es gibt einen Sargon-Orden und die Hohepriesterin Sigrun[352], Atlantis und Aldebaran[353], das Medium Maria Ortisch, die angeblich auf der Wewelsburg,

---

344 Voigt, S. 320.
345 Da es sich am nächsten Tag scheinbar um den 21.04. handelt; Voigt, S. 322.
346 Voigt, S. 340, Hervorhebungen im Original.
347 Voigt, S. 385, Hervorhebung im Original.
348 Genauere Lebensdaten waren nicht zu ermitteln; ich vermute ein Pseudonym.
349 Badura, S. 6.
350 Badura, S. 7.
351 Badura, S. 9.
352 Badura, S. 11.
353 Badura, S. 69.

»einem Schulungszentrum für führende Persönlichkeiten der Schutzstaffel in der Nähe von Paderborn«[354]

erschossen wurde. Man liest L. Ron Hubbard und Hermann Hesse.[355]

Und es gibt einen Zukunftsplan von Canaris, der zu einer Dritten Macht führen sollte:

»Dieser Zukunftsplan oder ›*Canaris-Befehl*‹ (...) verlief in mehreren Stufen und beinhaltete folgende Kernpunkte:

- Sicherung aller techno-magischen Errungenschaften der *VRIL-Sekte* ins Ausland, beziehungsweise in die annektierten, geheimen Hoheitsgebiete des ehemaligen deutschen Reiches und Schutz vor kommunistischem Zugriff;
- die Aufrechterhaltung des Asgard-Geschwaders als UFO-Abfangjägerstaffel;
- die Garantie der ›Menschheitsreserve‹ nach einem bevorstehenden atomaren Supergau zwischen den Ost- und Westmachten [sic] in den atombombensicheren Bunkeranlagen am Südpol sowie im Andensystem von Akakor;
- (...)
- die Verwahrung der heiligen Reliquien;
- das Weiterbestehen der *VRIL-Sekte* und Medien nach dem Untergang Deutschlands zwecks einer dauerhaften Kontaktmoglichkeit [sic] nach Aldebaran;
- die Aufstellung eines auf den technisch-magischen *VRIL-Okkultismus* vereidigten polizeilich-militärischen Sicherheitsorgans (...).«[356]

Keine Fragen. Setzen.

---

354 Badura, S. 79.
355 Badura, S. 84.
356 Badura, S. 101.

9.1.7. Bergier und Pauwels in den 2000ern

Die gute Nachricht für dieses Jahrzehnt ist, dass die unkritischen Würdigungen von Bergier und Pauwels weniger werden. Es gibt sie noch; so gibt Nigel Graddon[357] noch 2008 in »Otto Rahn & The Quest for the Holy Grail« Pauwels & Bergier als Autoren des Mythos' der tibetischen Kolonie in Berlin an.[358]

In der Untersuchung von Daniela Siepe »Die Rolle der Wewelsburg in der phantastischen Literatur, in Esoterik und Rechtsextremismus nach 1945« finden die beiden Franzosen nur in einer Fußnote statt.[359]

Marco Frenschkowski widmet ihnen in seinem »Die Geheimbünde« immerhin einen kurzen Verweis.[360]

Goodrick-Clarke schreibt unter Bezug auf Pauwels und Bergier:

> »Was die beiden hier Spannendes über die *Thulegesellschaft* und ihre Mitglieder erzählen – ihre tatsächlichen und angeblichen –, beruht weitestgehend auf purer Fiktion.«[361]

Inzwischen hatte man (außerhalb der Abgründe der braunen Esoterik) verstanden, was die beiden Franzosen uns sagen wollten: meiner Meinung nach nämlich nichts, aber das lesbar verpackt.

9.2. Die 2010er

9.2.1. »Das Licht von Shambala« (2010)

Tibet und Shambala sind immer noch aktuell Stoff genug für Abenteuerromane mit einem Schuss Okkultismus. Das beweist der deutsche Autor Michael Peinkofer (*1969) mit seinem

---

357 Nähere Angaben waren nicht zu ermitteln.
358 Graddon, S. 256.
359 Siepe, S. 494 (Fußnote 29).
360 Frenschkowski, S. 171.
361 Goodrick-Clarke, »Schatten«, S. 241. Hervorhebung im Original.

2010 erschienenen Roman »Das Licht von Shambala«. Der Autor schreibt im »Nachwort des Verfassers« zwar:

> »Und es gab auch jene Schulen, die den Ursprung der Menschheit in sagenumwobenen, überlegenen Rassen zu finden glaubten und deren fragwürdiges Gedankengut teils zum (pseudo-) mythologischen Überbau für den Faschismus des 20. Jahrhunderts beitragen sollte.«[362]

Aber im Roman gibt es Verweise auf Blavatsky und die Theosophie.[363] Der als »Historischer Roman« (so das Cover) verkaufte Roman ist Teil 4 einer Serie um die Archäologin Sarah Kincaid. Die erste Vergewaltigung kommt auf Seite 18, danach wabert es über 500 Seiten mit einer Geschichte herum, in der es um die Suche nach dem Berg Meru geht. Dieser befindet sich »auf dem Dach der Welt«, also in Tibet.[364] Shambala selbst liegt nicht auf diesem Berg, der Berg selbst ist mystisch:

> »Der Berg Meru (...) stellt den Mittelpunkt des Kosmos dar; von hier entspringen alles Wissen und alle Energie, hier nahm die Zivilisation ihren Anfang. Shambala jedoch ist die Quelle, aus der sich dieses Wissen nährt und die ihm Sinn und Richtung gibt, denn im Licht von Shambala sind, wie es heißt, alle Geheimnisse der Welt verborgen.«[365]

Das Geheimnis von Shamabala hängt am Ende mit den Polen und dem Magnetismus zusammen –

---

362 Peinkofer, S. 555.
363 Peinkofer, S. 499 ff.
364 Peinkofer, S. 255 f.
365 Peinkofer, S. 418.
366 Peinkofer, S. 533.
367 Vennemann, »Maddrax 392«, S. 3 (die Inhaltszusammenfassungen sind das Werk der Redaktion, nicht des Autors des Einzelbeitrags).
368 Vennemann, »Maddrax 392«, S. 3.
369 Vgl. Flowers, S. 203 f.
370 Hite, passim.

»Wer das Magnetfeld der Erde kontrollierte, der beherrschte den Planeten.«[366]

Aha.

9.2.2. »Maddrax« (2015)

Aktuell gibt sich die Trivial-Science-Fiction wieder die Ehre und erwähnt Agartha und Tibet. So geschehen in »Maddrax – Die dunkle Zukunft der Erde«. Im 392. Band der Heftromanserie (Titel: »Der Weg nach Agartha«) ist (laut der Zusammenfassung »Was bisher geschah«) »die Basis des Feindes in Tibet«[367]; Reiseziel der ganzen Gruppe ist daher auch Tibet. Der Schlusssatz des Inhaltsrückblicks lautet:

> »Sie können aber nicht verhindern, dass das Schwarze Kloster nach Agartha weiter fliegt ...«[368]

Keine Fragen.

9.2.3. Bergier und Pauwels in den 2010ern

Während es in der letzten Dekade fast ruhig um die beiden Autoren geworden war, weil sich die Ansicht durchgesetzt zu haben schien, dass es sich nicht um eine ernst zu nehmende Quelle handelt, schlägt das Pendel wenige Jahre später wieder in die Gegenrichtung aus und Bergier und Pauwels werden wieder wahrgenommen und zitiert.

Der amerikanische Esoteriker und Autor Stephen E. Flowers (*1953), der unter seinem Pseudonym Edred Thorsson diverse Runenbücher veröffentlicht hat, erwähnt auch aktuell in seinem »Lord of the Left-Hand Path« (2012) noch Bergier und Pauwels.[369]

Und der Rollenspielautor und -fachmann Kenneth Hite (*1965) bringt in seinem Buch »The Nazi Occult« (2013) ein Kapitel »Tibet and the Secret Kingdom« sowie Bergier & Pauwels unter.[370]

Der Sozialpädagoge und grenzwissenschaftliche Autor Andrè Kramer (*1982), veröffentlichte sein Buch »Vorsicht Verschwörung!« nicht ohne Grund 2014 im Rahmen der »Gesellschaft zur Erforschung des UFO-Phänomens e. V.« – um den Rahmen zu nutzen, um auf »Verschwörungstheorien, UFOs, Atlantis und Paläo-SETI im Lichte rechtsextremer Unterwanderung«[371] hinzuweisen. Er erwähnt Bergier und Pauwels als erste Quelle für die Vrilgesellschaft, verweist aber gleich auf die hanebüchene Quelle Willy Ley.[372]

Man darf gespannt sein, wie es in den nächsten Jahren weiter geht.

10. Abschließende Überlegungen

»The continent of Atlantis was an island
which lay before the great flood
in the area we now call the Atlantic Ocean.
So great an area of land, that from her western shores
those beautiful sailors journeyed
to the South and the North Americas with ease,
in their ships with painted sails.

To the East Africa was a neighbour, across a short
strait of sea miles.

The great Egyptian age is but a remnant of the Atlantian culture.
The antediluvian kings colonised the world.
All the Gods who play in the mythological dramas
in all legends from all lands were from fair Atlantis.
Knowing her fate, Atlantis sent out ships to all corners of the Earth.

On board were the Twelve:
The poet, the physician, the farmer, the scientist,
the magician and the other so-called Gods of our legends.
Though Gods they were –
and as the elders of our time choose to remain blind
let us rejoice and let us sing and dance and ring in the new
Hail Atlantis!«[373]

Donovan (*1946) »Atlantis«, 1968

Wie begegnet man der Argumentation, Atlantis sei der Kulturbringer schlechthin gewesen? Wie diskutiert man über eine geheime Weltregierung in Tibet, über die nordische Rasse als Urquelle aller Kulturleistungen?

---

371   ... so der Untertitel seines Buchs (Kramer, 2014).
372   Kramer, S. 26.
373   »*Der Kontinent von Atlantis war eine Insel, / die in der Zeit vor der großen Flut, / in jenem Gebiet lag, das wir nun den Atlantik nennen. / Die Insel war so groß, dass von ihren westlichen Ufern / diese wunderschönen Matrosen reisten / problemlos nach Süd- und Nordamerika / in ihren Schiffen mit bunten Segeln. // Im Osten war Afrika der Nachbar, getrennt durch eine Meerenge von einigen Seemeilen. / Das große ägyptische Zeitalter ist nur eine Erinnerung an die atlantische Kultur. / Die Könige vor der Eiszeit besiedelten die Erde. / Alle Götter, die eine Rolle in den Mythologien spielen, / in allen Legenden aller Länder kamen aus dem schönen Atlantis. / Sein Schicksal erkennend, sandte Atlantis Schiffe aus zu den Enden der Erde. // Auf den Schiffen waren die Zwölf: / Der Dichter, der Arzt, der Farmer, der Wissenschaftler, / der Magier und die anderen sogenannten Götter unserer Legenden. / Ja, Götter waren sie – / und weil die Weisen unserer Zeit sich dafür entschieden haben, blind zu sein / lasst uns feiern und lasst uns singen und tanzen und es erneut beginnen / Heil Atlantis!*« [Übersetzung HR]

Es ist schwierig, denn die Gegenseite ist voll mit »Informationen«, die man kaum widerlegen kann; kein Wunder, man ist doch selbst sowieso bei den »Anderen« und das Gegenüber verfügt über »stigmatisiertes Wissen«, das ihn wissender macht, als man selbst es ist oder jemals werden kann.

Zwei Lösungsansätze kann ich anbieten.

Der erste Lösungsansatz stammt von Heller und Maegerle. Hier sind es politische Gründe, die eine Besiedelung Südamerikas durch wen auch immer begünstigen:

> »Die Mythenbildung von der ursprünglich arischen Besiedlung des südlichen Lateinamerikas war von einem durchsichtigen politischen Zweck geleitet. Sie erlaubte den dort lebenden Nazis, nicht als geschlagene Flüchtlinge, sondern als Nachkommen der Urbevölkerung aufzutreten.«[374]

Weiter äußern sie:

> »Die mythologische Aufwertung Lateinamerikas ist das ideologische Vehikel der Neuverortung des Nationalsozialismus nach dessen militärischer Niederlage 1945.«[375]

Dieser These könnte ich mich anschließen. Wer im Jetzt ein historischer Verlierer ist, der ist wenigstens im Früher gerne ein Gewinner. Wenn man eigentlich toll ist und nur durch böse Mächte daran gehindert wird, den angestammten Platz in der Geschichte einzunehmen – führt das nicht zu Hass und Wut?

Aber: Wenn die Arier so viel »toller« waren als der Rest der Menschheit – warum herrschen sie dann nicht längst über die Erde? Offensichtlich sind die gegnerischen Kräfte also doch stärker (oder weiser oder magischer). Sollte man auf dieser Ebene angekommen sein, ist es das Beste, sich beschämt abzuwenden.

Der zweite Lösungsansatz stammt von Fantasyautor und Hobbyhistoriker Lyon Sprague de Camp. Da ist erst die Frage nach der Sinnhaftigkeit des Kulturtransfers von irgendwoher zu den Mayas. De Camp schildert Gründe, warum die Mayas nicht von Atlantis oder Ägypten beeinflusst sein konnten. Er listet nicht Übereinstimmungen auf, sondern Dinge, welche die Mayas trotz der vorausgesetzten Beeinflussung durch andere Kulturen nicht übernommen haben – den Pflug, Metallwerkzeuge, das Rad, Nahrungsmittelpflanzen der Alten Welt, die epidemischen Krankheiten der Alten Welt, die Haustiere der Alten Welt, den Kalender und das Schriftsystem der Alten Welt.[376] Man kann sich willentlich dagegen entscheiden, den Pflug oder das Rad zu übernehmen (warum auch immer) – bei Krankheiten ist das schon schwerer zu erklären.

De Camps Ansatz klingt wie folgt:

> »Die archäologischen Forschungen und Funde haben uns aber noch ein anderes Problem gebracht: Statuen und Reliefs aus den Anfängen des Alten Reiches zeigen Götter und Menschen mit langen buschigen Bärten. Die Ureinwohner Amerikas sind aber mongoloiden [sic!] Ursprungs, und wir wissen, dass die Mongolen höchstens kurze Knebelbärte tragen. Wo kommen also diese alten Mayas her, die ausschauen wie Karl Marx?
>
> Dass nordische Menschen von Skandinavien aus nach Amerika segelten, ist eine romantische Vorstellung, die wir beiseitelassen können. Denn die Statuen sind gut tausend Jahre vor den ersten Wikingerzügen geschaffen worden, und außerdem tragen die dargestellten Menschen so eindeutig mongoloide Züge, dass es sich keinesfalls um Kaukasier gehandelt haben kann.«[377]

Etwas später schreibt er:

> »Die fast schon religiöse Verehrung alles Nordischen geht davon aus, dass die weiße Rasse allen Fortschritt

---

374 Heller & Maegerle, S. 92.
375 Heller & Maegerle, S. 96.
376 De Camp, »Versunkene Kontinente«, S. 122 ff.
377 De Camp, »Geheimnisvolle Stätten«, S. 241.

gebracht habe, vor allem die großen, blonden und blauäugigen Nordeuropäer. Alle großen Männer der Antike, so heißt es, seien nordischen Ursprungs gewesen, ihre Taten und Erfolge zeigten deutlich die Überlegenheit dieser Rasse.

Dieser Kult, der vor einigen Jahrzehnten von vielen Schriftstellern (...) verbreitet wurde, hängt mit dem Arierkult zusammen. Viele Anhänger dieses Kultes behaupten sogar, nordisch und arisch sei dasselbe. Der britische Schriftsteller Hilaire Belloc hat in einem Gedicht über die Verehrung des Nordischen gespottet. Ein Vers lautet:

Die Nordischen: Schau sie dir an, mein Kind,
und trachte so zu werden, wie sie sind.
Das blonde Haupthaar wallet von der Stirn,
sie laufen schnell, doch langsam denkt ihr Hirn.
(...)«[378]

De Camp formuliert daraufhin die Thesen, dass die Ainu oder ein ähnliches Volk »als erstes von Asien nach Amerika gewandert«[379] sind. Man braucht also keine Wikinger ... Die Verehrung der hellen Haut käme daher, dass dunkle Haut

»(...) ein Kennzeichen der Proletarier [sei], die in starkem Maße der Sonnenbestrahlung ausgesetzt sind. Eine bleiche, also nicht von der Sonne gebräunte Haut, ist hingegen ein Kennzeichen des Aristokraten.«[380]

Ob diese These stimmt, sei dahin gestellt. Aber sie kommt mit deutlich weniger unerklärlichen Einflüssen aus als die These von den nordischen Atlantern mit schwarz-weiß-roter Fahne, die weltweit die Kultur gebracht haben – was im Umkehrschluss heißt, dass keine Hochkultur denkbar ist, die

---

378 De Camp, »Geheimnisvolle Stätten«, S. 277.
379 De Camp, »Geheimnisvolle Stätten«, S. 242.
380 De Camp, »Geheimnisvolle Stätten«, S. 278.

nicht von nordischen Kräften inspiriert wurde. Das ist dann erneuter Kolonialismus, nur dieses Mal mit den Mitteln der Esoterik.

Indem wir Kulturbringer einbauen, welche das Wissen um »überlegene Technologie« geliefert haben, nehmen wir den indigenen Völkern nicht nur ihre Geschichte, sondern wir degradieren sie auch zu Sklaven oder bestenfalls Schülern von Atlantern, Ariern oder Außerirdischen.

11. Nachſpiel

»The Little Green Men

Ah, little green fellows from Venus
Or some other planet afar:
From Mars or Calypso or, maybe,
A World of an alien star!

According to bestselling authors –
Blavatsky to von Däniken –
They taught us the skills that were needed
To make super-apes into men.

They guided our faltering footsteps
From savagery into the dawns
Of burgeoning civilization
With cities and writing and bronze.

By them were the Pyramids builded;
They reared the first temples in Hind;
Drew lines at Peruvian Nazca
To uplift the poor Amerind.

With all of these wonders they gave us
It's sad these divine astronauts
Revealed not the answers to questions
That foil our most rational thoughts.

Such puzzles as riches and paupers,
The problems of peace and of war,
Relations between the two sexes,
Or crime and chastisement therefor.

So when we feel dim and defeated
By problems immune to attack,
Let's send out a prayer electronic:
›O little green fellows, come back!‹«[381]

»*The best of L. Sprague de Camp*« (1907-2000)[382]

Danke, dass Sie meine Reise durch das Land des Wahns begleitet haben. Ich hoffe, Sie hatten Spaß. Ich hatte ihn ... nicht immer. Aber es gibt Dinge, die muss man einfach sagen. Es gibt keine Wächter, nirgends.

Unsere Fehler sind allein unsere Fehler. Aber unsere Größe, unsere Fähigkeit, etwas Gutes zu tun, ist auch die unsere. Dafür brauchen wir keine tibetischen Gelbkappenmönche, keine sumerischen Superwesen und auch keine Atlanter.

Fnord.

---

[381] »*Die kleinen grünen Männchen. Oh, kleiner grüner Mann von der Venus / oder einem anderen, fernen Planeten:/ vom Mars oder Calypso oder vielleicht / der Welt einer fremden Sonne. / Laut Bestsellerautoren – / Blavatsky bis Däniken – / brachten sie uns die nötigen Gaben, / um Superaffen zu Menschen zu machen. / Sie geleiteten unsere stolpernden Schritte / aus der Barbarei in die Morgenröte / der blühenden Zivilisationen / mit Städten und Literatur und Bronze. / Sie bauten die Pyramiden, / gründeten die ersten Tempel in Hind; / sie zogen Linien in Perus Nazca / um die Indianer weiter zu bringen. / Mit all diesen Wunderdingen, die sie uns gaben / ist es schade, dass die göttlichen Astronauten / uns nicht die Antworten auf Fragen gaben / die unseren rationalen Verstand quälen. / Das Rätsel von Armut und Reichtum, / das Problem von Frieden und Krieg, / das Verhältnis der beiden Geschlechter / und Verbrechen und Sühne deswegen. / Wenn wir uns müde und besiegt fühlen, / durch Probleme, die nicht wir lösen können, / lasst uns ein elektronisches Gebet hinaussenden: / ›Kleine grüne Männchen, kommt zurück!‹«* [Übersetzung HR]
[382] De Camp, »Best of«, S. 353 f.

12. Verwendete Literatur

Aaronovitch, Ben, »Ein Wispern unter Baker Street«, München, 2013.
Allhof, Fred »Blitzkrieg. Die Nazi-Invasion in Amerika«, München, 1984.
Alpers, Hans-Joachim, Werner Fuchs, Ronald M. Hahn und Wolfgang Jeschke, »An anderen Ufern: Alternativ- und Parallelwelten« in (dies.) »Lexikon der Science Fiction Literatur«, München, 1987.
Amery, Carl, »Du bist Orplid mein Land. Überlegungen eines Autors von Alternativwelten« in Burmeister, Klaus und Karlheinz Steinmüller, »Streifzüge ins Übermorgen. Science Fiction und Zukunftsforschung«, Weinheim und Basel, 1992.
Amis, Kingsley, »New maps of Hell«, New York, 1960.
Anderson, Ken, »Hitler and the Occult«, New York, 1995.
Ash, Brian, »Fringe Cults« in ders. (Hrsg.), »The visual Encyclopedia of Science Fiction«, London, 1977.
Badura, Martin O., »Generation Vril Band 1: Geheimprojekt T.O.M.K.E.«, Krefeld, 2010² (EA 2009).
Barkun, Michael, »A Culture of Conspiracy«, Berkeley/Los Angeles/London, 2003.
Basil, Otto, »Wenn das der Führer wüsste«, Wien & München, 1966.
Bergier, Jacques und Louis Pauwels, »Aufbruch ins dritte Jahrtausend«, Bern und München, 1962.
Berlitz, Charles, »Das Atlantis Rätsel«, Wien/Hamburg, 1976.
Berlitz, Charles, »Der 8. Kontinent«, Wien, Hamburg, 1984.
Blavatsky, H. P., »The Secret Doctrine (Excerpts) in Maroney, Tim (Hrsg.), »The Book of Dzyan«, Oakland, 2000.
Bowen, John, »No retreat«, London, 1994.
Brauen, Martin, »Traumwelt Tibet« in Dehn, Ulrich und Christian Ruch (Hrsg.), »Wenn Eisenvögel fliegen ...«, EZW-Texte 185, Evangelische Zentralstelle für Weltanschauungsfragen, Berlin, 2009.
Brebeck, Wulff E. et al. (Hrsg.), »Endzeitkämpfer – Ideologie und Terror der SS« (»Schriftenreihe des Kreismuseums Wewelsburg«, Band 8), München, 2011.

Bröckers, Mathias, »Verschwörungen, Verschwörungstheorien und die Geheimnisse des 11.09.«, Frankfurt, 2002.

Carmin, E. R., »Das schwarze Reich«, München, 2000 (Orig. 1994).

Carpenter, Humphrey, »J. R. R. Tolkien – A biography«, London, 1978.

Carter, Lin, »Imaginary Worlds«, New York, 1973.

Carter, Lin, »John Carter: Sword of Theosophy« in de Camp, L. Sprague (Hrsg.), »The Spell of Conan«, New York, 1980.

Carter, Lin, »The real Hyborian Age« in de Camp, L. Sprague (Hrsg.), »The Blade of Conan«, New York, 1979.

Chabon, Michael, »Die Vereinigung jiddischer Polizisten«, Köln, 2008.

Charroux, Robert, »Die Meister der Welt«, Düsseldorf und Wien, 1972.

Charroux, Robert, »Phantastische Vergangenheit«, München, 1969.

Charroux, Robert, »Unbekannt Geheimnisvoll Phantastisch«, Düsseldorf, Wien, 1970.

Childress, David Hatcher, »The Shaver Mystery« in ders. (Hrsg.), »Lost Continents & The Hollow Earth«, Kempton/Illinois, 1999.

Childress, David Hatcher, »The underground world of Central Asia« in ders. (Hrsg.), »Lost Continents & The Hollow Earth«, Kempton/Illinois, 1999.

Churchward, James, »The Lost Continent of Mu«, New York, 1959.

Colavito, Jason, »The Cult of Alien Gods: H. P. Lovecraft and Extraterrestrial Pop Culture«, New York, 2005.

Compart, Martin, »Nachwort« (2001) in Ossendowski, Ferdinand, »Tiere, Menschen & Götter«, Erkrath, 2001.

Constantine, Alex, »Virtual government«, Venice/California, 1997.

Daim, Wilfried, »Der Mann, der Hitler die Ideen gab«, Wien, o. J.[3] [Erstauflage 1958].

Dann, Jack, »Weltenvagabund«, München/Zürich, 1979, S. 142 (Org. 1977).

De Camp, L. Sprague, »Geheimnisvolle Stätten der Geschichte«, Gütersloh, o. J. [Originalausgabe 1966].

De Camp, L. Sprague, »Mundy's Vendhya« in L. Sprague de Camp (Hrsg.), »The Blade of Conan«, New York, 1979 (Org. erschienen 1970).

De Camp, L. Sprague, »The best of L. Sprague de Camp«, New York, 1978.

De Camp, L. Sprague, »Versunkene Kontinente«, München, 1977.

de Mahieu, Jacques, »Das Wikingerreich von Tiahuanacu«, Tübingen, 1981.

de Sede, Gerard, »Das Geheimnis der Goten«, Herrsching, 1986 (Org. 1976).

Deighton, Len, »SS-GB«, München, 1989.

Dick, Philip K., »Das Orakel vom Berge«, Bergisch Gladbach, 1980.

Donnelly, Ignatius, »Atlantis, die vorsintflutliche Welt«, Esslingen, 1911.

Dupuy, Trevor N., »Options of Command«, New York, 1984.

Eigk, Claus, »Das rote Rätsel«, Berlin, München, 1955.

Engelhardt, Isrun, »Tibet und der Nationalsozialismus« in »Tibet und Buddhismus 3/09« (Hrsg. Tibetisches Zentrum e. V., Hamburg), Hamburg, 2009.

Eisfeld, Rainer, »Zur Entwicklungsfähigkeit von Menschen und von Literaturgattungen: Über Jack Williamson (2007)« in ders., »Abschied von Weltraumopern«, Lüneburg, 2011.

Fischinger, Lars. A. & Ronald M. Horn, »UFO-Sekten«, Rastatt, 1999.

Flowers, Stephen E., »Lord of the Left-Hand Path«, Rudolstadt, 2012.

Forstchen, William R. & Newt Gingrich, »1945«, Riverdale (New York), 1995.

Freeman, Michael, »Atlas of Nazi Germany«, London & Sydney, 1987.

Frenschkowski, Marco, »Die Geheimbünde«, Wiesbaden, 2009[3].

Frost, Mark, »Sieben«, Köln, 1994.

Galle, Heinz J., »Sun Koh – Der Erbe von Atlantis und andere deutsche Supermänner«, Zürich, 2003.

Garbowski, Christopher, »Tolkien's Cosmic Eucatastrophe« in Petzold, Dieter (Hrsg.), »Inklings Jahrbuch für Literatur und Ästhetik Band 18«, Moers, 2000.

Gehring, Heiner und Karl-Heinz Zunneck, »Flugscheiben über Neuschwabenland«, Rottenburg, 2005.

Giordano, Ralph, »Wenn Hitler den Krieg gewonnen hätte«, Hamburg, 1989.

Godwin, Joscelyn, »Arktos – The Polar Myth in Science, Symbolism, and Nazi Survival«, Kempton/USA, 1996.

Golowin, Sergius, »Götter der Atom-Zeit«, Bern, 1980.

Goodrick-Clarke, Nicholas, »Die okkulten Wurzeln des Nationalsozialismus«, Wiesbaden, 2004.

Goodrick-Clarke, Nicholas, »Im Schatten der Schwarzen Sonne«, Wiesbaden, 2009.

Goulart, Ron, »Cheap Thrills«, New Rochelle, 1972.

Graddon, Nigel, »Otto Rahn & The Quest for the Holy Grail«, Kempton, Illinois, 2008.

Hakl, H. T., »Nationalsozialismus und Okkultismus« in Goodrick-Clarke, Nicholas, »Die okkulten Wurzeln des Nationalsozialismus«, Wiesbaden, 2004[383].

Hammerschmitt, Marcus, »Instant Nirwana«, Berlin, 1999.

Harris, Robert, »Vaterland«, München, 1994.

Hedin, Sven, »Reisen und Abenteuer in Tibet«, Stuttgart, o. J. (1943).

Hedin, Sven, »Tsangpo Lamas Wallfahrt – Die Pilger«, Leipzig, 1922.

Helbig, Jörg, »Der parahistorische Roman«, Frankfurt/Main, Bern, New York und Paris, 1988.

Heller, Friedrich Paul und Anton Maegerle, »Thule – Vom völkischen Okkultismus bis zur Neuen Rechten«, Stuttgart, 1995.

Hermand, Jost, »Der alte Traum von neuen Reich«, Weinheim, 1995².

Hite, Kenneth, »The Nazi Occult«, Oxford, 2013.

Hogan, James P., »Unternehmen Proteus«, München, 1988.

Holey, Jan Udo, »Die Akte Jan van Helsing«, Fichtenau, 1999.

Holey, Jan Udo, »Die innere Welt«, Fichtenau, 1998.

Hoyng, Hans, »Thor Eins an Siegfried« in »Spiegel« 31/1995.

---

383 Leider wird dieser Artikel weder auf dem Cover noch im Buch selbst mit Originalerscheinungsjahr etc. erwähnt.

Hutin, Serge, »Unsichtbare Herrscher und geheime Gesellschaften«, Lübeck, 1973.

Jäckel, Eberhard, »Wenn der Anschlag gelungen wäre ...« in (ders.), »Umgang mit Vergangenheit: Beiträge zur Geschichte«, Stuttgart, 1989.

Jahnke, Alex[ander], »Neues aus Neuschwabenland«, Remda-Teichel, 2014.

Jaworski, Rudolf, »Verschwörungstheorien aus psychologischer und historischer Sicht« in Pöhlmann, Matthias (Hrsg.), »Traue niemandem!«, EZW-Texte 177, Evangelische Zentralstelle für Weltanschauungsfragen, Berlin, 2004.

Joachimsthaler, Anton, »Gigantomanie auf Rädern: Die Breitspureisenbahn Adolf Hitlers« in N. N., »Zug der Zeit – Zeit der Züge«, München, 1989.

Kasper, Hartmut, »Übersinnliches und Unterirdisches – Anmerkungen zur Hohlwelttheorie, ihrer Geschichte und ihrer Entwicklung zum SF-Motiv« (2000) in Jeschke, Wolfgang (Hrsg.), »Das Science Fiction Jahr 2000«, München, 2000.

Keller, Ursula und Natalja Sharandak, »Madame Blavatsky – Eine Biographie«, Berlin, 2013.

Kirde, Kalju, »H. P. Lovecraft (1890-1937)« in Kasprzak, Andreas (Hrsg.), »H. P. Lovecraft – Von Monstern und Mythen«, Bad Tölz, 1997.

Körber, Joachim, »Manche mögen's kalt« in ders., »Das bekannte Fremde«, Bellheim, 2010.

Kramer, André, »Vorsicht Verschwörung!«, Frankfurt/M., 2014.

Landig, Wilhelm, »Götzen gegen Thule«, o. O., 2004 [Original 1971].

Landig, Wilhelm, »Wolfszeit um Thule«, o. O., 2004 [Original 1980, a. a. O. auch 1985 genannt].

Landig, Wilhelm, »Rebellen für Thule«, 1991.

Lange, Hans-Jürgen, »Otto Rahn und die Suche nach dem Gral«, Engerda, 1999.

Laumer, Keith, »Worlds of the Imperium«, London, 1970.

Linaweaver, Brad, »Moon of Ice«, New York, 1993.

Lupoff, Richard A., »Barsoom – Edgar Rice Burroughs and The Martian Vision«, Maryland/USA, 1976.

Macksey, Kenneth (Hrsg.), »The Hitler Options«, London & Mechanicsburg (Pennsylvania), 1995.

Maclellan, Alec, »Die verlorene Welt von Agharti«, Rottenburg, 1998 (Org. »The Lost World of Agharti«, 1982).
Magin, Ulrich, »Das ›Shaver-Geheimnis‹« in »phantastisch!«, Hitzacker, 2004.
Magin, Ulrich, »Geheimwissenschaft Geomantie«, München, 1996.
Maroney, Tim, »Introduction to the Book of Dzyan« in Maroney, Tim (Hrsg.), »The Book of Dzyan«, Oakland, 2000.
McCloud, Russell, »Die schwarze Sonne von Tashi Lhunpo«, Engerda, 1996².
McKale, Donald, »Hitler: The Survival Myth«, New York, 2001[384].
Miller, Terry, »Der historische Hintergrund« in Allhof, Fred, »Blitzkrieg. Die Nazi-Invasion in Amerika«, S. 7–24.
Mosse, George L., »Die völkische Revolution«, Frankfurt/Main, 1991.
Mullally, Frederic, »Hitler has won«, London und Basingstoke, 1975.
Mund, Rudolf J. und Gerhard von Werfenstein, »Mythos schwarze Sonne«, Riga-Wien-Berlin, 2004.
Ndumbe III, Kuma, »Was wollte Hitler in Afrika? NS-Planungen für eine faschistische Neugestaltung Afrikas«, Frankfurt/Main, 1993.
Novian, Michael, »Von Ariern und Aliens. Völkische Weltanschauung in der Science-Fiction-Literatur vor dem Zweiten Weltkrieg«, Marburg, 2013.
Oertel, Kurt, »Denn es steht geschrieben ...« in Junker/Kliemannel (Hrsg.), »Heidnisches Jahrbuch 2007«, Hamburg, 2006.
Orzechowski, Peter, »Schwarze Magie – Braune Macht«, Ravensburg, o. J. (1991).
Ossendowski, Ferdinand, »Tiere, Menschen & Götter«, Erkrath, 2001 [Original 1925][385].
Pauwels, Louis, »Gedanken zum Anfang« in Louis Pauwels/Jacques Bergier, »Der Planet der unmöglichen Möglichkeiten«, München, 1975 (Org. 1968).
Peinkofer, Michael, »Das Licht von Shambala«, Köln, 2010.
Quarrie, Bruce, »Hitler: The Victory that nearly was«, New York, 1988.

Ravenscroft, Trevor, »Die heilige Lanze«, München, 1988.
Reich, Wilhelm, »Die Massenpsychologie des Faschismus«, Köln, 1986.
Rossmann, John F., »Shamballah« (»The Mind Masters 2«), New York, 1975.
Ruch, Christian, »Der tibetische Buddhismus und der Westen« in Dehn, Ulrich und Christian Ruch (Hrsg.), »Wenn Eisenvögel fliegen ...«, EZW-Texte 185, Evangelische Zentralstelle für Weltanschauungsfragen, Berlin, 2009.
Schuppener, Georg, »Rechtsextreme Aneignung und Instrumentalisierung germanischer Mythologie« in Gallé, Volker (Hrsg.), »Germanische Mythologie und Rechtsextremismus«, Worms, 2015.
Shaver, Richard S., mit Palmer, Ray, »I remember Lemuria« in Childress, David Hatcher (Hrsg.), »Lost Continents & The Hollow Earth«, Kempton/Illinois, 1999.
Shaver, Richard S., mit Palmer, Ray, »The Return of the Sathanas« in Childress, David Hatcher (Hrsg.), »Lost Continents & The Hollow Earth«, Kempton/Illinois, 1999.
Shea, Robert & Robert Anton Wilson, »Leviathan« (3. Teil der »Illuminatus«-Trilogie), Basel, 1978 (Org. 1975).
Sieben, V., »Die 23 Tage der Isais«, Langenau, 2002.
Siepe, Daniela, »Die Rolle der Wewelsburg in der phantastischen Literatur, in Esoterik und Rechtsextremismus nach 1945« in Schulte, Jan Erik (Hrsg.) »Die SS, Himmler und die Wewelsburg«, Paderborn, 2009.
Snowman, Daniel, »Introduction« in ders. (Hrsg.), »If I Had Been ... Ten Historical Fantasies«, London, 1979.
Spanuth, Jürgen, »Das enträtselte Atlantis«, Stuttgart, 1953.
Spinrad, Norman, »Der stählerne Traum«, München 1981.
Squire, J. C. (Hrsg.), »Wenn Napoleon bei Waterloo gewonnen hätte«, München, 1988.

---

384 »This (...) paperback edition (...) is an unabridged republication of the edition first published (...) in 1981, here updated with a new preface and one textual emendation.«, McKale, S. iv (nicht nummeriert).
385 Erschienen ist das Original 1923 in Frankfurt, nicht in Fankfurt, wie die Ausgabe von 2001 schreibt (S. 2).

Starr, Martin P., »The Unknown God«, Bolingbrook, Illinois, 2003.
Staud, Toralf, »Moderne Nazis«, Köln, 2006².
Steiner, Rudolf, »Unsere Atlantischen Vorfahren«, Berlin, 1930.
Sternhoff, Gilbert, »Die Dritte Macht«, Rottenburg, 2006.
Sünner, Rüdiger, »Schwarze Sonne«, Freiburg, Basel, Wien, 1999.
Taves, Brian, »Talbot Mundy, Philosopher of Adventure«, Jefferson (USA) & London, 2006[386].
Van Helsing, Jan, »Buch 3«, Playa del Inglés/Gran Canaria, 1996.
Van Helsing, Jan, »Geheimgesellschaften 2: Interview mit Jan van Helsing«, Playa del Inglés/Gran Canaria, 1995.
Van Helsing, Jan, »Geheimgesellschaften und ihre Macht im 20. Jahrhundert«, Gran Canaria, 1995.
Van Helsing, Jan, »Unternehmen Aldebaran«, Playa del Inglés, Gran Canaria, 1997.
Vennemann, Sascha, »Der Weg nach Agartha« (d. i. »Maddrax – Die dunkle Zukunft der Erde« 392), Köln, 2015.
Voigt, Andreas J., »Der Nationale Doppelroman«, o. O. (Eigenverlag), 2009.
Von Schnurbein, Stefanie, »Göttertrost in Wendezeiten«, München, 1993.
Von Schnurbein, Stefanie, »Religion als Kulturkritik«, Heidelberg, 1992.
Von Stahl, Heinrich, »Der Erbe des Ersten Imperiums« (»Aldebaran«, Band 1), Salenstein/Schweiz, 2009.
von Waldenfels, Ernst, »Nikolai Roerich – Kunst, Macht und Okkultismus«, Berlin, 2011.
Wachsmuth, Guenther, »Vorwort des Übersetzers« in Bulwer-Lytton, E., »Vril oder Eine Menschheit der Zukunft«, Dornach/Schweiz, 1981.
Wagner-Glass, Richard, »Herren über Raum und Zeit« in Jeschke/Mamczak (Hrsg.), »Das Science Fiction Jahr 2005«, München, 2005.
Warner jr., Harry, »All our Yesterdays«, Chicago, 1969.
Watzlawick, Paul, »Wie wirklich ist die Wirklichkeit?«, München/Zürich, 1978.

Wegener, Franz, »Alfred Schuler, der letzte deutsche Katharer«, Gladbeck, 2003.
Wegener, Franz, »Das atlantische Weltbild«, Norderstedt, 2003².
Wegener, Franz, »Heinrich Himmler – Deutscher Spiritismus, französischer Okkultismus und der Reichsführer SS«, Norderstedt, 2004[387].
Wessely, Christina, »Welteis«, Berlin, 2013.
Yulsman, Jerry, »Elleander Morning oder: Der Krieg, der nicht stattfand«, München, 1986.
Ziegler, Thomas, »Die Stimmen der Nacht«, Frankfurt/Main, 1984.

13. Bildquellen

Seite 32: galleryhip.com/lemurian-alphabet.html
Seite 62: amazingstoriesmag.com/2013/07/the-man-from-mars-fails-as-biography
Seite 72: www.thenewearth.org/InnerEarth.html
Seite 122: 8ate.blogspot.de/2007/12/origin-of-minds-tibet.html

---

386 Das Buch leidet darunter, dass es keine Literaturliste gibt.
387 Ein Buch, das leider darunter leidet, dass die Fußnoten z. T. keine Verortung im Text haben und deren Sortierung manchmal eigenartig ist.

Johannes Rüfter

Ein Volk, ein Reich und/oder ein Führer?

Von der Faszination nationalsozialistischer Alternativwelten

1. Vorüberlegungen

Second Nazi: Have you looked at our caps recently?
Hans: Our caps?
Second Nazi: The badges on our caps. Have you looked at them?
Hans: What? No ... A bit ...
Second Nazi: They've got *skulls* on them. Have you noticed that our caps actually have little pictures of *skulls* on them?
Hans: I don't ... er ...
Second Nazi: Hans ... are we the baddies?
Sketch aus »That Mitchell and Webb Look«, BBC 2006

Spätestens seit sich die Science-Fiction in der Abenddämmerung ihres Goldenen Zeitalters von den überkommenen juvenilen Erkennungsmerkmalen, den Laserpistolen und vieläugigen grünen Weltraummonstern zu emanzipieren begann, zählt das »Was wäre, wenn?« zu ihren beliebtesten Gedankenspielen: Was wäre, wenn das römische Reich nie untergegangen wäre? Kolumbus nie nach Amerika oder Nelson nie nach Trafalgar gekommen wäre? Karl Martell in Tours oder Lee in Gettysburg verloren hätte?

Dies mag daran liegen, dass die fiktionale Darstellung alternativer Geschichtsverläufe einerseits der von frühen Genretheoretikern wie Judith Merril eingeforderten »hypothesis-and-paper-experimentation« ideal nahe kam: Science-Fiction als eine psychologische und soziologische Versuchsanordnung, die hier ihre Subjekte durch die Verschiebung von nichts weniger als den historischen Konstanten verfremdete – an die Seite der Utopie (als Gut- bzw. Nicht-Ort) tritt die Uchronie (als Gut- bzw. Nicht-Zeit).

Andererseits begünstigte die Wahl einschlägiger Sujets auch den Drang nach Respektabilität: So wurde etwa durch den folgerichtigen Verzicht auf alles, was nach SF aussah, die publizistische Bewegung von den bunten, billigen *pulp*-Magazinen hin zum traditionellen (und lukrativen) Buchmarkt erleichtert. Darüber hinaus konnte gerade dieses spezielle Subgenre an eine gewachsene akademische Tradition anknüpfen, die historische Spekulation mit populärwissenschaftlichen Elementen verband. Das wohl bekannteste frühe Beispiel ist ein Band mit dem wenig reißerischen Titel *If it had happened otherwise* (1931), in dem sich primär essayistische Fingerübungen einer eklektischen Intelligenzija von Winston Churchill bis G. K. Chesterton versammeln.

Diese geschichtswissenschaftliche Tradition gibt es bis heute, so etwa in Alexander Demandts ebenso wenig erzählerisch orientiertem Band *Es hätte auch anders kommen können* (2010). Erheblich zugänglicher sind hingegen natürlich Romane, die in die planmäßig verfremdeten *settings* Charaktere setzen, die der Spekulation ein Gesicht verleihen. So gelingt es bis heute immer wieder gerade einschlägigen Romanen, in die Bestsellerlisten einzuziehen; die markantesten Beispiele der letzten Jahrzehnte sind sicherlich das weiter unten besprochene *Fatherland* (1992) von Robert Harris sowie – unter umgekehrten Vorzeichen – *Er ist wieder da* (2012) von Timus Vermes.

Und das führt uns auch schon zum eigentlichen Thema. Ausgehend von der Beobachtung, dass erstaunlich viele Alternativweltgeschichten um das nationalsozialistische Regime in Deutschland kreisen, stellen sich nämlich eine Reihe von Fragen:

- Warum zieht ausgerechnet diese Periode deutscher Geschichte in einem so dominant angelsächsisch geprägten Genre soviel Aufmerksamkeit auf sich?
- Welche Justierungen werden im Weltenentwurf vorgenommen?

- Welchen Mehrwert bietet der Text zwischen Sensationalismus bzw. Lust am Tabubruch und echtem Erkenntnisgewinn?
- Welche Bedeutung kommt tonalen Unterschieden zwischen Tragödie und Farce zu?
- Oder anders formuliert: Was ist an Nazis so faszinierend – und wie schlägt sich diese Faszination im Text nieder?

Diese Fragen lassen sich nur dann sinnvoll beantworten, wenn man sie anhand einer Reihe von einschlägigen Texten behandelt. Freilich ist dabei die Auswahl überwältigend und die Gefahr groß, sich in Namedropping und Inhaltsangaben zu verlieren, Rosenfeld nennt etwa in seiner Untersuchung *The Worlds Hitler Never Made* (2005) 115 einschlägige Werke. Deshalb sollen im Folgenden nur einige mehr oder weniger trennscharf systematisierte Untergruppen angerissen werden, und aus der Vielzahl möglicher Romane und Geschichten je ein populäres sowie ein eher weniger bekannteres Beispiel herausgegriffen werden. Was aber alle Texte eint, ist ein kritischer Grundimpetus – für neofaschistische Wunscherfüllungsfantasien sei auf den Beitrag von Dierk Spreen verwiesen, weitere Lektürevorschläge können der Bibliografie von Hermann Ritter im Anhang entnommen werden.

2. Kontrafaktische Koloraturen

> Kann man sich etwa vorstellen, dass die fanatisierten deutschen Massen »Heil Schicklgruber« geschrien hätten?
> – *William L. Shirer, Hitlerbiograf*

Kontrafaktische Literatur bedingt, wie erwähnt, immer eine alternative Weichenstellung, die mit einem historischen Punkt verknüpft ist und von dem aus sich eine mehr oder weniger lange extrapolative Linie zieht. Diese kann zeitlich wie thematisch ausgesprochen kurz gehalten sein: Christian von Ditfurths *Die Mauer steht am Rhein* (1999) beschreibt in seiner Geschichte einer umgekehrten Wiedervereinigung die Divergenz quasi während sie geschieht. Oliver Henkels *Kaiser-*

tag (2002) beschreibt ein Deutschland im Jahr 1988, das zwar zeitlich relativ weit von der Weiche entfernt ist, aber gesellschaftlich praktisch unverändert die Verhältnisse von 1914 abbildet. Dies kann ausgesprochen weit gefasst sein – Beispiele wäre etwa Matt Ruffs Roman *The Mirage* (2012), in dem amerikanische religiöse Fanatiker 2001 ein Flugzeug in die Zwillingstürme des Welthandelszentrums von Bagdad steuern oder die steampunkige Space Opera *Harms Way* (1993, dt. *Sophies Kurs*) von Colin Greenland, die selbst die Naturgesetze einer Transformation unterzieht; ähnlich die herrliche Kurzgeschichte »Sail On, Sail On!« (1952, dt. »Weitersegeln! Weitersegeln!«) von Philip José Farmer, in der Kolumbus einem tragischen Irrtum im Blick auf die geometrische Grundform der Erde unterliegt.

Die in diesem Abschnitt versammelte Textgruppe findet zeitlich und/oder entwicklungsmäßig relativ nahe am kontrafaktischen Nexus statt: Die Weltenentwürfe sind uns (noch) relativ vertraut, zeigen etwa einen Einblick in die NS-Besatzungspolitik an eher ungewohnten Beispielen oder verlängern die graubraune Anarchie der unmittelbaren Nachkriegszeit ins Unendliche.

Der bekannteste Vertreter der erstgenannten Kategorie ist sicher *SS-GB* (1978) von Len Deighton. Er taucht den Leser in die Welt des Kriminalbeamten Douglas Archer: Großbritannien ist Ende 1941 von den Deutschen besetzt, Churchill exekutiert, König George VI. im Tower gefangen gesetzt. Der eher unpolitische Archer betritt ein diplomatisches Minenfeld, als sich bald in einem zunächst recht routinemäßigen Mordfall das Opfer als ein Atomphysiker mit Verbindungen zur britischen Untergrundbewegung entpuppt ... Natürlich wird es in der Folge um die Atombombe gehen, natürlich flanieren wir entlang der Untersuchungen durchs besetzte Großbritannien. Der deutsche Besatzungsapparat brummt, nur die alten Eifersüchteleien der unteren Beamtenkader von Abwehr und SS werfen Sand ins Getriebe ...

Deightons Nazi-Britannien ist plausibel entwickelt, die Handlung sauber und effektvoll ausgearbeitet – und dennoch fehlt etwas. Unterm Strich bietet *SS-GB* wenig *sense of wonder* (oder, besser gesagt, *sense of nightmare*), dafür viel Thrillerstandards: Der Roman ist letztlich eine Kalter-Krieg-Schnurre mit vertauschten Vorzeichen, ein weiterer Eintrag der an derlei reichen Bibliografie eines Routiniers.

Weniger bekannt, aber vor dem Hintergrund unseres Themas deutlich lesenswerter, ist Oliver Henkels *Im Jahre Ragnarök* (2009).

Der Autor, Spezialist für Alternativwelten und mit *Die Zeitmaschine Karls des Großen* (2001) sowie dem bereits erwähnten *Kaisertag* zweifach mit dem Deutschen Science-Fiction-Preis ausgezeichnet, arbeitet sich hier am nationalsozialistischen Komplex ab. Sein Weltenentwurf ist erfrischend unklischiert, verzichtet auf Hakenkreuzflaggen auf dem Weißen Haus und sonstige Knobelbecherpracht: Geschildert wird eine Nachkriegsgeschichte in einem Deutschland, das nicht vom Fortbestand der Nazidiktatur, sondern unter einem veränderten Verhältnis der Siegermächte in der Endphase des Zweiten Weltkriegs gekennzeichnet ist: Als Josef Stalin 1944 von einer Grippeinfektion dahingerafft wird, zerfällt die Sowjetunion und ist bis in die Erzählzeit des Jahres 1962 von einem anhaltenden Bürgerkrieg geschüttelt, in den sich immer neue Kleinstaaten verbeißen.

Deutschland ist mit leichter Verspätung Mitte 1945 von den westlichen Alliierten eingenommen worden; Frankreich hat als späte Rache für Vichy in seiner Besatzungszone einen Marionettenstaat eingerichtet, die »Rheinische Republik«, in der ein greiser Konrad Adenauer präsidiert. Das Restdeutschland, britisch und amerikanisch besetzt, ist ein durch seine extreme Dezentralisierung weitgehend handlungsunfähiger »Bund deutscher Länder«, ärmlich und zerbombt, von Mangel und Not geprägt: Ohne die Initialzündung von Währungsreform, Staatengründung und Wirtschaftswunder ist der depressiv-anarchische Grundklang der unserweltlichen unmittelbaren Nachkriegszeit zum Dauerton geworden, das Leben eine nicht enden wollende Kurzgeschichte von Wolfgang Borchert.

In diese trübe Welt setzt Henkel seine kaputten Antihelden: zuvorderst den gescheiterten britischen Geheimdienstler John H. Tubber, der nach beruflichen Fehlschlägen verbissen seine letzte Chance nutzen will, als er gemeinsam mit dem hochgebildeten und unterernährten deutschen Ordnungsdienstler Dünnbier einem augenscheinlichen Routineauftrag nachgeht. Doch was zunächst nach Kunstschmuggel aussieht, entpuppt sich bald als Verschwörung alter Nazigrößen, die offensichtlich noch nicht genug Schaden angerichtet haben – dass sie ihre Kabale nach dem germanischen Weltenbrand Ragnarök nennen, verheißt jedenfalls wenig Gutes. Angereichert mit einer Prise SF (das SS-*doomsday device* ist eine Zeitmaschine), entspinnt sich bald eine Handlung, die weniger den erwarteten Spionagethriller-Mustern folgt, denn einem vage heinleinschen Bildungsroman: Der verzagte Tubber bricht allmählich aus den vertrauten Mustern aus, lernt zu leben (und zu lieben) – und schafft sich und den Seinen letztlich eine paradiesische Perspektive weit weg von all der trüben Mühsal der Alten Welt.

Dabei ist Henkels Form der Schwarz-Weiß-Malerei nicht unsympathisch: Die Antagonisten unterschiedlicher Couleur eint weniger Ideologie, denn Grundverfassung – Tubber und seine *rag tag gang of misfits* werden immer wieder mit denselben Typen von bürokratisch-selbstherrlich verbohrten Kommissköpfen konfrontiert. Und die hat es eben bei Amerikanern wie Deutschen: Die im Untergrund mordenden SS-Zeloten unterscheidet wenig von den amerikanischen Rollkommandos, die die Zivilbevölkerung per Elektroschocks entnazifizieren.

Natürlich finden sich auch die genreüblichen netten Gags: In einer stimmungsvollen Roadmoviesequenz werden die Protagonisten per Anhalter von einem kiffenden Sergeanten namens Jack Kerouac und seinem hornbebrillten Sidekick, Private Holl(e)y, mitgenommen. Ed Wood dreht in den Ruinen von Berlin den Film »Angriff der Nazi-Zombies aus dem Weltall«, sein Hauptdarsteller ist Gert Fröbe, »ein erschreckend magerer Mann« (80). Aber es geht auch ernsthafter zu: US-Präsident Charles Lindberghs Flugzeugabsturz hat seinen Vize J. Edgar Hoover ins Amt gebracht, der rassistisch-chauvinistische cholerische Kleingeist Patton residiert als Militärgouverneur in Sanssouci. Psychopathen an der Macht – Transpositionen, die erheblich zur elegischen Grundstimmung in diesem differenzierten Weltenentwurf beitragen.

Denn auch wenn Henkels Prosa nicht die allereleganteste ist, seine Grundprämisse ist durchaus bedenkenswert: Ohne Konflikt keine Entwicklung. Ohne den Systemwettstreit zwischen Ost und West ist Deutschland nicht Nutznießer einer Frontstaatlichkeit, profitiert nicht vom propagandistischen und strategischen Bedürfnis der jeweiligen Schutzmächte, ihren Teil als Schaufenster der jeweiligen Ideologie herauszuputzen. Nein, man verzeihe die deutliche Formulierung: Deutschland ist am Arsch der Welt – und ziemlich im Arsch.

Damit liefert Oliver Henkel eine immens ernüchternde Vision, die viele nationalen und nationalistischen Anflüge von Nachkriegschauvinismus im Keim ersticken sollte: Die bundesrepublikanische Erfolgsgeschichte verdankt sich nicht nur einer mythischen unbeugsamen Schaffenskraft der Kriegsgeneration, nicht nur einer resilienten Wirtschaft und einem noch halbwegs austarierten Solidarsystem – sondern eben auch externen begünstigenden Faktoren. Der Roman exerziert ein Deutschland ohne die großmaßstäbliche Zonenrandförderung wie Luftbrücke und Marshallplan.

Dieses Deutschland ist ein grauer Albtraum, zerstört und zurückgeworfen. Interessanterweise geht es, hier wieder analog zur unserweltlichen Situation, der »Siegermacht« England nicht viel besser: Kriegsschäden und Lebensmittelknappheit prägen auch hier den Alltag. Und so ist es im Grunde weniger Deutschland, denn das ganze alte Europa, das hier vor die Hunde geht. Auch die USA, unter Hoover zum reaktionären Spitzel- und Polizeistaat verkommen, taugen nicht als Korrektiv und Perspektive, Henkel skizziert mit leichter Hand im Jahr 2009 sogar beklemmend viel, was erst 2014 durch Edward Snowden ans Licht kommen sollte. So ist es nur konsequent, dass am Ende des *Jahr Ragnarök* die größenwahnsinnigen Pläne des Heinrich Himmler weniger in James-Bond-Manier gestoppt, denn durch die Gier und Amoral seiner eigenen Unterlinge durchkreuzt werden. Freiheit winkt den Protagonisten von einer ganz anderen Seite. Nicht das westliche Abendland, sondern die südliche *terra australis* verheißt einen neuen Anfang: »Sagt mal... Möchtet ihr gerne Kängurus in freier Wildbahn sehen?« (213)

Diese Möglichkeit hat nicht jeder.

3. Ungemütliche Utopien

> Wir glauben auf dieser Erde allein an Adolf Hitler. [...]
> Und wir glauben, dass [der] Herrgott uns Adolf Hitler
> gesandt hat, damit Deutschland für alle Ewigkeit ein
> Fundament [sic!] werde!
> – *Robert Ley, Reichsorganisationsleiter (1937)*

Aus der Perspektive der uchronischen Weichenstellung sind in diesen Texten längere Zeiträume vergangen, haben komplexe Entwicklungen stattgefunden: Die Kontrafaktur hat sich weiter an die außerliterarische Welt herangetastet, der Nexus ist Historie. Die Nachkommen der überlebenden europäischen Juden, die sich statt in Israel in Alaska angesiedelt haben, kämpfen in Michael Chabons *The Yiddish Policemen's Union* (2007, dt. *Die Vereinigung jiddischer Polizisten*) um den Erhalt ihres fragilen Status quo. Das deutsch-japanisch okkupierte Nordamerika von Philip K. Dicks *Man in the High Castle* (1962, dt. *Das Orakel vom Berge*) hat sich grau in grau eingerichtet.

Und in Robert Harris' *Fatherland* (1992, dt. *Vaterland*), dem wie eingangs erwähnt wohl publikumsträchtigsten der hier versammelten Werke, steht das Dritte Reich 1964 in voller Blüte. Ganz ist der Krieg noch nicht vorbei, ein letzter Partisanenkrieg am Ural will einfach nicht enden. Aber alles ruhig an der Heimatfront: Nach dem Sieg in Europa wurde Berlin nach speerschen Plänen zur Welthauptstadt Germania transformiert. Deutsche Flugzeugträger und Atom-U-Boote sichern die Meere. Das Raumfahrtprogramm ist im Wettstreit mit der einzig verbliebenen anderen Weltmacht, den USA, leicht vorn – Kunststück, mussten die Peenemünder Raketenschmiede doch nie kapitulationsbedingt den Arbeitgeber wechseln ...

Xaver März, Kriminalpolizist in Berlin, bekommt es also eher mit kleinen Fischen zu tun: Sexualdelikte (kriegsbedingte Strohwitwen treiben Rassenschande mit ihren polnischen Gärtnern), jugendlicher Ungehorsam (»Sie hörten amerikanische Radiosender. Sie brachten ihre grob gedruckten Kopien verbotener Bücher in Umlauf – Graham Greene und Arno Schmidt, George Orwell und J. D. Salinger«; 25) – und ein

Mord. In der Havel wird eine nackte männliche Leiche gefunden, die sich als Josef Bühler, ehemaliger Staatssekretär im Generalgouvernement Polen und dort ständiger Stellvertreter von Hans Frank, entpuppt.

Eine gepflegte Politthrillerhandlung entspinnt sich: März kommt einer geheimen Reichssache auf die Spur, gerät selbst ins Visier der Sicherheitskräfte von SS und Gestapo. Diese wollen verhindern, dass die Wahrheit ans Licht kommt; die Dokumente, denen März nachjagt, sind nicht weniger als die Unterlagen der Wannseekonferenz, auf der der als »Endlösung« euphemistisch bemäntelte Massenmord an den europäischen Juden beschlossen wurde. In falschen Händen würden diese das politische Tauwetter zwischen dem Reich und den USA empfindlich stören – wo sich doch gerade Präsident (Joseph P.) Kennedy zum Staatsbesuch anlässlich des 75. Führergeburtstags anschickt ...

Von den Anfangskapiteln, in denen der Leser Germania unter anderem auf einer Stadtrundfahrt durchmisst, bis zum Showdown in den Ruinen von Auschwitz geht *Fatherland* deutlich tiefer als etwa *SS-GB*: Harris geht geschickt mit den Anforderungen des Krimigenres um, entwickelt ein schlüssiges 1964 und betreibt ein Vexierspiel mit seinem fiktiven und fiktionalisierten Personal (Bühler etwa wurde in »unserer« Realität 1948 in Polen hingerichtet). Dennoch bleibt er wie Deighton letztlich erzählerischen Konventionen verhaftet: Die Wannseedokumente sind nichts anderes als die quintessenzielle Kofferbombe à la James Bond. Dass erstens der amerikanische Spionageapparat keinerlei Ahnung von der massenhaften Menschenvernichtung hatte und zweitens die Kenntnisnahme der Dokumente einen sofortigen humanitär motivierten Politikwechsel zur Folge hätte, sind Annahmen, die nicht nur vor dem Hintergrund jüngster politischer Entwicklungen von Irakkrieg bis NSA-Skandal weniger plausibel sind als die Statik von Albert Speers Triumphbogen.

Noch stärker vereinfachend, aber nicht ohne Reiz ist die gleichnamige Fernsehverfilmung des Stoffes (1994), die Rutger Hauer und Miranda Richardson in starke Bilder stellt. Hier zeigt zeigt sich allerdings noch deutlicher als im Roman eines der Grundprobleme, nämlich die geringe Vertrautheit des Autors mit deutschen Verhältnissen – dies beginnt mit dem Namen des Protagonisten, der in der Originalfassung des Romans den für einen Berliner Polizisten wenig authentischen Namen Xavier March trägt, und endet bei Hitlers Fahrzeug der Fernsehfassung: ein Rolls-Royce mit aufgeklebten Mercedes-Sternen ...

Gegen die handwerklich einwandfreie, spannend und detailverliebt ausgesponnene, aber letztlich politisch ausgesprochen naive uchronische Vision verbreitet Otto Basils bitterböse Groteske *Wenn das der Führer wüsste!* (1966) geradezu willkommenen Schrecken.

Basil (1901–1983) kommt hierbei literarisch zugute, dass er biografisch einschlägige Erfahrungen sammeln musste: Der österreichische Kulturjournalist, Lektor und Herausgeber einer avantgardistischen Literaturzeitschrift war nach dem Anschluss Österreichs 1938 mit Schreibverbot belegt und noch im selben Jahr wegen »Verspottung des Führers« kurzzeitig von der Gestapo inhaftiert worden. Er ist im Rückblick als scharfsinniger Intellektueller erkennbar, der um seine innere Unabhängigkeit und äußere Freiheit ringen musste, gleichzeitig aber nolens volens den Irrsinn des Dritten Reiches in der Innenansicht vor Augen hatte.

Mit der Autorität des Zeitzeugen ausgestattet, greift er in die Vollen. Und zeichnet das Bild einer Ideologie, die sich totgesiegt hat: Deutschland hat den Krieg gewonnen und der Welt den Stempel faschistischer Ideologie aufgedrückt. Die mit SS-Ordensburgen gespickten Weiten Russlands werden von »deutschblütigen« Siedlern erschlossen, und eugenische Zuchtprojekte filtern für die Zukunft alles unarische Erbgut heraus, deren gegenwärtige Träger als Leibeigene dienen:

> Die Rassenhygiene des deutschen Volkes wurde vorangetrieben durch die Einführung von Ahnenpässen, durch das Verbot von Mischheiraten, durch die Absorption arischer Elemente außerhalb des Staatsgebiets des Deutschen Reiches (»Heim ins Reich«), schließlich gar durch die Einrichtung von »Zuchtmutterklöstern«, in denen besonders ausgewählte arische Frauen mit besonders ausgewählten arischen SS-Män-

nern zwecks Züchtung eines neuen arischen Herrenmenschen zusammengeführt wurden. [... Die] Rettung der Kultur wurde durch die tatsächliche und ganz im Sinne des Wortes zu verstehende Vernichtung von Juden, Zigeunern, Homosexuellen, Marxisten und christlichen Sektierern in Konzentrationslagern betrieben.

Die Zukunftsvision des Faschismus lautet kurzgefasst wie folgt: Sind die genannten Maßnahmen vollständig durchgeführt, die Kriegsziele erreicht, kann der Arier seine in der Urzeit verloren gegangene Schöpferkraft wieder entfalten. (Vorwort, 11)

Doch wenig überraschend ist das Lebensgrundgefühl selbst der für ausreichend nordisch Erachteten alles andere als positiv, wie wir durch die Augen des kleinen Parteigenossen Albin Totila Höllriegl erfahren. Er selbst steht im Dienste der kruden völkisch-esoterischen Ideologien, die im Beitrag von Hermann Ritter in diesem Band detailliert analysiert werden. Als »Strahlungsspürer« der »NS-Fachschaft für Pendelweistum« beschäftigt er sich unter anderem mit der »Behebung von Strahlungsschäden aller Art«, aber auch dem »Auspendeln von Lebensumständen« und »Nordische[r] Daseinsberatung« (16). Kurz gesagt: In einer Welt, in der wehrstarke Mannhaftigkeit, unbeirrbare Gebärfreude und fanatisches Volksgenossentum Bürgerpflicht sind, leistet er eine mythologisch verbrämte Form von Psychotherapie.

Und das ist auch dringend nötig, denn das Dritte Reich des Jahres »196x« erstickt am eigenen Bombast. Menschliche Regungen sind maximaler Repression unterworfen: »Minderwertigkeitsgefühle galten als Staatsverbrechen. [...] Das deutsche Volk schlief schlecht seit dem größten Sieg seiner Geschichte.« (21) Kein Wunder, denn in klassisch freudianischer Mechanik ist die Gesellschaft hochgradig neurotisiert, Sexualität wird in Aggression sublimiert oder fetischisiert. Schon das erste Kapitel konfrontiert uns mit dieser Gemengelage, als Höllriegl die »Minne« aufschlägt, eine Art »Bravo« fürs Jungvolk:

Das etwa 45jährige vollschlanke Weib auf dem Bild – es war eine farbige Reproduktion von geradezu aufreizender Schärfe und Naturtreue – hatte die vorgeschriebene aggressive Körperhaltung, das Gesicht überraschte durch seinen fanatischen Ausdruck. Weizenblond waren die langen und dicken Zöpfe, die dunkelgrauen Augen blitzten sieghaft, der große, brutale Mund mit den schmalen Lippen war zu einem sichtlich verachtungsvollen Lachen geöffnet, die Zähne hatten etwas auffallend Tierisches. Das Erregende an dieser Frau war, dass in ihren Zügen Nordisches sich mit Ostischem in fast verworfener Weise mischte, dass das Heldische überlagert war von Schlangenhaftem. Sie war mit einer kurzen Badetunika bekleidet, die, weil klatschnass, alle körperlichen Details nicht nur plastisch hervortreten ließ, sondern sie auch halb sichtbar machte. Die Spitzen der vollen, hohen Brüste zeichneten sich rosabräunlich unter dem dünnen weißen Stoff ab. Das Hemd wurde nur lose von Händen zusammengehalten, die schmal waren, ohne edel zu sein. Sogar die Gänsehaut auf den bronzebraunen, meersalzbestäubten Schenkeln gab das Foto wieder, es zeigte jeden Wassertropfen und selbst den schattenhaften Flaum auf Oberlippe und Armen. Der Bildtext sagte in der üblich forschen Sprache: »Dies, deutsche Jungs und Mädels, ist Ulla Frigg von Eycke, ehemals Kommandeuse des Frauen-KL ›Dora‹, jetzt Gattin des SS-Obersturmbannführers und Inspekteurs für Wirtschaftsfragen im Oberabschnitt Fulda-Werra Erik Meinolf von Eycke, am Strand des Erholungsheimes der Leibstandarte SS ›Adolf Hitler‹ in Sotschi, Schwarzmeerküste.« Und darunter stand: »Die Hüterin der Art.« (22 f.)

Doch selbst dieses arische Superweib ist, weiß Höllriegl, »wie ein schöner, wurmstichiger Apfel« (ebd.): Nach vier Fehlgeburten von Verfolgungswahn, manisch-depressiven Schüben, Wutanfällen und Schlaflosigkeit gepeinigt, ist sie ironischerweise tatsächlich die angemessene Germania, Verkörperung nationaler Befindlichkeit. Und unser geiler Gyromant verfällt spätestens dann ihrem Reiz, als er in einer grotesk-schwülstigen Szene beim Auspendeln der Gemächer erst unbeobachtet an ihrer Unterwäsche schnuppert und dann, als sie tatsächlich im Raum steht, sich an ihren Unterleib schmiegend von ihr mit der Reitgerte verprügelt wird ...

Fast zeitgleich stirbt der greise Hitler, und eine Ereigniskette setzt sich in Gang, die Höllriegl durch eine zunehmend entfesselte Welt taumeln lässt. Die Wege des opportunistischen Scharlatans führen ihn aus der Provinz unter anderem nach Berlin, wo Hitlers Nachfolger Hof hält (»Heil Köpfler!«). Dieser bricht, auch angesichts innenpolitischer Verwerfungen, die seine Macht bedrohen, einen Krieg mit Japan vom Zaun, der sich zum endgültigen Weltenbrand auszuweiten droht. Sein Ende findet Höllriegl schließlich in der kathartischen Reinheit der Antarktis – eine gnädige Schneedecke breitet ihr Schweigen über die menschliche Tragödie. Weißblende auf.

Basil schreibt 1966 seiner Zeit weit voraus – und sein Roman ist, nachdem er Jahrzehnte vergriffen war, 2010 wieder aufgelegt und zu Recht vom Feuilleton neu entdeckt worden. Sein knalliges, irres Roadmovie hat wenig äußere Handlung, bleibt konsequent in Höllriegls Perspektive. Die großen politischen Zusammenhänge montieren sich meist aus Radiofetzen, Zeitungsschlagzeilen und Funksprüchen, bilden das Hintergrundrauschen zugunsten der morastigen Erlebniswelt aus Sex, Gewalt und ideologischer Verblendung.

Dabei bleiben aber stets Form und Inhalt austariert: Basil erliegt nie der Versuchung, sich auf die vor Stiefelwichse und Kruppstahl blinkende Oberfläche zurückzuziehen und aus seinen alternativen Sechzigern eine Sexploitation-Schnurre im Stile des umstrittenen Filmes *Ilsa – She-Wolf of the SS* (1974, dt. stark gekürzt als *Die Hündin von Liebeslager 7* – nur Schweiz) zu machen. Seine Darstellungen sind immer auch Psychogramme, Momentaufnahmen aus einer unendlich unmenschlichen Welt, die am menschlichen Kulturverlust krepiert (vgl. dazu auch Dillinger 143 ff.)

Soviel Reflexion ist nicht jedem gegeben – und somit richtet sich hier der Blick fast zwangsläufig auf die Künstler Hollywoods als Meister der Oberfläche.

Exkurs: Popnazis

I shall perfect my own race of people –
   a race of atomic supermen that will conquer the world!
   - Der »Scientist« aus Ed Woods Glen/Glenda (1953)

In diesem Abschnitt findet sich die wohl problematischste Textgruppe: Hier dienen die Hakenkreuze – wie die Charaktere, die in den dergestalt verzierten (Fantasie-) Uniformen stecken – weitestgehend rein dekorativen Zwecken. Eine Schlüsselszene ist ins kollektive Kinogedächtnis förmlich eingebrannt:

> Indy and Henry are still tied back-to-back of course.
> Elsa bends to speak quietly into Indy's ear... which is near enough to Henry's ear.
>
> ELSA
> (whispers)
> I can't forget... how wonderful it was.
>
> HENRY
> Thank you. It was rather wonderful.
>
> She smiles and kisses Indy passionately. Henry glances back and looks rather disappointed.
>   Vogel appears to remind Elsa of her appointment.
>
> VOGEL
> Doctor Schneider! Your car is waiting.
>
> ELSA
> (to Indy, after finishing the kiss)
> That's how Austrians say goodbye.
>
> Elsa exits.
> Vogel stays behind for another moment.

> VOGEL
> And this is how we say goodbye in Germany,
> Doctor Jones.
>
> Vogel punches Indy in the jaw. A hard and vicious jab
> that snaps Indy's head around. (67 f.)

»Deutscher Gruß« mal anders: Die Indiana-Jones-Filmreihe präsentiert Naziästhetik als Kurzschrift für »die Bösen«, ohne dies weiter auszuführen. Die einzige echte kollektive Gräueltat stellt die Bücherverbrennung im dritten Teil dar (schlimm genug!) – aber ansonsten dominiert individuelle, berechnende Gefühllosigkeit. Natürlich kann man einwenden, im eiskalten Blick von Doktor Vogel schimmerten Kriegstreiberei und Herrenmenschentum – aber letztlich unterscheidet die Spielberg/Lucasschen Nazis nichts von anderen Filmbösewichten; sie sind jenseits ihres unterhaltsam schlechten Akzents so wenig »deutsch« wie »russisch« oder »nordkoreanisch«.

Dies ist kein Einzelfall, Ähnliches trifft auch auf Johann Schmidt alias Red Skull, den 1941 konzipierten ersten Antagonisten von Captain America zu. Ein Treppenwitz der Filmgeschichte ist, dass er in der Filmversion (2011) von Hugo Weaving gespielt wurde, vor allem bekannt als Agent Smith aus der *Matrix*, der in seiner spaßbefreiten, amoralischen und inhumanen Effizienz eine fantastische Variante des eichmannschen Schreibtischtäters darstellt.

Damit ist das Bild vom SS-Uniform tragenden Bösewicht endgültig wieder selbst zum Klischee geronnen; im popkulturellen Gedächtnis weht das Hakenkreuz nicht mehr über Auschwitz, sondern klebt eher am Arm von Obersturmbannführer Kroenen, dem grotesken Steampunk-Nazizombie aus *Hellboy*. Diese Ikonisierung gibt aktuellen Filmschaffenden eigentlich nur noch die Möglichkeit der Subversion, in anderen Worten: Ordentlich auf die Kacke zu hauen, dass es spritzt:

Denken wir an den No-Budget-Studentenfilm *Der Goldene Nazivampir von Absam 2 – Das Geheimnis von Schloß Kottlitz* (2007), der genau so genialisch krude ist, wie sein Titel verheißt.

Denken wir an den deutlich teureren *Iron Sky* (2012), der geschickt auf den braun-esoterisch versponnenen Fantasien aufbaut, die im Beitrag von Hermann Ritter in diesem Band analysiert werden.

Denken wir auch an die australische Fernsehserie *Danger 5* (ab 2012). Die Abenteuer einer globalen Spezialeinheit im Kampf gegen Adolf Hitler im Zweiten Weltkrieg (Staffel 1) und in den 1980ern (nicht fragen ... Staffel 2) sind ausgesprochen unterhaltsam, voll großartiger Absurdität und groteskem Humor: Alleine die telepathisch fernkontrollierten Dinosaurier der zweiten Folge sind das Geld für die DVD wert. Aber so ganz befreit lacht es sich dann eben doch nicht, zurück bleibt der schale Geschmack von Verharmlosung, der burlesken Parodie von etwas, das diesen Mechanismen eigentlich enthoben sein sollte. Dazu kommt der leise Verdacht, dass auch solche Subversion bei Teilen des Publikums eher Affirmation bewirkt: Von »Cool, Nazis!« zu »Coole Nazis!« ist es manchmal nur ein kleiner Schritt. Nicht jeder hat die Verfilmung des selbst völlig ironiefrei säbelrasselnden Romans *Starship Troopers* (Buch 1959, Film 1997) als Parabel gesehen, als Militarismus- und Faschismuskritik.

Das geht besser.

4. Satirische Spitzen

An dem Punkt, wo der Spaß aufhört, beginnt der Humor.
– *Werner Finck*

Die eben erwähnten Werke sind in der Regel mit zwei Makeln versehen: Sie gehen mit den historisierenden Versatzstücken entweder oberflächlich-naiv um (siehe *Indiana Jones*), oder sie nutzen die Naziinszenierung zu komischer Brechung. Dabei brechen sie jedoch nicht die Ikonografie selbst, sondern nutzen diese, um etwas Drittes zu parodieren oder satirisch zu verfremden.

Parodie als komisch verzerrte Variation eines Vorlagentextes findet sich etwa bei *Danger 5*: Hier wird der Agententhriller mit all seinen Konventionen der Lächerlichkeit preisgegeben. Aber auch wenn Hitler eher als Wiedergänger von Mike Myers' Doctor Evil erscheint: Die Bildersprache des Dritten Reiches ist nicht Ziel, sondern Katalysator der Komik.

Satire als komisch verzerrte Variation eines außerliterarischen Missstandes findet sich etwa in *Starship Troopers*: Aber auch hier wird die Gesellschaftskritik nicht anhand, sondern mithilfe einer ungebrochenen Naziästhetik inszeniert.

Hier leistet ausgerechnet ein ausgesprochen fröhlich-krawalliges deutsches Buchreihenprojekt mehr: *T. N. T. Smith: Jäger der Unsterblichen*, 1998-2008 von Ronald M. Hahn und Horst Pukallus, den ehemaligen *enfants terribles* des bundesrepublikanischen Fandoms, veröffentlicht. In zwölf Bänden jagt der titelgebende Reporter Smith einer nationalsozialistisch-esoterisch abgefahrenen Kabale hinterher, die das Geheimnis der Unsterblichkeit bewahrt. Immer im Präsens hetzt Smith in der Erzählzeit von 1936-1945 durch die Zeitgeschichte, klappert alle einschlägigen mystischen Orte von Nepal bis Bagdad ab, wird Zeuge an vielen historischen Knotenpunkten – und vor allem lernt er meist unfreiwillig die Menschen hinter den Nazifassaden kennen. Dass dies meist in irgendeinem erotischen Abenteuer mündet – geschenkt. Hahn und Pukallus sind am Pulp geschult und geben Gas: Klischierte Charaktere werden eingeführt, kolportagehafte Elemente und obskure Anspielungen allenthalben. Aber sie erlauben überraschend oft einen tieferen Blick: Ihre Herrenmenschen entpuppen sich immer wieder als arme Würstchen, als verklemmte, sadomasochistische Spießer, aus vollem Halse auslachbar.

Der unumstrittene Meister dieser Kategorie ist und bleibt jedoch Norman Spinrad mit *The Iron Dream* (1972, dt. *Der stählerne Traum*), das hier trotzdem – oder gerade deshalb! – einen ausführlichen Blick verdient hat.

Denn schon die Anlage des Werks ist ziemlich vertrackt: Von den ca. 250 Druckseiten der aktuellen Ausgabe nimmt ein »Roman im Roman« etwa 220 ein – der Rest des Textes besteht aus einer fiktionalen Rahmung eben dieses Romans, aus Titelei und editorischem Nachwort. Und der Haupttext hat es in sich: Er stammt aus einem Paralleluniversum, in dem Adolf Hitler, so die »Autorenbiografie«, nach dem Ersten

Weltkrieg in die USA emigriert und sich dort als SF-Fan und Pulpillustrator im Fandom bleibenden Ruhm erwirbt. Zunehmend auch als Autor tätig, veröffentlicht er einige Romane und legt mit dem abgedruckten, posthum veröffentlichten Kurzroman sein literarisches Vermächtnis vor – eben *The Lord of the Swastika (Der Herr des Hakenkreuzes)*.

Schon bei den parodistischen Elementen beginnt der Genrefreund, unruhig auf seinem Stuhl zu rutschen. Denn formalstilistisch unterscheidet sich *Der Herr des Hakenkreuzes* nur wenig von den Science-Fantasy-Pulps des Golden Age: Eine postapokalyptische Welt voller sinistrer Mutanten, in der die letzte Bastion der Zivilisation zu degenerieren droht, wird von einem einsamen, strahlenden Helden nahezu im Alleingang gerettet und zur Keimzelle einer schönen, neuen Welt. Der Leser holpert sich durch eine Welt voll ungelenker Formulierungen, klischierter Schilderungen und kruder Handlungssprünge, die sich wie eine Bastardisierung der Fantasien von Howard bis Heinlein, der Abenteuer von *Buck Rogers* bis *Mad Max* anfühlt.

Denn – und hier kommt das kongenial satirische Moment – der ideologische Überbau ist einerseits lupenrein nationalsozialistisch, aber andererseits unangenehm anschlussfähig an die Übermenschen- und Allmachtsfantasien der oben Genannten: Adolf Hitlers *Herr des Hakenkreuzes*, dessen Name Feric Jaggar mit Leichtigkeit als »Eiserner Jäger« zu übertragen ist, trennt nicht allzu viel von der Selbstgerechtigkeit, Brutalität und Misogynie eines Conan, Hugh Farnham – oder eben Max Rockatansky.

Hier lebt sich der fiktive Hitler, ein bestenfalls mittelmäßiger Künstler, aus. Moral: Man kann den Führer aus Deutschland nehmen, aber nicht aus Adolf Hitler ... Dies wird besonders am Ende deutlich, als Jaggar nach dem fast vernichtenden Atomschlag der Zind (dem Untermenschenanalogon zur Sowjetunion) ein Weltraumprogramm verkündet, das das Universum mit Herrenmenschenklonen seiner selbst fluten soll:

> »So werden unsere Kolonien nicht untergehen, gleichgültig, welchen Arten von feindlichen Lebensformen sie sich unter fremden Sonnen gegenübersehen mö-

gen, denn die Männer, welche jene subhumanen Gräuel ausrotten werden, werden bestes, reinrassiges Menschenmaterial sein, geführt von meinen eigenen genetischen Ebenbildern! Es lebe Heldon! Es lebe das Hakenkreuz! Es lebe die Herrenrasse! Auf die Eroberung des Universums!«

Als das antwortende Erdbeben eines mehrfach wiederholten »Heil Jaggar!« jedes Luftmolekül erschütterte, begann der gewaltige Ring von SS-Truppen um die Rakete und Ferics Plattform zu paradieren, bei jedem Schritt die gestreckten Beine hochreißend und mit eisenbeschlagenen Stiefelabsätzen dermaßen auf den Boden schlagend, dass die Erde buchstäblich erzitterte. Schneller und schneller marschierten diese ausgezeichneten Männer in ihren engen schwarzen Lederuniformen, stießen die Stiefelspitzen immer höher, bis Plattform und Rakete von einem wirbelnden Kreis glatten schwarzen Leders umringt waren und das Universum vom Donner der Marschtritte widerhallte. [...]

Der rhythmische Donner und die Glorie des Augenblicks erzeugten in Feric eine unglaubliche rauschhafte Freude, deren Feuer jede Zelle seines Körpers durchströmte; sein Blut pochte im Rhythmus dieser machtvollen rassischen Demonstration durch seine Adern, schneller und schneller, bis es ihm endlich schien, er müsse vor Ekstase zerbersten und in tausend Stücke auseinanderfliegen.

In diesem entscheidenden Augenblick, als er die übernatürliche Freude nicht länger ertragen konnte, betätigte er einen kleinen Schalter.

Mit ohrenbetäubendem Brüllen schoss eine prächtige Woge orangegelber Flammenglut aus der Rakete. Jede Kehle in Heldon vereinigte sich mit Ferics in einem wortlosen Aufschrei begeisterten Triumphes, als die Saat des Hakenkreuzes auf einer Feuersäule emporstieg, die Sterne zu befruchten. (288 f.)

Es fällt schwer, diesen Text nicht als sublimierten kollektiven Orgasmus zu lesen: Immer schneller und schneller zucken die Massen an Lederjungs, bis schließlich die braune Saat machtvoll in den Kosmos ejakuliert wird.

Auch wenn das Ende dies auf die Spitze treibt: Phallische Bilder und pathetisch-präpubertäre Kameradschaftsideologie mit nur notdürftig halb verdrängten homoerotischen Untertönen durchziehen den Roman – das arme Würstchen fantasiert sich die Mutter aller Schwellkörper herbei.

Und entlarvt nebenbei sowohl die totalitäre Bildsprache als auch die nationalsozialistische Ideologie als Bombast der von Minderwertigkeitsgefühlen Gepeinigten. *Der Herr des Hakenkreuzes* ist *Mein Kampf* in Romanform – und spießt so nebenbei auch die unbestreitbare Tendenz zu faschistoiden Zügen in bestimmten Subgenres des Fantastischen auf.

Dass auch hier – analog zum oben erwähnten – eine gewisse Unschärfe in der Wahrnehmung bei literarisch eher unbedarften Geistern denkbar war, bewies der damalige niedersächsische Kultusminister Werner Remmers, auf dessen Antrag hin die deutsche Übersetzung des Romans 1982 wegen »Verherrlichung nationalsozialistischen Gedankenguts« indiziert wurde.

Der folgenden Klage des Heyne-Verlages wurde letztlich stattgegeben, die Indizierung des Romans 1985 wieder aufgehoben. Diesem Prozess verdanken wir aber wiederum ein literarisches Kleinod: die abschließende Urteilsbegründung des Bundesverwaltungsgerichtes von 1987. Dieser beanstandet nämlich juristisch wie literarisch ausgesprochen spitzfindig die einzelnen Teilbegründungen der Bundesprüfstelle für jugendgefährdende Schriften (BpjS – heute ausgeweitet auf Medien als BPjM). So hatte diese etwa dem Roman jeglichen Kunstcharakter abgesprochen, indem sie feststellte, dass

> der indizierte Roman keine Kunst von Niveau [...] darstelle, dass er – zumindest für Jugendliche – nicht als Satire erkennbar sei und dass der Autor selbst den Roman im Nachwort als »ziemlich kunstlos geschriebenen Science-Fantasy-Roman« bezeichne. (zit. nach BVerwG, Az.: 1 C 16.86)

In anderen Worten, sie hatte nichts verstanden. Wie erfrischend dazu die großartige Entgegnung des Bundesverwaltungsgerichtes: »Eindeutig satirische Züge eines Romans mögen auf Kunst hindeuten, ihr Fehlen lässt aber noch nicht auf mangelnde Kunstqualität schließen« (ebd.). Sprich: Künstlerische Freiheit besteht auch darin, Adolf Hitler einen schlechten Roman schreiben zu lassen – und auf den Leser zu vertrauen, dies als solches zu erkennen.

Offenbar mochte Norman Spinrad selbst nicht allen Lesern diese Kompetenz gleichermaßen zugestehen, weshalb er – eindeutig als Teil des *Stählernen Traums* zu erkennen – dem Binnenroman ein metafiktionales Nachwort zur Seite stellte. Darin stellt ein Literaturkritiker aus demselben Universum wie Romanautor Hitler dem *Herrn des Hakenkreuzes* ein vernichtendes Zeugnis aus, demontiert die Naziideologie lustvoll und dekonstruiert sie als »eine einzigartige Kombination von politischer Wunscherfüllungsfantasie, pathologischem Fetischismus und phallischer Besessenheit« (301). In ihrem Schöpfer könne man dabei

> einen seltsamen, krankhaften und völlig fremdartigen Geist [...] beobachten, der sich unbewusst unter der bizarren Selbsttäuschung, seine gewalttätigen und perversen Impulse seien nicht etwa ein Anlass zur Scham, sondern im Gegenteil edle und erhebende Prinzipien, in rechtschaffener Weise hochgehalten von der Mehrzahl aller Menschen, zur Schau stellt. (ebd.)

Mehr muss man zu Hitler nicht sagen, in keinem Universum ...

5. Was bleibt?

Ven der Fuehrer says, »Ve ist der Master Race«, ve *Heil!* *raspberry* *Heil!* *raspberry* right in der Fuehrer's face! Not to love der Fuehrer is a great disgrace, So ve *Heil!* *raspberry* *Heil!* *raspberry* right in der Fuehrer's face!
– aus Spike Jones' Propagandacartoon *Der Fuehrer's Face* (1943)

So viele Geschichten hätten hier noch ihren Platz: Thomas Ziegler (d. i. Rainer Zubeil) erzählt in *Stimmen der Nacht* (1984/93) von der Atombombe über Berlin, die einen deutschnationalen Massenexodus nach Südamerika auslöst, wo das nationalsozialistische Wirtschaftswunderland »Deutsch-Amerika« entsteht. Éric-Emmanuel Schmitt gönnt in *La Part de l'autre* (2001, dt. *Adolf H. Zwei Leben*) dem jungen Hitler eine ordentliche Psychotherapie, die ihm wiederum eine pazifistische Künstlerkarriere beschert. In Stephen Frys *Making History* (1996, dt. *Geschichte machen*) muss der Protagonist erkennen, dass er, als er die Zeugung Hitlers verhindert, die Welt zu einem noch schlimmeren Ort gemacht hat.

Aber auch so scheint am Ende dieser kleinen Zusammenschau unbestreitbar, dass von Hakenkreuz und Doppelrune immer noch eine ungeheure Faszination ausgeht. Die Frage ist vielmehr, welcher Qualität diese ist: Von der weitestgehend unkritischen Fetischisierung über die naive Geschichtsklitterung bis zur Subversion des unheimlich funkelnden Glanzes des Bösen ist alles dabei und denkbar.

Den meisten Texten scheint dabei gemeinsam, dass sie weitgehend an der Oberfläche bleiben, einen mehr oder weniger wohligen Grusel evozieren wollen – oder rein individuelle Schuldverstrickungen schildern. Was dabei weitgehend ausgespart bleibt, sind die grauenhaften Verbrechen an der Menschlichkeit, die doch das Singuläre der nationalsozialistischen Ideologie ausmachen.

Offensichtlich muss Auschwitz in einem letztlich doch auch der Unterhaltung verhafteten literarischen Genre Leerstelle bleiben: Bei Indiana Jones fernab des Kostümkarnevals, bei Spinrad ideologisch impliziert, bei Harris unangenehm zum McGuffin instrumentalisiert. Diejenigen Texte, die den hohlen Popanz nationalsozialistischen Herrenmenschendenkens wirklich entlarven, finden auch hier bestenfalls Bilder individueller Perversion.

Bleibt eine letzte Frage: Was können diese Romane – neben dem zweifellos vorhandenen Wert als unterhaltende Literatur – leisten? Es wäre sicherlich maßlos übertrieben, durchgehend eine politisch-pädagogische Funktion zu unterstellen, hier wären gerade die Texte des Exkurses eher kontraproduktiv. Aber viele, man könnte sagen: die besseren Romane arbeiten sich doch genau daran ab, stellen die eine, richtige Frage, nämlich nicht »Wie schaut diese Welt aus?«, sondern: »Wer lebt wie in ihr?«

Und das macht sie zu Science-Fiction im Sinne der Einleitung, zur merrilschen »hypothesis-and-paper«-Versuchsanordnung. Ihr »Was wäre, wenn?« erschöpft sich eben nicht im »Was wäre, wenn der orwellsche Stiefel im Gesicht der Menschheit ein Knobelbecher ist?« oder »Was wäre, wenn die deutsche Siegesparade vor dem Weißen Haus abgehalten wird?«.

Vielmehr schält sich in allen historischen Permutationen eine Konstante heraus – und das ist, einmal mehr, der Mensch. In all seiner Großartigkeit und Niedertracht, in Selbstlosigkeit und Egoismus, in Großmut und Kleingeist. In jedem der Universen finden sich Kriegsgewinnler, Heuchler und Sadisten – aber auch Widerständler, Querdenker und Revolutionäre.

Damit lässt sich das alte leibnizsche Diktum von unserer Welt als der »besten aller möglichen Welten« mit Shakespeares *Sturm* auf den Kopf stellen: Es gibt wohl keine Welt, egal, wie verquer und finster sie ist, die nicht auch großartige Menschen trägt.

Hoffen wir das Beste.

Literatur

Primärtexte

Basil, Otto. *Wenn das der Führer wüsste!*. München: Moewig, 1981 (OA 1966).
Boam, Jeffrey. *Indiana Jones And the Last Crusade*. zit. nach www.dailyscript.com/scripts/indiana-jones-and-the-last-crusade.pdf. Eingesehen am 1.3.2015 (OA 1989).
Deighton, Len. *SS-GB*. London: HarperCollins, 1987.
Hahn, Ronald M. und Horst Pukallus. *T. N. T. Smith – Der Jäger der Unsterblichen*. Zwölfteilige Romanreihe. Bd. 1–7 Windeck: Blitz, 1998–2001. Bd. 8–12 Kerpen: Romantruhe, 2008.

Harris, Robert. *Vaterland*. München: Heyne, 1994.
Henkel, Oliver. *Im Jahre Ragnarök*. Stolberg: Atlantis, 2009.
Spinrad, Norman. *The Iron Dream*. München: Heyne, 1981 (OA 1972).

Sekundärliteratur

Bundesverwaltungsgericht. *Beurteilungsspielraum der Bundesprüfstelle und Kunstvorbehalt*. Urteil vom 3.3.1987, Az. 1 C 16.86., zitiert nach technolex.de/bverwg-beurteilungsspiel raum-der-bundesprufstelle-und-kunstvorbehalt/#more-510.
Dillinger, Johannes. Uchronie: Ungeschehene Geschichte von der Antike bis zum Steampunk. Paderborn: Schöningh, 2015.
Hermand, Jost. *Der alte Traum vom neuen Reich: Völkische Utopien und Nationalsozialismus*. Frankfurt: Athenäum, 1988.
von Peschke, Hans-Peter. *Was wäre wenn: Alternative Geschichte*. Darmstadt: Theiss, 2014.
Rosenfeld, Gavriel. *The World Hitler Never Made: Alternate History and the Memory of Nazism*. Cambridge: UP, 2011 (2005).

Dr. Johannes Rüster ist mit Perry Rhodan, Captain Kirk und Granny Weatherwax, mit John Hughes' *L.I.S.A* und Disneys *Condorman* aufgewachsen und lebt heute vor einem Bildschirm in Nürnberg.

Nach dem Studium der Anglistik und evangelischer Theologie promovierte er über »Gottesbilder in der englischsprachigen Fantasy und Science Fiction«. Er arbeitet als Lehrer, Literaturwissenschaftler und Journalist. Zur Mitarbeit an diesem Band hat ihn seine lebenslange Begeisterung für die Fantastik im Allgemeinen und sein Interesse für deren Interaktion mit Religionen und Ideologien im Speziellen geführt. Darüber hinaus beschäftigt er sich vorwiegend mit Kinder- und Jugendliteratur, Comics sowie Fragen der Religions- und Literaturdidaktik. Zu diesen Themen zahlreiche Veröffentlichungen, Vorträge und Seminare.

Dierk Spreen
Rechtsextreme Populärkultur
Zum mediensoziologischen und medienethischen Verständnis der Print-Science-Fiction-Serie »Stahlfront«[1]

Ende 2007 startete unter dem Titel *Stahlfront* eine neue Science-Fiction-Serie im Hardcoverformat, die im SF-Fandom sogleich eine heftige Diskussion auslöste. Der Serie wurden rechtes Gedankengut, Gewaltverherrlichung, Rassismus und Sexismus vorgeworfen. Auf Antrag des Jugendamts Barnim hat die Bundesprüfstelle für jugendgefährdende Medien 2009 die ersten drei Bände der Serie indiziert, eine Klage des Verlegers vor dem Verwaltungsgericht Köln wurde abgewiesen.[2] Aber ist *Stahlfront* tatsächlich als eine rechtsextreme SF-Serie zu betrachten oder handelt es sich einfach nur um eine etwas provokant aufgezogene Form trivialer Unterhaltungsliteratur? Ist der Rückgriff auf neonazistische Mythen nur ein Marketingtrick, um in einer permissiven Massenkultur Aufmerksamkeit zu provozieren und Kasse zu machen? Oder handelt es sich bei der Serie um ein Akquisemittel, das Rechtsextremen dazu dient, SF-Leser und insbesondere Jugendliche in ihren ideologischen Bannkreis zu ziehen?

Solche Fragen geben genügend Anlass, die Serie *Stahlfront* einer systematischen Inhaltsanalyse und medienethischen Bewertung zu unterziehen. Im Mittelpunkt der folgenden Analyse steht zunächst die Frage, inwiefern in der Serie ein rechtsextremes Weltbild zum Ausdruck kommt. Dazu werden vier ideologische Dimensionen untersucht: erstens Wehrmachts- und Nazimythologie, zweitens Gewaltaffirmation, drittens Rassismus und viertens nationalistische Kollektivsymbolik. Da sich die Ausgangsvermutung, dass in der Serie rechtsextremes Gedankengut popularisiert wird, bestätigt, stellt sich die Frage, wie sie unter medienethischen Gesichtspunkten zu bewerten ist. Ich beschränke mich dabei auf die

Frage der Gewaltdarstellung und greife dafür weitgehend auf das Modell medienethischer Grundnormen zurück, das Thomas Hausmanninger und Thomas Bohrmann in Bezug auf gewalthaltige Filme entwickelt haben (Hausmanninger/Bohrmann 2002). Die dort formulierten allgemeinen Grundsätze lassen sich auch auf schriftliche Unterhaltungsmedien beziehen, insofern die Differenz der Medien ausreichend berücksichtigt wird. Die Analyse kommt dabei zu dem Schluss, dass die Serie unter medienethischen Aspekten als hochproblematisch anzusehen ist.

Zunächst ist es aber sinnvoll, die Rahmenhandlung der Serie zu skizzieren sowie Autor, Verlag und die (inzwischen abgeschaltete) Webseite zur Serie vorzustellen.

Rahmenhandlung

Der Handlungshintergrund der Serie ist rasch erzählt[3]: Die Erde wird von außerirdischen Intelligenzen, den sogenannten »AIn«, bedroht; ihnen ist es bereits gelungen, unter den Menschen eine fünfte Kolonne zu rekrutieren. Gegen die biologischen Hirnimplantate der AIns sind nur Menschen arischer Abstammung immun. Aus dem arischen Genpool speisen sich die »Thule-Truppen« (kurz: »TT«), die von ihrem antarktischen Großstützpunkt »Neuschwabenland« aus den Widerstand gegen die außerirdische Weltverschwörung organisieren. Wissenschaftler und Angehörige der Waffen-SS hatten der Serienhandlung nach im Jahr 1938 eine Hohlwelt in der Antarktis entdeckt, in der sie auch außerirdische Hochtech-

---

1   Der Beitrag erschien zuerst in *Das Science Fiction Jahr 2009*, hrsg. von Sascha Mamczak und Wolfgang Jeschke (Heyne-Verlag), und wurde für den Wiederabdruck ergänzt und überarbeitet. Insbesondere wurde das Schlusskapitel über die Diskursstrategie des *Unitall*-Verlegers hinzugefügt.
2   VG Köln, 11.10.2011 – 22 K 3221/09. Im Hinblick auf im Internet geäußerte Vermutungen basiert der vorliegende Text nicht auf einem Gutachten, das der Autor für Dritte erstellt hätte. Die Initiative des Jugendamtes Barnim sowie die Entscheidungen der Bundesprüfstelle und des Verwaltungsgerichts Köln stehen mit den folgenden mediensoziologischen und medienethischen Überlegungen in keinem direkten Zusammenhang.
3   Ich beschränke mich hierbei im Wesentlichen auf die beiden ersten Bände.

4   www.stahlfront.de/daten/me-1090-libelle-3.html, geöffnet am 28.02.2009.

nologie fanden. Rechtzeitig vor dem Ende des Krieges gelang es Himmler, Wissenschaftler und Soldaten der Wehrmacht und der Waffen-SS in die Antarktis zu verfrachten. Diese Verbände bilden nun den Kern einer neuen Wehrmacht, die im Geheimen die Menschheit gegen die Außerirdischen und ihre »nichtarischen« Handlanger verteidigt.

Im ersten Band bleiben die Thuletruppen noch im Verborgenen. Der Band führt in die Serie ein und stellt die wesentlichen Personen vor. Das »Reich Thule« stellt demnach ein streng militärisch gegliedertes System dar, das von einem »Thulemarschall« geführt wird, den die Generalfeldmarschälle gewählt haben. Im Thulereich und seiner Hauptstadt »Neu-Berlin« herrscht der permanente Ausnahmezustand (Kriegsrecht). Dank seiner Wissenschaftler und der außerirdischen Beutetechnik verfügt Neu-Berlin über fortgeschrittene Waffensysteme, die in der Serie ausführlich vorgestellt werden. Die Webseite bot zu jedem Waffensystem ausführliche technische Daten an, so etwa für die »Messerschmitt Me 1090 Libelle«, ein »kleiner Kurzstreckenhochleistungsjäger, gebaut um ein Triebwerk Junkers Jumo 1014 und eine Gustloff HF 21 (2000 Schuss) als Hauptwaffe. Zusätzlich vier vollautomatische Kurzstrecken-Luft-Luft-Raketen Max X mit Geräuschsuchkopf an Trägern auf den Flügeln«.[4]

Natürlich fehlt auch nicht die mythische Geheimwaffe des Dritten Reiches, die »Reichsflugscheibe«. In okkulten Nazizirkeln und auf UFO-Seiten im Internet wird der Mythos der angeblichen »Hauneburg-Geräte« immer wieder aufgefrischt und weiter gestrickt. *Stahlfront* greift diesen Mythos auf und schreibt ihn fort: Die Flugscheiben der älteren Baureihe FS-I 24 werden von »Walther-Aggregaten« betrieben, während die neuen Scheiben vom Typ FS-II 24 bereits mit Atomreaktoren betrieben werden (s. Abb. auf S. 164).

Der erste Band beginnt mit einem düsteren Bericht aus der multikulturellen Gesellschaft und setzt schon auf den ersten Seiten klare politische Duftmarken: An einem Frühlingstag im Jahr 2010 ist der Verfassungsschutzagent Magnus Wittmann – eine der Hauptpersonen der Romanserie – nach Feierabend zu Fuß auf dem Heimweg in Berlin. Ihm wird mulmig: »Je tiefer er nach Kreuzberg hineingelangte, umso mehr veränderte sich das Straßenbild. Unter all den dunkelhäutigen Gestalten kam sich Wittmann wie ein Fremder vor.« (Chaines 2007: 8) Auf der Höhe des Landwehrkanals stellen sich ihm fünf ausländisch anmutende Jugendliche mit Messern bewaffnet in den Weg. Der ehemalige KSK-Soldat weiß sich zu verteidigen, muss sich anschließend aber karrierehungriger Polizisten erwehren, die ihn wegen Körperverletzung aus ausländerfeindlichen Motiven verhaften wollen. Skizziert wird das Bild eines überfremdeten Landes, in dem sich Ausländer alles erlauben können und dabei von den Organen der Staatsmacht unterstützt werden.

Bereits der Name des zu Beginn eingeführten Romanhelden – Magnus (lateinisch »der Große«) Wittmann – zwinkert dem eingeweihten Leser zu: Michael Wittmann war Hauptsturmführer des 1. SS-Panzerkorps und griff am 13. Juni 1944 in der Normandie mit seinem »Tiger« erfolgreich eine ganze britische Panzerkompanie an. Heute ist Wittmann ein Idol in der rechten Szene. Natürlich kann seine »Heldengeschichte« auch im *Landser* nachgelesen werden. Im Verlauf der Handlung des ersten Bandes kommt Wittmann hinter die Alienverschwörung, verlässt den Verfassungsschutz und wechselt nach Thule, wo er sich endlich nicht mehr als Fremder fühlen muss.

Im ersten Band erfährt der Leser zudem auch die Hintergründe des amerikanisch-chinesischen Krieges. Da die AIn biologisch gegen Kohlendioxid empfindlich sind, attackieren die USA den größten CO_2-Produzenten: China.

> »Wer, meinen Sie, steckt denn hinter dieser weltweiten Klimahysterie? Kaum hatten die AIn ihre schleimigen Füße auf unsere Welt gesetzt, schossen überall die Umweltgruppen wie Pilze aus dem Boden. Die haben alles versucht, um unsere Industrie zurückzustutzen. Anfangs blieben die Vorwürfe noch ganz allgemein, die AIn-Lakaien setzten sich ein gegen Umweltverschmutzung und für eine saubere Luft. Ihr erster großer Angriff auf unsere Welt war ihre Kampagne zur Einführung des Katalysators bei Autos. [...] Und als die Industrie ungehemmt weiter wuchs, blieb den AIn

nichts anderes mehr übrig, als ihre wahren Ziele zu enthüllen und unverhohlen für eine Senkung des Kohlendioxidgehalts der Atmosphäre einzutreten, obwohl CO_2 ebenso harm- wie wirkungslos auf das Klima ist.« (Chaines 2007: 125 f., vgl. Chaines 2008a: 153)

Im zweiten Band tritt Thule an die Öffentlichkeit. Neu-Berlin erhält Informationen von der US-Regierung und von der deutschen Bundeskanzlerin, wonach die AIn die britische Wiederaufbereitungsanlage in Sellafield übernommen hätten und planen würden, Plutonium freizusetzen: »Ziel der Aktion ist die Vernichtung der gegen AIn-Implantate resistenten arischen Bevölkerung Skandinaviens und Mitteleuropas.« (Chaines 2008a: 29) Im Laufe des Romans wird dann in epischer Breite die »Operation Reinemachen« geschildert. Für die Handlungsträger ein innerer Reichsparteitag: »Zum ersten Mal in der Geschichte der Menschheit würden deutsche Kampfpanzer über englischen Boden rollen.« (Chaines 2008a: 91)

Die Geschichte um Sellafield entpuppt sich als eine Falle. Die Thuletruppen sollten vernichtet werden, aber sie können sich natürlich dank ihrer überlegenen Technologie absetzen und zu ihrem Stealth-Trägerschiff, der »TS Hindenburg«, zurückkehren. Zurück bleiben geschlagene NATO-Verbände.

Autor, Verlag und Webseite

Der Autor von *Stahlfront*, Torn Chaines, soll ein ehemaliger amerikanischer Literaturprofessor sein. Eine Webrecherche ergibt allerdings an keinem amerikanischen Institut für Literaturwissenschaft einen Treffer zu einem Emeritus mit diesem Namen. Da es unter deutschen Science-Fiction-Autoren Tradition ist, die eigenen Werke unter amerikanisch klingenden Pseudonymen herauszubringen, ist dies vermutlich auch hier der Fall. Ist der ungewöhnliche Name zugleich ein Programm? Sollen die Ketten des »politisch korrekten« Schreibens zerrissen werden?

Der Verleger der Serie, Hansjoachim Bernt, ist Eigentümer des Science-Fiction-Versandhandels *HJB* (für *H*ansjoachim *B*ernt) aus Radolfzell und Geschäftsführer des Schweizer *Unit-*

all-Verlags. Das Namenskürzel klingt bereits, als sei es der Abkürzungsmanie der *Lingua Tertii Imperii* entsprungen.

Eine Ursache für das Erscheinen der Serie, so Insider der SF-Szene, seien Absatzschwierigkeiten der *Ren-Dhark*-Romane gewesen, einer traditionsreichen Serie aus den 60er Jahren, die von Bernt seit einigen Jahren in Hardcover-Form fortgeführt wurde. Der Verleger habe genau kalkuliert und nehme den Verlust von Kunden, die mit neobraunem Geraune nichts anfangen können, bewusst in Kauf. Dies legt natürlich die These nahe, dass hier mit rechtsextremem Gedankengut ein schneller Euro gemacht werden soll. Dieses Motiv kann allerdings nicht als entlastendes Argument dienen, sollten sich die naheliegenden Vermutungen bestätigen, dass der Serie ein rechtsextremes Weltbild zugrunde liegt. Der Webseite des Verlags war zu entnehmen, dass die Startauflage des vierten Bandes höher ist als die *Ren-Dhark*-Auflagen.

Auf der Webseite zu *Stahlfront* (www.stahlfront.de) wurden kurze Informationen zum Handlungshintergrund, Daten zu den in der Serie verwendeten Technologien, Hinweise auf Rezensionen und Informationen zum Autor angeboten. Die Hauptseite (»Home«) war in erster Linie eine Werbeoberfläche, in der damit geworben wurde, dass die Serie gegen die »politische Korrektheit« verstoße:

---

5 www.stahlfront.de/index.html, geöffnet am 18.02.2009. Inzwischen ist die Seite abgeschaltet; Inhalte sind teilweise über das Internetarchiv »Wayback Machine« (www.waybackmachine.org) abrufbar.

6 Etwa kommentiert er unter der Überschrift »Frauen in der Politik« die Wahl Sarah Palins als republikanische Kandidatin für das Amt des US-amerikanischen Vizepräsidenten: »Ich halte die heute von allen Seiten propagierte ›Emanzipation der Frau‹ für eine Vergewaltigung der Natur des Menschen. Aber gerade als Mann bin ich klug genug zu erkennen, dass es keine Regel ohne Ausnahme gibt. Eine solche Ausnahme könnte Sarah Palin sein, die republikanische Kandidatin für den Posten des Vizepräsidenten. [...] Gouverneur Palin [...] ist anders: für das verfassungsmäßige Recht auf Waffenbesitz, gegen Abtreibung, gegen Homo-Ehen und den linksradikalen Sozial- und Umverteilungsstaat, für niedrige Steuern und ein starkes Amerika. Das ist eine Frau nach meinem Geschmack – und obendrein ist sie auch noch jung und sieht verdammt gut aus.« (www.stahlfront.de/blog/frauen-in-der-politik.html, geöffnet am 24.02.2009)

»Stahlfront ist die neue SF-Military-Serie des Amerikaners Torn Chaines, der in den USA keinen Verlag für sein Werk fand. Weshalb das so ist, werden Sie wissen, wenn Sie dieses Buch gelesen haben ...«[5]

Verlinkt wurden *YouTube*-Werbevideos zur Serie, Rezensionen (auch kritische) und Merchandisingangebote. Außerdem verlieh der Herausgeber seiner Serie ein eigenes Prädikat, in dem *Stahlfront* als »pädagogisch wertvoll« bezeichnet wird. Den Informationen zum Autor waren ein Interview und diverse Kommentare des Autors zu Kritiken und zum politischen Zeitgeschehen beigegeben.[6]

Der politisch-ideologische Hintergrund von »Stahlfront«

Zur Begriffsbestimmung von »Rechtsextremismus«

Die Definition von Rechtsextremismus ist nicht einheitlich, was mit unterschiedlichen Forschungsinteressen, aber auch mit dem Wandel des Phänomens selbst zu tun hat. Insbesondere im Rahmen empirischer Forschung wird er meistens durch ein Bündel verschiedener Merkmale definiert, die sich einigermaßen unproblematisch mit Fragebögen erheben lassen. Angeführt werden unter anderem: Dogmatismus, Freund-Feind-Stereotype, Verschwörungstheorien, Antisemitismus, Ausländerfeindlichkeit und Rassismus, Fanatismus, Aktivismus, Nationalismus und Kollektivdenken, Streben nach ethnischer Homogenität, positive Wertschätzung von Nationalsozialismus und autoritärem Staat, Ablehnung der Grundlagen des demokratischen Verfassungsstaates, Verharmlosung der NS-Vergangenheit, germanische Mythologie (Gessenharter 1998: 32, 39 f.; Jaschke 2001: 30; Klump 2001). Wolfgang Gessenharter macht auf die diffusen Grenzen des Rechtsextremismus aufmerksam: Jenseits des juristischen Normenbereichs sind diese nicht so klar zu bestimmen, »weil die jeweiligen Grenzen, ab denen sich Menschen oder Organisationen ›außerhalb‹ des gesellschaftlich-politischen Normbereichs befinden, also ›extrem‹ sind, oft gar nicht absolut zu ziehen sind, sondern nur relativ, nämlich bezogen auf die ›Randlage‹ in einer bestimmten Population.« (Gessenharter 1998: 33)

Um dieser Fluidität des Rechtsextremismusphänomens gerecht zu werden, haben Gessenharter und andere vorgeschlagen, Rechtsextremismus als eine soziale Bewegung zu verstehen. Auf der strukturellen Ebene kann man demnach zwischen Bewegungseliten (z. B. die intellektuelle Neue Rechte), Basisaktivisten (in Parteien oder Organisationen), Unterstützern (Gewalt-, dabei u. a. Skinheadszene) und Sympathisanten (z. B. rechtes Wählerpotenzial) unterscheiden. Inwieweit innerhalb des gesamten rechten Lagers wirksame Vernetzungen vorliegen, ist dabei im Einzelnen zu untersuchen. »Von besonderem Interesse wird hierbei die Kenntnis darüber sein, ob es innerhalb dieses Lagers tatsächlich gemeinsame Ziele gibt, wie der *ideologische Rahmen* (›frame‹) sich darstellt, wie einheitlich er ist, wie er sich entwickelt und welche Personen bzw. Gruppen beim ›framing‹ die führende Rolle spielen.« (Gessenharter 1998: 36 f.) Besonders wichtig ist aus dieser Sicht daher auch der kulturelle und gesellschaftliche Kontext, der zu ideologischen Verschiebungen und zu Verschleierungen führt. So kann nach Auschwitz nicht ungebrochen an den Nationalsozialismus angeschlossen werden, wenn der Kontakt zur umgebenden Kultur, die auf einem zivilen und demokratisch-republikanischen Konsens beruht, nicht gänzlich verloren gehen soll. Zudem erzwingen die Schutzinstitutionen und Rechtsmittel der streitbaren Demokratie eine ideologische Mimikry (Gessenharter 1998: 30, 37).

Ein »verdichtetes« Verständnis des Rechtsextremismus als sozialer Bewegung, vernetzter Szene und politischem Lager kann allerdings dazu führen, dass die Beziehungen zwischen Rechtsextremismus und politischer Mitte nicht ausreichend beachtet werden. Rechtsextremismus erscheint dann in der Konsequenz als ein Randproblem (Ecarius et al. 2011: 199).

---

7 Aus einer normalismuskritischen Position heraus gilt das erst recht, da das gesellschaftlich und kulturell Normale immer schon mit den Extremen in inniger Beziehung steht. In der gegenwärtigen »flexibel-normalistischen« Kulturordnung bildet das »Abnormale« die Bezugsgrenzen des »Normalen« und ist damit Moment des kulturellen Gesamtfeldes (vgl. Link 1998).

Aber allein schon die Tatsache, dass diese soziale Bewegung an normale populär- und jugendkulturelle Formen anknüpft, zeigt, dass eine klare Trennung von »Extrem« und »Mitte« dem Phänomen nicht gerecht wird.[7]

Ein wichtiger Aspekt der zeitgenössischen rechtsextremen Bewegung ist die Bedeutung populärer Kulturformen und entsprechender Medien. Als soziale Bewegung ist der Rechtsextremismus weder ideologisch noch organisatorisch kohärent, sodass die sub- und populärkulturelle Dimension sogar als bedeutsamer identitätsstiftender Faktor angesehen werden muss. Das politische Selbstverständnis vieler Rechtsextremer formt sich im Konsum spezifischer populärkultureller Medienangebote (Bundesamt für Verfassungsschutz 2007: 7 f.). Diese Dimension beschränkt sich nicht länger auf Rechtsrock, »Neue Deutsche Härte« oder Skinhead-Bands, sondern greift offenbar auf andere populäre Genres wie die Science-Fiction über.

Aus der Perspektive der Bewegungseliten erscheint die zunehmende Bedeutung der populärkulturellen Dimension wiederum nur wünschenswert: Populärkulturelle Angebote dienen erstens der Rekrutierung neuer Anhänger im diffusen Motivations- und Bedürfnisfeld der Jugend- und Populärkultur. Seit Beginn der 1990er Jahre zeichnet sich eine Diskursstrategie ab, die bestimmte Sozialgruppen gezielt durch zugeschnittene Medien anspricht (Jäger 1989). Serien wie *Stahlfront* adressieren dabei männliche Jugendliche und die SF-Szene.

Zweitens hat das »Einsickern« rechtsextremer Unterhaltungsangebote in populäre Medienformate – wie etwa Science-Fiction – eine Normalisierung neu- und extremrechter Positionen im öffentlichen Diskurs zur Folge. Insbesondere kommt solchen rechten Angeboten eine »Fährenfunktion« zu, d. h. sie transportieren neurechte und rechtsextreme Ideologeme in den jeweiligen populärkulturellen Bereich hinein und versuchen so, diese Ideologeme in den Köpfen zu verankern (Jäger 1989). Sie sind also »diskursstrategischer Natur« (Ecarius et al. 2011: 201 f.).

Um wirkungsbehindernde Indizierungen zu vermeiden und kulturelle Anschlussfähigkeit herzustellen, werden drittens

Verfahren der ideologischen Mimikry angewandt. Rechtsextremistische Musiker und Bands »bemühen sich, überwiegend Liedtexte unterhalb der Schwelle der Strafbarkeit zu veröffentlichen und lassen sie vor der Produktion häufig anwaltlich prüfen«. (Bundesamt für Verfassungsschutz 2007: 10) Das gilt auch für *Stahlfront*. Dass die Romane anwaltlich begutachtet wurden, ist in jedem Buch extra vermerkt.[8]

Methodologische Bemerkungen

Zunächst ist die rechtsextreme Bewegung ein Markt. Um diesen zu erschließen, muss die Serie an das ideologische *framing* dieser sozialen Bewegung andocken. Sie muss also Zeichen setzen, die von einer rechtsextrem oder neurechts eingestellten Kundschaft als »richtig« interpretiert werden können.[9] Es bietet sich daher an, in dieser Hinsicht wichtige ideologische Topoi der Serie herauszuarbeiten.

Zu beachten sind dabei allerdings auch die Eigenheiten der Populär- bzw. Jugendkultur. Schließlich handelt es sich bei *Stahlfront* formal um ein Unterhaltungsformat, von dem Entspannung und Zerstreuung erwartet werden, und nicht um ein politisches Programm oder den »ernsthaften« Entwurf einer rechten Weltanschauung. Jugendkulturen wiederum schließen Protest- und Devianzcodes ein, die für die individualisierende Sozialisation wichtig sind. Diese Codes werden bei *Stahlfront* sowohl durch provokative rechte Inhalte als auch durch eine entsprechende Bewerbung angesprochen. Die auf der Webseite verlinkten kritischen Rezensionen sollten vor allem dazu dienen, den Verstoß gegen angebliche Denkverbote zu belegen. Sie dienten darüber hinaus als Folie für die ebenfalls ausführlich dokumentierte Gegenpolemik des Autors und des Verlegers, die nach dem Motto »Gesicht zeigen gegen links!«[10] verfuhr.

Weiterhin zu berücksichtigen sind genrespezifische Aspekte der Science-Fiction-Paraliteratur.[11] Paraliterarische Science-Fiction ist ein erkennbar artifizielles Gedankenexperiment mit Unterhaltungscharakter (Spreen 2008). Sowohl Populär- und Jugendkultur als auch das SF-Unterhaltungsgenre stellen wiederum einen Markt dar, der angesprochen werden kann (und wird), dessen Bedürfnis- und Nachfragestruktur aber nicht durch rechtsextreme Weltanschauungen strukturiert wird und von daher zu Anpassungsleistungen und Mimikry nötigt.

Bei der Einschätzung des jugendgefährdenden Potenzials rechtsextremer Unterhaltung sollte berücksichtigt werden, dass unter Jugendlichen radikale rechte Gesinnungen inzwischen verbreitet sind. Nach einer Studie des Bundesinnenministeriums zeigen 14,4 Prozent der befragten Jugendlichen sehr ausländerfeindliche Einstellungen, 26,2 Prozent äußern sich immerhin noch eher ausländerfeindlich. 5,2 Prozent der Jugendlichen sind als eindeutig rechtsextrem einzustufen, 4,3 Prozent äußern sich zudem stark antisemitisch (Baier et al. 2009). Für rechtsextrem ausgerichtete Unterhaltungsformate gibt es also ein nicht unerhebliches Bedürfnisfeld im Bereich der Jugendkultur. Rechtsextreme Science-Fiction stützt diese Gesinnungsstruktur und leistet damit keinen medienpädagogisch wünschenswerten Beitrag, der die eigenständige Gestaltung eines guten und gelingenden Lebens unterstützen sollte.

Weil hier in erster Line ein ideologiekritischer Zugang gewählt wird, muss auf die Grenzen dieser Methode hingewiesen werden. Ideologiekritische Lektüren gehen häufig davon aus, dass sich die herausgearbeitete »Ideologie« im subjektiven Bewusstsein der Leserschaft mehr oder weniger direkt abbil-

---

8   Ob die Behauptung einer Begutachtung durch den Verleger einen realen Hintergrund hat, steht allerdings auf einem anderen Blatt. Sollte sie stimmen, war zumindest der Anwalt schlecht, da die Serie schließlich als jugendgefährdend indiziert wurde.
9   Die Frage, ob die Neue Rechte als rechtsextrem einzuschätzen ist oder nur ein Scharnier zwischen rechtsextremen Diskursen und dem normalen Konservatismus bildet, kann hier nicht behandelt werden (vgl. Pfahl-Traughber 1998).
10 Torn Chaines: Die Hetze wird immer widerlicher, www.stahlfront.de/blog/hetze-wird-immer-widerlicher.html, geöffnet am 17.02.2009.
11 »Paraliteratur ist gesellschaftlich nicht anerkannte Literatur.« Paraliteratur zeichnet sich unter anderem durch ihre Unterhaltungsfunktion, ihre industrielle Herstellung, die Orientierung am Markt, leichte Zugänglichkeit durch Verkauf an Kiosken oder im Bahnhofsbuchhandel und durch einfache Textstrukturen aus (Stache 2002: 20 f.).

det. Demgegenüber ist jedoch die jeweils spezifisch subjektive Aneignungsweise des Textes durch die Leser zu beachten. Diese folgen jeweils ihren produktiven Lektüren, d. h. sie verdoppeln nicht einfach eine Sinnstruktur oder Ideologie, sondern »vermitteln« diese mit ihren sozial erworbenen Erwartungen, Erfahrungen, Bedürfnissen oder Anschauungen. Auch die Lektüre von Romanen ist »subjektiv sinnhaftes Handeln« (Max Weber) und als solches nicht einfach Reflex eines Textes oder Diskurses. Diese Einschränkung der ideologiekritischen Methode verweist auf eine *aktive und produktive Mediennutzung* und nötigt somit dazu, die verschiedenen Lektürevoraussetzungen und Rezeptionsweisen mit zu bedenken (Spreen 2014: 167-170).

Im folgenden Kapitel sollen drei zentrale ideologische Topoi der Serie herausgestellt werden, die sich eindeutig als Elemente rechtsextremer Weltanschauungen kennzeichnen lassen: Wehrmachts- und Nazimythologie, Gewaltrechtfertigung und Rassismus. Eine bemerkenswerte ideologische Abweichung vom rechtsradikalen Mainstream ergibt sich in Bezug auf den Topos »nationalistisches Kollektivdenken«.

Wehrmachts- und Nazimythologie

Schon der Handlungshintergrund der Serie verweist auf den Kontext eines »esoterischen Rechtsextremismus«, der sich durch eine Mischung völkisch-okkulter Elemente, esoterischer Themen und ufologischer Behauptungen mit rechtsextremen politischen Anschauungen auszeichnet (Klump 2001: Kap. 3). Zum Beispiel die Bezeichnung des geheimen Deutschland in der Antarktis als »Reich Thule«: Bereits die von 1918 bis 1925 bestehende »Thule-Gesellschaft« war ein okkulter und antisemitischer Zirkel mit ideologischen und personellen Nähen zum Nationalsozialismus. Ihr Emblem war ein Hakenkreuz mit Strahlenkranz hinter einem blanken Schwert. Historisch faktisch bedeutungslos wird ihre Rolle als Geheimbund eines »magischen« Naziordens, der »das Medium« Adolf Hitler gesteuert hätte, in der gegenwärtigen neurechten Mythologie völlig überzogen dargestellt (Strube 2013: 134 ff.). Das 1980 gegründete »Thule-Seminar« wiederum ist eine Intellektuellengruppe, die der »Neuen Rechten« zuzurechnen ist. In der esoterischen Mythologie völkischer oder rechtsextremer Gruppierungen steht »Thule« für ein »untergegangenes nordisches Reich, dessen versprengte Überlebende später angeblich die germanische oder nordische Rasse gegründet haben«. (Heller/Maegerle 1998: 7) In einem politischen Kontext signalisiert der Bezug auf den Thulemythos in der Regel einen Diskurs am äußeren Rand der Rechten (vgl. Sünner 1997).[12]

Ähnliches gilt für »Neuschwabenland« und für den ufologischen Diskurs über »Haunebus«, demzufolge eine deutsche Antarktisexpedition kurz vor Beginn des Zweiten Weltkrieges im Königin-Maud-Land nach der Möglichkeit gesucht habe, einen geheimen Stützpunkt einzurichten. Bis zum Kriegsende habe ein Geheimkommando geräumige Höhlen ausgehoben und einen Außenposten errichtet. In diesem Versteck hätten nach Kriegsende die versprengten Reste des Naziregimes Zuflucht gefunden und erst den Briten und später dann den Amerikanern Paroli geboten. Einer Version der Geschichte zufolge sei »Neuberchtesgaden« schließlich 1958 durch amerikanische Atomwaffen zerstört worden. Einer anderen Darstellung nach sei es den Nazis gelungen, diesen Angriff mittels UFO-Technologie (eben den »Reichsflugscheiben«) abzuwehren.

Der Mythos der Naziflugscheiben geistert inzwischen in ganz verschiedenen Facetten durch die rechtsesoterischen Diskurse und durch das Internet. Als Urheber und Erfinder werden der rechten Okkultszene zuzurechnende Autoren wie etwa der chilenische Diplomat und Bestsellerautor Miguel Serrano, der prominente deutsch-kanadische Auschwitzleugner Ernst Zündel oder der österreichische Altnazi Wilhelm Landig genannt (Meining 2002). Letzterer verfasste zwischen

---

12 Das heißt nicht, dass jede Anhängerin oder jeder Anhänger solcher neuer Mythen wie »Thule« oder »Nazi-UFO« automatisch als Rechtsextremist einzustufen sei. So stellt Andreas Klump (2001) in seiner Studie ausdrücklich fest, dass es »keinesfalls beabsichtigt ist, ›das‹ esoterische oder okkulte Denken als ein Ausdruck individueller Lebensgestaltung pauschal unter ›Extremismusverdacht‹ zu stellen.« Zur völkischen Esoterik vgl. auch den Beitrag von Hermann Ritter in diesem Band.

1971 und 1991 eine *Thule-Trilogie*, in der er den Bau von Flugscheiben während des Krieges beschreibt, die kurz vor der Niederlage Hitler und andere Nazigrößen in die Anden bzw. in die Antarktis gebracht hätten. Interessant ist, dass er diese Story als Roman verpackte: »Als Romane waren seine fantastischen Geschichten freilich nur der juristischen Form nach Fiktion; für nicht wenige seiner Leser berichtete Landig die Wahrheit.« (Meining 2002: 7)

Eine gewisse Systematisierung erfuhr der unschwer als Erfindung erkennbare, aber dennoch wirksame Mythos deutscher »Wunderwaffen« und »Flugscheiben« in der von Norbert Jürgen-Ratthofer und Ralf Ettl 1992 publizierten Schrift *Das Vril-Projekt*. Beide Autoren waren Mitglieder der »Tempelhofgesellschaft«, die dem rechtsradikalen Netzwerk in Deutschland und Österreich zuzurechnen ist (Strube 2013: 161–167). Dieses Buch fügt der Story von den Nazi-UFOs u. a. den Aldebaranmythos hinzu. Behauptet wird, dass die Bewohner des Sternensystems Aldebaran vor 500 Millionen Jahren die Erde besiedelt hätten und vor allem die direkten Vorfahren der Germanen seien, weshalb sie auch Deutsch sprechen würden. Das politische System der Aldebaraner wird als »eine Art von Nationalsozialismus auf theokratischer Grundlage« beschrieben (Jürgen-Ratthofer/Ettl 1992: 70). Das Buch weckt neonazistische Erlösungshoffnungen, indem behauptet wird, dass bis ca. 1996 mit der Ankunft einer aldebaranischen Raumflotte zu rechnen sei, da es dem Deutschen Reich kurz vor Kriegsende noch gelungen sei, ein Raumschiff des Typs »Vril-Odin« oder »Vril-7« (abgek. »V 7«) in das siebenundsechzig Lichtjahre entfernte Doppelsternsystem zu entsenden.

Nun spricht erst einmal nichts dagegen, diese der lebhaften und vermutlich auch verzweifelten Fantasie rechtsextremer Autoren entsprungene Technomythologie für eine Science-Fiction-Story auszubeuten.[13] In vielen Science-Fiction-Geschichten kommen Nazis vor oder werden Nazimythen aufgegriffen und durchgespielt. In der vierten Staffel der TV-Serie *Enterprise* etwa gerät die Crew von Kapitän Archer in eine andere Zeitlinie, in der Hitler den Osten der USA erobert hat. In seinem Roman *Vaterland* (1992) entfaltet Robert Harris eine Alternativwelt, in der die Nazis den Krieg gewonnen haben. In der Alternativweltgeschichte *Der stählerne Traum* (1972, dt. 1981) parodiert Norman Spinrad den Nationalsozialismus, in dem er einen fiktiven SF-Roman Adolf Hitlers vorstellt. Die angebliche technomagische Urkraft »Vril«, auf die die neurechte Nazimythologisierung ebenfalls Bezug nimmt, ist ohnehin nur die Erfindung eines Science-Fiction-Romans – und zwar Edward Bulwer-Lyttons Gesellschaftssatire *The Coming Race* von 1871. Diese Urkraft taucht als »die Macht« in den *Star-Wars*-Filmen und -Romanen wieder auf. Und in der filmischen SF-Parodie *Iron Sky* (2012, Regie: Timo Vuorensola) wird die ganze Mythologie um Naziuntertassen gegen die Intention ihrer Erfinder gewendet; rassistische, neokonservative und neonazistische Anschauungen werden gründlich desa-

---

13   Vgl. dazu den Beitrag von Johannes Rüster in diesem Band.

vouiert. In *Stahlfront* dagegen dient die Umsetzung rechtsesoterischer Mythen in eine – vorgebliche[14] – SF-Szenerie der Affirmation. Es geht nicht um Parodie oder kritische Distanzierung. Es geht auch nicht um jenen Schauder des Bösen, für den die Nazis insbesondere in Hollywoodproduktionen immer wieder herhalten müssen. Vielmehr lädt die Darstellung der Thulewehrmacht in der Serie zur positiven Identifikation ein, denn geschildert werden die Thuletruppen als eine Art sympathische SS ohne Hitler. Die SS-Runen und das Hakenkreuz sind verschwunden und durch den sogenannten »Gotenadler« ersetzt worden (s. Abb. auf S. 177):

> »Tschiang starrte mit großen Augen auf seine nachtschwarze Uniform mit dem Gotenadler am Kragenspiegel. Schließlich fragte er fast zögernd: ›SS ...?‹
> Azimi musste unwillkürlich grinsen: ›Nein, General! Wenn schon, dann höchstens TT – Thule-Truppen, um genau zu sein. Die Zeiten der SS sind ein für alle Mal vorbei! Wir verfolgen höhere Ziele als den Kampf für Deutschland. Wir kämpfen für die ganze Welt!‹«
> (Chaines 2008a: 15)

Aber auch die Elitetruppen Thules bestehen aus »reinrassigen« oder »reinerbigen Ariern«, die sich in die schwarze Uniform der Waffen-SS kleiden. Auf der Webseite zur Serie konnte man ein Video herunterladen, das mit dem Stück »Dressed In Black Uniforms« der rechtsradikalen Industrial-Band *Von Thronstahl* unterlegt ist, womit die Kontextualisierung unmissverständlich wird.[15] Die Abwendung vom »Führer« ist nicht als Kritik an nationalsozialistischer Ideologie oder als Ausdruck wie auch immer verkümmerter historischer Selbstreflexion zu verstehen, sondern muss vielmehr als Voraussetzung eines identifikatorischen Verhältnisses zu der militaristischen Ästhetik und dem autoritären Staats- und Gesellschaftsverständnis der NS-Zeit gesehen werden: gute Nazis, die die Menschheit gegen eine Weltverschwörung aus artfremden Invasoren und ihren unarischen »Lakaien« verteidigen. Geschichte wird so »entkriminalisiert« bzw. »entsorgt« (Jäger

1989). Nach Auschwitz müssen Nazis literarisch geschönt werden, damit Identifikation im Rahmen populärer Kultur möglich wird. Auschwitz wird als historisches Akzidens konstruiert und die deutsche Vergangenheit zurechtgestutzt, ohne sich der systematischen Verstrickung von Nationalsozialismus, Waffen-SS und Wehrmacht in Vernichtungslagern und Vernichtungskrieg zu stellen:

> »Geyer schien kurz davor zu explodieren, doch er behielt sich unter Kontrolle. ›Wenn ich von Soldaten rede, meine ich ausschließlich Angehörige der kämpfenden Truppe. Und dazu gehörte auch die Waffen-SS. Das waren Soldaten wie alle anderen Wehrmachtsangehörigen auch: Männer, die ihre Pflicht taten.‹«
> (Chaines 2007: 136)

Insbesondere der erste Band ist als eine Art antiemanzipatorischer Bildungsroman verfasst. Die Helden kommen aus verschiedenen Gründen mit der Thule-Organisation in Verbindung, sind zunächst skeptisch und kritisch, sehen dann aber ein, dass nur die Wehrmacht die Invasion der Außerirdischen bekämpfen kann. Am Ende lernen sie Deutsch (sofern sie nicht ohnehin schon Deutsche sind) und legen die »tiefschwarze« Uniform an. Auch Wittmann, immerhin Verfassungsschützer, muss sich erst vom »System BRD« – so heißt es in Anlehnung an die Diskursformel der NPD – entfernen, um in den Reihen der Thule-Armee für die Rettung der Menschheit zu kämpfen. Er erkennt schließlich:

---

14 In *Stahlfront* wird die Differenz zwischen literarischer Fiktion und Bezügen bzw. Stellungnahmen zur politischen und gesellschaftlichen Wirklichkeit systematisch unterwandert (s. u.)

15 Das Stück zitiert fast wörtlich den Text eines Stückes der New-Wave-Band *Joy Division*, das kritisch auf die systematischen Naziverbrechen anspielt. Allerdings wird das distanzierende »They walked in line« durch das affirmative »We walked in line« ersetzt: »Dressed in our uniforms so fine / We drank and killed to pass the time / Wearing the shame of all our crimes / With measured steps we walked in line«. Das Video kann unter youtu.be/WU_CcgHONRY immer noch abgerufen werden.

> »In diesem Staat lief eine gigantische Verschwörung
> der Herrschenden gegen das gemeine Volk ab.«
> (Chaines 2007: 97)

Im Rahmen der Fiktion erscheint nur Thule, das heißt ein rassisch exklusives, militärisch-autoritäres Herrschaftssystem ohne unabhängige Rechtsinstitutionen (Kriegsrecht!), in der Lage, die Invasion und Weltverschwörung zu bekämpfen. Diese Darstellung wird nicht etwa gebrochen und relativiert, sondern dient selbst wiederum als Schutzkonstruktion, um den entgrenzten Einsatz von Gewalt gegen Feinde und Fremde zu rechtfertigen.

Gewaltaffirmation

Das Verhältnis zur Ausübung von Gewalt im Rahmen der Serienhandlung ist vollständig affirmativ. Erstens: Sind die handelnden Personen erst einmal überzeugt, für die gute Sache zu kämpfen, erscheint ihnen die Ausübung von personaler Gewalt per se legitim. Hinzu kommt, zweitens, dass die Gewalt entgrenzt wird und einen rassistischen Charakter annimmt. Drittens werden die Mechanismen der Gewaltkontrolle des demokratischen Verfassungsstaates (des »Systems BRD«) delegitimiert.

Das affirmative Verhältnis zur personalen Gewalt wird anhand einer Textstelle deutlich, in der sich Wittmann des Zugriffs der Sicherheitsbehörden erwehren muss:

> »Wie von einer Stahlfeder geschnellt schoss Magnus empor und zog dem völlig überraschten Gegner das Messer blitzartig über den Hals. Der Polizist ließ die Waffe fallen und packte sich mit beiden Händen an die Kehle, aber außer einem leisen Gurgeln brachte er keinen Ton mehr hervor.
>
> Magnus stieß ihn zu Boden und rammte ihm das Messer noch einmal bis ans Heft seitlich in den Hals. Die Blutzufuhr zum Gehirn wurde augenblicklich unterbrochen, der Mann starb.

Doch es war kein Mann. Mit dem Stich hatte Magnus auch den Kinnriemen des Kampfhelms durchtrennt. Der rollte vom Kopf des Sterbenden und gab eine lange, wallende Mähne frei.
Verdammt! Er hatte gerade eine Frau umgebracht!
Nun, das war nicht sein Fehler gewesen. [...] Scheiß-Emanzipation! Ein Mann sollte niemals dazu gezwungen werden, eine Frau zu töten. Frauen hatten in kämpfenden Einheiten nichts verloren!
Nur langsam beruhigte er sich wieder. Die Tussi war freiwillig der Kanzlerverfügungseinheit beigetreten. Auch heute noch konnten sich Männer nicht immer dagegen wehren, vom Staat zu Kampfeinsätzen verpflichtet zu werden. Doch Frauen waren stets und ausschließlich freiwillig bei kämpfenden Truppen – auch wenn die Kanzlerin so etwas gern sah, wie sie häufig genug betont hatte. Wie hatte sie noch gleich gesagt? ›Frauen brauchen heute nicht mehr zu beweisen, dass sie Männern auf ausnahmslos allen Gebieten ebenbürtig sind.‹ Nun ja, sehr ebenbürtig war ihm seine Gegnerin vorhin nicht vorgekommen. Egal. Es war nicht seine Schuld. Wer sich in Gefahr begab, kam darin um. Auch als Frau. Gerade als Frau.« (Chaines 2007: 104 f.)

Die tödliche Gewalt wird nicht nur gerechtfertigt, sondern die Schuld dem Opfer selbst zugerechnet – als Frau habe sie sich ja freiwillig gemeldet. Zudem erscheint Wittmann auch noch als moralisches Opfer der Emanzipation, die ihm zumindest kurzfristig ein schlechtes Gewissen eingebracht hat. Das heißt zugleich: Wäre das Opfer ein Mann gewesen, hätte der Held keinen weiteren Gedanken an seine Tat verschwendet. Die moralische Reflexion der ausgeübten Gewalt beschränkt sich auf die denkbar einfachste Variante – »selbst schuld!« – und verhält sich zur Tat völlig affirmativ.

Die Tendenz zur Entgrenzung der Gewalt zeigt sich etwa in der Schlussszene des zweiten Bandes. Um der Bundesregierung einen Denkzettel zu verpassen, wird seitens der Thuletruppen noch ein Massenmord begangen. Die »TS Hindenburg« zerstört Kreuzberg:

»›Weshalb ausgerechnet Kreuzberg?‹

›Mein Fräulein‹, – Wittmann genoss ihre Empörung ob dieser Formulierung zutiefst –, ›zwei derartige Breitseiten mit Schienenkanonen verursachen selbst bei genauster Trefferlage massive Kollateralschäden. [...] Aber wenn wir schon auf Deutschland schießen müssen, so hat das OKT[16] doch versucht, so wenig Menschen wie möglich in Gefahr zu bringen, die gegen AIn-Implantate immun sind. Die Wahl des Ziels war somit logisch!‹« (Chaines 2008a: 191)

Kreuzberg gilt – allerdings durchaus zu Unrecht (Häußermann 2007) – als Beispiel für eine ethnische Parallelgesellschaft und erscheint daher im Rahmen der *Stahlfront*-Erzählung aufgrund des großen »nichtarischen« Bevölkerungsanteils als ein Herd möglicher »AIn-Lakaien«. Dass die biologischen AIn-Hirnimplantate weder freiwillig erworben wurden noch diese »Nichtarier« sogar der Seriendarstellung zufolge nur *mögliche* »willfährige Lakaien der AIn« seien[17], sie zudem weiterhin über ihren freien Willen verfügen und »nur in allen Angelegenheiten die AIn betreffend« die Ziele der Fremden verfolgen (Chaines 2007: 123), spielt bei der Kalkulation des hoch technisierten Präzisionsangriffs und der intendierten »Kollateralschäden« keine Rolle. Ein solcher kriegsmäßiger Gewalteinsatz ist nicht im Geringsten zu rechtfertigen: Weder richtet er sich gegen Schuldige oder Kombattanten, noch bleibt die Verhältnismäßigkeit der Mittel gewahrt, noch liegt eine militärische Zwangslage vor. Es handelt sich um eine rassistisch motivierte, rücksichtslose und realweltlich bezogene Vernichtungsfantasie, gerechtfertigt durch die als Rassenkrieg angelegte Rahmenerzählung der Serie.

Die Delegitimation verfassungsstaatlicher Herrschafts- und Gewaltkontrolle folgt unmittelbar aus der Darstellung des autoritären Militärstaates in »Neuschwabenland«, der gerade aufgrund seiner rassischen Homogenität und seiner militärischen Befehlshierarchie als einziges Staatsgebilde in der Lage scheint, der heimtückischen Alien-Invasion und -Verschwörung Paroli zu bieten. Und in der Umkehrung wird das »System BRD« als strukturell korrupt vorgestellt:

»Wie Schuppen fiel es Wittmann von den Augen: Dieses gemeinsame Vorgehen hatte System. Nein, es war das System – das System BRD [...]. Und Magnus, der sich stets für einen glühenden Verfassungspatrioten gehalten hatte, musste erkennen, dass viel zu viel aus dem Ruder gelaufen war.

In diesem Deutschland des Jahres 2010 war nichts mehr so, wie es sein sollte: [...] In diesem Staat lief eine gigantische Verschwörung der Herrschenden gegen das gemeine Volk ab. Aber an dieser Verschwörung würde er sich nicht länger beteiligen. [...] Er würde untertauchen.« (Chaines 2007: 96 f.)

Rassismus

Rassistisch will *Stahlfront* nicht sein. Es gehe nicht um eine Hierarchie unter den Rassen, sondern nur um den Unterschied zwischen ihnen, verkündete der Autor auf der Webseite seines Verlags. Aufrechterhalten wird dabei allerdings die Differenzierung zwischen Menschen nach Rassekriterien:

»There are no ›racist‹ tendencies in Front of Steel. No race is portrayed as being superior to others – only as different. This is how nature created us. This is not ›racism‹.«[18]

Hierbei handelt es sich um eine Spielart des differenziellen Rassismus, der davon ausgeht, dass Menschen durch ihre unterschiedliche Herkunft bestimmt seien. Sie erscheinen durch ihre jeweilige »Kultur« oder »Ethnizität« auf eine natürliche und schicksalhafte Gruppenzugehörigkeit festgelegt. Man ver-

---

16 »Oberkommando Thule« in Anspielung auf das »Oberkommando Wehrmacht« (OKW) im Zweiten Weltkrieg.
17 Die Rede ist von »weltweit [...] mehreren Millionen willfährigen Lakaien der AIn« (Chaines 2007: 124). Das ist aber nur ein kleiner Teil der Weltbevölkerung.
18 Interview zu der Buchreihe *Stahlfront*, www.stahlfront.de/interview-autor.html, geöffnet am 17.02.2009.

fährt nach dem Motto »Jedem das Seine«. Eine Mischung der Kulturen wird somit als Gefahr gewertet (Terkessidis 1998: 102 ff.). Das Wort »Rasse« wird dabei vermieden, nicht zuletzt, um die Diskriminierung dieses Begriffs im politischen Diskurs zu umgehen. In *Stahlfront* wird dieser differenzielle Rassismus aufgenommen und auf die biopolitische Kategorie »Rasse« zurückgespiegelt und re-biologisiert.

Weit her ist es mit der vorgeblichen »Interrassentoleranz« in der Serie ohnehin nicht. Die Grundstruktur der *Stahlfront*-Fiktion basiert vielmehr auf einem Rassenkrieg, d. h. einer biologisch bedingten, unversöhnlichen Freund-Feind-Konstellation zwischen den Aliens und ihrer fünften Kolonne auf der einen Seite und den »Ariern« auf der anderen Seite.

In *Stahlfront* wird dieser Rassenkrieg von den für Thule tätigen Handlungsträgern als unhintergehbare Gegebenheit akzeptiert. Die Möglichkeit friedlicher Konfliktlösungen wird nicht weiter in Betracht gezogen. Ebenso wenig wird an der Legitimität des eigenen Gewalteinsatzes gegen »AIn-Lakaien« (immerhin auch Mitglieder der verteidigten Menschheit) gezweifelt. Damit liegt die Vermutung nahe, dass die Rassenkriegskonstellation vom Autor deshalb gewählt wurde, weil sie gut mit dem rechtextremen Weltbild korreliert und in der Romanwelt ein ungebremstes Ausleben dessen erlaubt, was man sich in der Wirklichkeit versagen muss. Mithin würde die ganze Serie ein Phänomen »der Verschiebung dessen [darstellen], was in Auschwitz sich austobte«. (Adorno 1977: 689) Für diese Annahme spricht auch, dass die fiktive Welt der realweltlichen Erfahrung zum Teil zum Verwechseln ähnlich sieht.

Positive Identifikation mit einer fiktiven SS-ähnlichen Organisation, Verklärung von Wehrmacht und Waffen-SS, Anschluss an okkulte Nazimythologie, Apologie eines autoritären Herrschaftssystems auf militärischer Grundlage, Affirmation von Gewalt, Rechtfertigung rassistisch motivierter Vernichtung – solche Elemente stecken das in *Stahlfront* zum Ausdruck kommende Welt- und Menschenbild ab. Das Maß ist damit allerdings noch nicht voll, hinzu kommen antisemitische Anspielungen:

»Unsere Spione in der übrigen Welt zeigten uns nach und nach das Ausmaß der Bedrohung durch die AIn. Als die Russen ihre erste Atombombe zündeten, deren Pläne sie von den AIn-Lakaien Julius und Ethel Rosenberg bekommen hatten, konnten wir den Amis zwar noch stecken, was da ablief, aber als sie die Rosenbergs verhafteten und ihnen den Prozess machten, zeigte uns die weltweite Empörungswelle, wie stark der Einfluss der AIn mittlerweile geworden war.«
(Chaines 2007: 137)

Was versteht der eingeweihte Leser? – Dass die AIn-Verschwörung letztlich für nichts anderes steht als für die »jüdische Weltverschwörung«?

»Fräuleins« mit arischen Genen werden in der *Stahlfront*-Geschichte entführt und dem Thulereich zwecks Reproduktion der »Nordmänner« zugeführt. Begründet wird dies mit den Notwendigkeiten des Krieges – und: »Frauen kann man formen, Männer nicht.« (Chaines 2007: 121) Die Serie reproduziert traditionale Geschlechterrollen, die mit dem »Frau-Sein« verbunden seien. Die Annahme festgelegter Geschlechterrollen verhält sich zu einem biologischen Rassendiskurs kongruent, denn in beiden Fällen geht es darum, eine »Herkunft« als determinierendes Moment von Individualität zu konstruieren:

»›Emanzipieren Sie sich! Generationen von Frauen haben dafür gekämpft, die unseligen Instrumente der Unterdrückung abzuschaffen. Und Sie wollen Ihr Frau-Sein nur von der Eheschließung mit einem Mann abhängig machen?‹

›Ach, Herr Behrens ...‹ Ihre Stimme nahm einen mitleidigen Ton an. ›Ich bin nun einmal an Männern interessiert – an richtigen Männern. Und wie könnte ich denen besser signalisieren, dass ich noch zu haben bin, als mit der Bezeichnung »Fräulein«? Sie sollten sich von der Vorstellung lösen, dass alles Frühere schlecht und überholt ist. Was sich jahrhundertelang bewährt hat, ist nicht nur deshalb plötzlich schlecht, weil es ein paar männerfeindlichen Emanzen nicht gefällt.«« (Chaines 2007: 144)

Rassistische, antisemitische und sexistische Stereotype, die Anwendung von Gewalt und autoritäres Staats- und Gesellschaftsverständnis werden im handlungsimmanenten Diskurs selbstreferenziell gerechtfertigt, d. h. der Krieg rechtfertigt den autoritären Thulestaat, die AIn-Verschwörung rechtfertigt die Gewalt, die Immunität der »Arier« rechtfertigt den Rassismus und Biologismus. Zwar wird in die Romanhandlung durchaus eine Figur eingeführt – Manfred Behrens –, die als Enfant terrible immer wieder Kritik äußert, aber diese Kritik dient nur dazu, immer aufs Neue zu bestätigen, dass »Thule« im Recht ist und richtig liegt. Seine Kritik wird nicht bestätigt, sondern er wird eines »Besseren« *belehrt*. Diese Figur steht daher gewissermaßen für jene Leser, die das in *Stahlfront* propagierte Welt- und Menschenbild (noch) nicht teilen (möchten). Diesen Lesern wird die Zustimmung gewissermaßen aufgezwungen, weil ihre Einwände oder Vorbehalte gegen Staat, Gesellschaft, Politik und Ideologie »Thules« innerhalb der fiktiven Prämissen der Serie »unwahr« werden. Behrens ist also keine Figur der Kritik, sondern der Affirmation.

Nationalistische Kollektivsymbolik

Übersteigerter Nationalismus und Kollektivdenken gelten in der Regel als »starke« Kriterien für ein rechtsextremes Weltbild. Im *Stahlfront*-Universum wird zwar die Vorstellung der Auserwähltheit der »Arier« aufgegriffen, da nur diese genetisch bedingt immun gegen AIn-Implantate sind, aber eine nationalistische Zuspitzung dieses Rassismus zu völkischen Vorstellungen bleibt im Wesentlichen aus. »Thule« wirkte nach Ende des Weltkrieges im Geheimen und verzichtet somit auf eine Inszenierung als mächtige Nation mit »großräumigem« Führungsanspruch. Man wollte vielmehr einfach von den Weltmächten, insbesondere den USA, in Ruhe gelassen werden und so weit als möglich durch Agententätigkeit, Forschung, Aufrüstung und technisch-militärische Entwicklung der Alieninvasion entgegenarbeiten. Die politische Orientierung an einem kulturellen, ethnischen oder rassischen Partialkollektiv wird durch die Orientierung an »der Menschheit« ersetzt: »Wir [bilden] die letzte Verteidigungslinie der Menschheit« (Chaines 2007: 87). - Allerdings steht dieser Menschheit nun ein außerirdischer »Rassefeind« entgegen.

Die Serie beschwört zwar immer wieder die »deutschen« Wurzeln Thules, und sie »bewältigt« die NS-Vergangenheit durch ihre Verklärung und Mythologisierung, aber zu ihrer Hintergrundkonstruktion würde ein aggressiver »Thulenationalismus« nicht passen. Dieser würde einen Probabilitätsbruch in der Alternativwelt darstellen. Vielmehr sammelt Thule weltweit »Arier nichtdeutscher Herkunft«, die dann zum Beispiel in der 5. Panzerdivision »Gotland« dienen (Chaines 2008a: 110).

> »Um die Erde vor den AIn und ihren Lakaien zu retten, musste man neue Wege beschreiten. Wenn die Menschheit nicht endlich zusammenhielt – und vor allem zusammenarbeitete –, war der Untergang tatsächlich nicht mehr auszuschließen.« (Chaines 2008a: 111)

Als zynische Parodie »multikultureller« Sozialkonzepte erweist sich die Thuletruppe im Hinblick auf »die Gorger«. Im Roman werden die Gorger als »die neueste Waffe der Thule-Truppen« bezeichnet. Dabei handelt es sich um

> »künstlich entwickelte Hybriden aus *Gorillas* und *Negern* – Bantu, um genau zu sein. Die Männchen waren rund 1,80 Meter groß, die Weibchen zehn Zentimeter kleiner. Physiognomie und Gebiss entsprachen dem eines Gorillas, aber im Gegensatz zu dem Tier konnten sie aufrecht gehen. [...] Sie konnten Verletzungen überleben, die den stärksten Mann auf der Stelle getötet hätten. [...] Als Hybriden waren sie steril, hatten aber sehr große Geschlechtsorgane und einen starken Sexualtrieb.
> Die Züchtung der Gorger war mit einer Million Thule-Mark extrem teuer, weshalb es nur 6000 von ihnen gab – 5000 Männchen und 1000 Weibchen, die nicht zum

Kampf geeignet waren, sondern nur für die Männchen sorgen sollten.

Gorger hatten nur eine primitive Sprachfähigkeit, ihr Wortschatz betrug nicht mehr als 200 Worte. [...] Sie reiften in künstlichen Gebärmüttern heran und wurden sodann von speziell dazu abgestellten Offizieren erzogen.« (Chaines 2008a: 155 f.)

Die ethische Problematik solcher gentechnischer Zuchtmaßnahmen, die sich natürlich erst recht stellt, wenn es um die Erschaffung fühlender und zu echter Kognition fähiger »Waffen« geht, wird nicht aufgeworfen. Diskutiert werden könnte im Kontext eines Science-Fiction-Romans etwa, ob Klonung und künstliche Züchtung als Formen der Anmaßung und Knechtung gesehen werden müssen. So argumentiert Jürgen Habermas:

»Keine Person darf über eine andere Person verfügen und deren Handlungsmöglichkeiten in der Weise kontrollieren, dass die abhängige Person eines wesentlichen Stücks ihrer Freiheit beraubt wird. Diese Bedingung wird verletzt, wenn einer über das genetische Programm eines anderen entscheidet. Auch der Klon [oder das gezüchtete Intelligenzwesen, DS] trifft sich als eine bestimmte Person an; aber hinter dem Kernbestand dieser Anlagen und Eigenschaften steht die Absicht einer fremden Person.«
(Habermas 1998: 244)

Gerade Science-Fiction kann eine ethische Sonde sein, die die Problematik des Gendesigns auslotet und durchspielt. Was bedeutet es für eine Gesellschaft, die diese Technologie anwendet? *Stahlfront* lässt davon jedoch nichts sichtbar werden. Vielmehr intendiert die Serie offensichtlich nur Provokationseffekte in Hinblick auf angebliche »politisch korrekte« Denkblockaden – Mischung von Gorillas und »Negern« –, welche ohnehin der Hauptstachel für Verlag und Autor zu sein scheinen. Anlässlich einer kritischen Rezension in der *Stuttgarter Zeitung* schreibt Torn Chaines:

»Immer mehr Deutsche sind die Bevormundung durch ›politisch korrekte‹ Tugendwächter leid. Ich finde es höchst begrüßenswert, wenn man es in Ihrem schönen Lande endlich wieder wagt, selbst zu denken. Weiter so!«[19]

Der Verzicht auf nationalistisches Kollektivdenken entschlüsselt sich in der hier vorgeschlagenen Perspektive als Folge der populärkulturellen und genrespezifischen Orientierungen der Serie. In SF-Unterhaltungsromanen sind die Bedrohung durch Außerirdische und die Verteidigung und Einigung der Menschheit konventionelle Erzählmuster. Eine SF-Serie kommt damit den Konsumerwartungen von Lesern, die spezifisch an Science-Fiction interessiert sind, entgegen.

Hinzu kommt, dass unterhaltsame Paraliteratur einen Realitätstransfer ermöglichen muss. Damit ist gemeint, dass »der Text in der Lage ist, äußere Wirklichkeit in den Text zu überführen«. Für die SF kann »keine analoge Wirklichkeitsbeschreibung verlangt werden, wohl aber die Präsentation der Realität in der fantastischen Kulisse« (Stache 2002: 46). Das heißt, dass eine Serie wie *Stahlfront*, wenn sie über den rechtsradikalen Binnenmarkt hinaus Kunden ansprechen möchte, auch Zugänge für Realitätserfahrungen öffnen muss, die sich nicht auf rechte Randmilieus beschränken. »Nazis für die Menschheit« ist ein solches Angebot (s. o.). Über dessen geschichtsrevisionistischen Charakter darf man sich allerdings keine Illusionen machen. Die in diese Konstruktion eingelassene Verharmlosung des NS ist kein bloßer Nebeneffekt.

Der weitgehende Verzicht auf nationalistische Kollektivsymbolik ist also nicht als Bruch mit dem ansonsten zugrunde liegenden Weltbild zu verstehen, sondern Effekt der Einwirkung spezifisch populärkultureller (Unterhaltung, Entspannung) und genrespezifischer (Science-Fiction) Erwartungsstrukturen.

Insgesamt kann geschlossen werden, dass die Serie ungebrochen Elemente rechtsextremer Weltbilder aufruft, insbe-

---

19 www.stahlfront.de/blog/gutmenschen.html, geöffnet 18.02.2009.

sondere Nazimythologie, Gewaltaffirmation und Rassismus. Substanzielle Distanzierungs- oder Kritikangebote gegen diese rechtsextremen Wertmotive werden im Rahmen ihrer fiktiven, aber realitätsbezogenen Handlung nicht gemacht. Darüber hinaus wurde auf der Webseite zur Serie unmissverständlich signalisiert, dass der Autor ein positives Verhältnis zu diesen Werten einnimmt.

Medienethische Bewertung

Bei medienethischen Bewertungen gilt es grundsätzlich eine ganze Reihe von Aspekten zu berücksichtigen, um vorschnelles und subjektives Urteilen zu vermeiden. Medienethische Bewertungen können die Einschränkung der Zugänglichkeit eines medialen Angebots zur Folge haben (Indizierung). Eine solche Einschränkung der Medienfreiheit darf nicht vorschnell erfolgen. Medienethische Urteile müssen sich daher allgemein ausweisen lassen. Daher soll zunächst abrissweise dargelegt werden, nach welchen allgemeinen Grundsätzen die Romanserie *Stahlfront* beurteilt wird.

Im Folgenden wird auf die detailliert ausgearbeitete Grundlegung der Medienethik durch Thomas Hausmanninger und Thomas Bohrmann Bezug genommen. Die Autoren entwickeln ihre medienethische Reflexion vor allem an populären gewalthaltigen Filmen. Ihre tragenden Argumente bezüglich »medialer Gewalt« sind allerdings so allgemein, dass eine Übertragung auf ein schriftliches Unterhaltungsangebot möglich ist. Aussagen, die auf Romane nicht passen, müssen natürlich entsprechend angepasst werden. In Anlehnung an Hausmanninger und Bohrmann beschränke ich mich auf die Befragung der Gewaltdarstellung in *Stahlfront*. Das heißt, die im engeren Sinne ideologischen Wertmotive der Serie stehen bei dieser medienethischen Abwägung noch nicht einmal im Vordergrund.

Grundlagen der Medienethik

Hausmanninger und Bohrmann entwickeln ein ethisches Schema, welches von einem universal begründbaren Moralprinzip ausgeht und dann auf die jeweils niedrigere Ebene heruntergebrochen wird. In Anlehnung an Immanuel Kant formulieren sie das *moralische Gesetz* folgendermaßen:

1. »Handle so, dass die Maxime deines Handelns Prinzip einer allgemeinen Gesetzgebung sein und die Zustimmung aller von dieser Maxime und ihrer Befolgung Betroffenen als Vernunft- und Freiheitswesen finden könnte.« (Universalisierungsformel)
2. »Handle so, dass du dich selbst und andere Menschen niemals nur als Mittel gebrauchst, sondern stets auch die Selbstzwecklichkeit des Menschen, seinen Charakter als freies, zu einem selbstbestimmten Selbstvollzug berechtigtes Subjekt achtest.« (Selbstzwecklichkeitsformel) (Hausmanninger 2002a: 23)

Dieses moralische Gesetz konstituiert *oberste moralische Prinzipien* (z. B. Freiheit, Gleichheit, Menschenwürde). Zusammen mit spezifischen *Einsichten der Humanwissenschaften und der Anthropologie*, die den Menschen als Menschen näher bestimmen (Leibgebundenheit, physische und psychische Bedürfnisse usw.), begründen die obersten moralischen Prinzipien ein *Grundbild des Menschen* (»Menschenbild«), das es ermöglicht, *materiale Grundmaximen* zu formulieren (Recht auf Leben, körperliche Unversehrtheit, Freiheit der Religionsausübung usw.). Diese Grundmaximen bilden letztlich das gesellschaftliche *Rahmenethos* bzw. die Kernbestände gesellschaftlicher Sittlichkeit. Sie geben den Begründungsrahmen für die Gesetzgebung einer spezifischen Gesellschaft. Hier sind für Deutschland insbesondere die Grundrechte und die Menschenrechte zu nennen (Hausmanninger 2002a: 23–25).

Dieses noch sehr allgemeine ethische Schema erweitern die Autoren zu einem *medienethischen Grundgerüst*. Dabei unterscheiden sie letztlich drei »Stränge«, nämlich erstens Sozialethik, zweitens Individualethik und drittens Inhaltsethik, denen jeweils eine *oberste Zielnorm* entspricht. Zu berücksichtigen ist zudem, dass sich mediale Kommunikation in drei Bereiche gliedert – Produktion, Verteilung und Rezeption –, für die wiederum nicht immer dieselben Normen gelten können.

Würde etwa Kinder- und Jugendschutz bereits auf die Produktion bezogen, würde dies einer Vorzensur gleichkommen und so die Medienfreiheit aller beeinträchtigt (Hausmanninger 2002d: 296). Ähnliches gilt, wenn man legitime Medienangebote unterdrückt, weil sie auf Randgruppen oder deviante Persönlichkeiten (potenzielle Amokläufer etwa) eine Gewalt steigernde »Wirkung« ausüben könnten. In diesem Fall würde die »Nutzungsweise einer Minderheit zum Ausgangspunkt für die Normierung der Zugangschancen und kommunikativen Rechte der Mehrheit gemacht. Hier gilt jedoch der Grundsatz des *abusus non tollit usum* – der Missbrauch hebt den (rechten) Gebrauch nicht auf.« (Hausmanninger 2002e: 344) Dass etwa Rechtsextreme eine SF-Serie zu Zwecken und ideologischer Selbstbestätigung nutzen, liefert allein keinen vertretbaren Grund, den Zugang zu dieser Serie einzuschränken.

Im sozialethischen Bereich lautet die oberste Zielnorm: »Die strukturelle Gestaltung der medialen Kommunikation muss der Ermöglichung, Wahrung und Förderung menschlichen Personseins dienen (können). Diese Strukturen müssen mithin als Bedingungen für den persönlichen Entwurf eines guten und gelingenden Lebens fungieren können.« (Hausmanninger 2002d: 304)

Besonders hervorzuheben ist in diesem Bereich die *Medienfreiheit*. Die Möglichkeit des Selbstvollzugs der Person ist zu sichern, d. h. es ist dafür Sorge zu tragen, dass im Hinblick auf Medienproduktion, Medienverteilung und Mediennutzung einzelnen Subjekten Selbstverwirklichung zugestanden wird. Maßstab dieser Selbstverwirklichung ist ihr je persönlicher Entwurf eines guten und gelingenden Lebens, solange dieser Entwurf nicht den Freiheitsvollzug anderer einschränkt oder beschädigt. Gemeint ist hiermit also die »Freiheit der Herstellung von Medienprodukten und -inhalten, das Recht auf deren Verbreitung und das Recht auf deren Nutzung«. (Hausmanninger 2002d: 297)

Diese Formulierung verweist bereits auf individualethische Aspekte. Die oberste individuumsbezogene medienethische Zielnorm lautet: »Die je eigene Tätigkeit auf den Ebenen der Medienproduktion, -distribution und -rezeption muss Element eines guten und gelingenden Lebens sein (können).« (Hausmanninger 2002d: 304) Dies zielt auf die moralische Pflicht zur eigenen Selbstvervollkommnung als moralisches Subjekt. Selbstverständlich heißt das zugleich, dass die Selbstvervollkommnung anderer Subjekte dadurch nicht beeinträchtigt werden darf. Das wäre etwa dann der Fall, wenn die eigene Selbstbehauptung von der Bekämpfung oder Unterdrückung rassistisch markierter Menschen oder Gruppen abhängig gemacht wird.

Die Pflicht zur eigenen Vervollkommnung ist der Person selbst anheimgegeben. »Nur in diesem Fall nämlich bleibt der Entwurf eines guten und gelingenden Lebens ein persönlicher, eine Leistung des konkreten Subjekts – und damit auch eine eigentlich moralische Leistung.« (Hausmanninger 2002d: 294) Diese Leistung kann der Person nicht von der Gesellschaft oder dem Staat abgenommen werden. Es kann auch nicht vorgeschrieben werden, was unter der eigenen Selbstverwirklichung genau zu verstehen ist, d. h. es handelt sich um eine »weite« Pflicht: Nichterfüllung (selbst verschuldete Dummheit etwa) ist nicht strafbar.

Diese Zielnorm ist zum Beispiel relevant bei der Beurteilung pauschaler Verbotsforderungen gegen gewalthaltige Medienangebote: Entgegen vereinfachenden Pauschalurteilen kann leicht gezeigt werden, dass die Nutzung gewalthaltiger Filme und natürlich auch anderer gewalthaltiger Medienangebote positive Funktionen für die Selbstverwirklichung von Personen erfüllen können. Die Verfolgung einer Autojagd im Fernsehen etwa führt zu sensomotorischer Anregung. Auch negative Emotionen wie Furcht und Schrecken lassen sich im Kinosessel lustvoll erleben. Die Entschlüsselung der Logik einer medialen Erzählung führt zu einem ebenfalls lustvollen Vollzug der eigenen kognitiven Fähigkeiten. Zudem werden alle diese drei Ebenen gerade im zweckfreien »Unterhaltungszustand« leichter reflexiv zugänglich, was selbst wieder als aktives Tun und als spezifische Souveränität erlebt wird. Kurz: Gerade beim Genuss aktionsreicher und gewalthaltiger Medienangebote kann sich das Gefühl einstellen, dass man »lebendig« ist. (Hausmanninger 2002b: 233–235)

Diese »Funktionslust« (Arnold Gehlen) hat als Voraussetzung, dass der Mediennutzer sich in einem ästhetisch-zweckfreien und interesselosen Rezeptionsverhältnis zum medialen Gegenstand befindet. Er selbst fühlt sich weder bedroht oder verfolgt noch überfordert, sondern lässt sich »unterhalten«. Es liegt auf der Hand, dass dieser Zustand insbesondere dann eintritt, wenn die inszenierte Gewalt betont als von der Realität entfernt dargestellt wird. Dies wird in der Regel durch *genrespezifische Muster der Künstlichkeit* erreicht, die zum Beispiel bei SF-Filmen deutlich erkennbar sind (wie im Vakuum dröhnende Raumschiffe, vertonte Lichtstrahlen, knisternde Laserschwerter usw.). Durch genrespezifische Artifizialität »wird das Geschehen von uns entfernt und als ›Gemachtes‹, als fiktionale Kunstwelt bewusst« (Hausmanninger 2002b: 240). Pauschalisierende Verbotsforderungen ignorieren jedoch diese Differenz zwischen realer und artifizieller Welt. Medienkompetente Nutzer sind in der Regel in der Lage, die Medienwelt von Alltagsbezügen zu unterscheiden. Sie »lernen« daher auch nicht vom einen für das andere: »Die Buchhalterin, die sich abends von der Erschöpfung ihrer reizarmen Tätigkeit mit einem Slashermovie erholt, bemüht sich nicht um Anregung für die Gestaltung ihrer Tätigkeit nach dem Muster des Films, sondern erhält sich durch das Kontrasterlebnis kompensatorisch die nötige psychosomatische Balance für eben diese Tätigkeit.« (Hausmanninger 2002c: 273 f.) Ein generelles Verbot medialer Gewalt wäre vielmehr selbst unter medienethischen Aspekten äußerst bedenklich, da es in die Freiheit zur personalen Selbstverwirklichung sowohl der Produzenten als auch der Konsumenten massiv eingreift.

Von besonderer Bedeutung für die Medienethik sind natürlich Aspekte des medialen Inhalts, also der Gesamtaussage, des zum Ausdruck gebrachten Welt- und Menschenbildes, der vertretenen moralischen Vorstellungen, der zugrunde gelegten »Ideologie« usw. Die allgemeine inhaltsethische Zielnorm lautet nach Hausmanninger und Bohrmann: »Mediale Inhalte dürfen nicht in Widerspruch zum Rahmenethos der Gesellschaft treten oder dieses zu zerstören trachten, sondern müssen in einem affirmativen Verhältnis zu diesem stehen.« (Hausmanninger 2002d: 304) Genauer heißt dies: »Ethisch illegitim sind gewalthaltige Filme [oder überhaupt mediale Konsumangebote, DS], die Personen und Gruppen verketzern, verfolgen oder diskriminieren, die Gewalt verherrlichen oder verharmlosen, Gewalt sadismus- oder masochismusaffirmativ präsentieren, Gewalt propagieren oder zur Gewaltausübung öffentlich aufrufen.« (Bohrmann 2002: 327)

Diese Zielnorm ist nun allerdings *keinesfalls* so zu verstehen, dass alle in einem Medienangebot geäußerten Aussagen oder Ansichten auf ihre quasi »wörtliche« Übereinstimmung mit der freiheitlich demokratischen Grundordnung hin geprüft werden sollten. Ein solches Verständnis medialer Inhaltsethik würde vielmehr die Medien- und Kunstfreiheit oder das Recht auf freie Meinungsäußerung ad absurdum führen. Zudem würde es der Spezifik vieler medialer Angebote nicht gerecht. Denn einschränkend ist zu bemerken, dass die inhaltsbezogenen Normen nur für »realweltlich bezogene« Medienangebote Gültigkeit haben (Bohrmann 2002: 327). Im Rahmen genrespezifischer Künstlichkeit entfällt dieser realweltliche Bezug. In diesem Bereich – der zudem den vermutlich größten Teil des Unterhaltungsmarktes ausmacht (z. B. Action- oder Horrorfilme, Fantasy- oder Science-Fiction-Genre) – ist der »geregelte Tabubruch« durchaus normal. Im Rahmen der spezifischen und erkennbaren Künstlichkeit solcher Genres stellt die moderne Gesellschaft einen »kulturellen Raum für eine geregelte Suspension des Gewalttabus, die dieses Tabu jedoch für den Bereich des Handelns und die Realwelt aufrechterhält«, bereit (Hausmanninger 2002c: 269). Die Gewalt wird gewissermaßen auf eine fiktionale Region begrenzt und dadurch domestiziert. Das realweltliche bzw. gesellschaftliche Gewalttabu ist allerdings eine wesentliche kulturelle Voraussetzung für diese Domestizierung. Denn »anders als in einer gewaltaffirmativen Gesellschaft wissen die Rezipierenden als Gesellschaftsmitglieder immer schon um die Illegitimität von Gewalt und damit um die ›politisch korrekte‹ Perspektive bei der Filmrezeption«. (Hausmanninger 2002c: 271)

Auch inhaltsethische Bewertungen müssen werkentsprechend verfahren und berücksichtigen, ob ein Film, ein Roman oder ein Computerspiel fiktional oder faktional zu lesen ist. Fiktionale Angebote dürfen von den Rezipierenden (sowie den »Medienwächtern«) nicht einfach »als Handlungsanweisungen für die reale Welt gedeutet werden« (Hausmanninger 2002c: 271). Mediale Gewalt verstößt nicht gegen das Gewalttabu, solange sie im Bereich des geregelten Tabubruchs verbleibt. Erlaubt sind unter dieser Voraussetzung auch Inhalte, in denen »der Böse« gewinnt, in denen drastische Gewaltszenen vorkommen oder in denen eine undemokratische Gesellschaft den Handlungshintergrund bildet usw. (Hausmanninger 2002c: 269 f.).

Als Beispiel diskutiert Hausmanninger den SF-Film *Starship Troopers* (Paul Verhoeven, USA 1997). Die Filmhandlung spielt in einer zukünftigen faschistischen Gesellschaft und reproduziert eine entsprechende Symbolwelt (s. Abb. oben). Allerdings ist der Film nicht als Affirmation, sondern als Kritik der gewaltaffirmativen Gesellschaft gedacht. Dabei erscheint durchaus problematisch, dass es »keinen filmimmanenten Widerstand gegen dieses System [gibt], das innerhalb der Erzählung eine kritisch-reflexive Perspektive auf die faschistischen Zustände eröffnen und dem Publikum die eigene Bewertung erleichtern würde«. (Hausmanninger 2002e: 347 f.; vgl. Bohrmann 2002: 320 f.) Der Film setze vielmehr allein auf das Vorwissen der Zuschauer.

Gewalt regionalisierend übernehmen gewalthaltige Medienangebote, die dem Bereich des geregelten Tabubruchs zuzurechnen sind, wichtige gesellschaftliche und kulturelle Funktionen. So tragen sie zur kulturellen Selbstreflexivität und insbesondere zur Thematisierung von Gewalt bei. Sie halten »bewusst, dass es auch in einer Gewalt domestizierenden Kultur und Gesellschaft nicht genügt, Gewalt einfach auszugrenzen«. (Hausmanninger 2002c: 276; Spreen 2014: 182 f.) Weiterhin können sie eine wichtige Rolle bei Sozialisationsprozessen erfüllen, indem sie Ablöseprozesse vom Elternhaus unterstützen und jugendspezifische Probleme aufgreifen (Spreen 2012). Schließlich übernehmen solche Medienangebote eine moralische Funktion, indem sie auf der Aussageebene eine bestimmte Wertung von Gewalt zum Ausdruck bringen. Zumeist ist diese Wertung negativ, und auch nur dann erfüllt ein Medienangebot diese moralische Funktion (Hausmanninger 2002c: 276).

Dagegen greifen die inhaltsbezogenen Normen dann, wenn ein mediales Angebot die genrespezifische Künstlichkeit verlässt und sich anheischig macht, »›realistisch‹ sein zu wollen«. Dann verlässt es den Raum des geregelten Tabubruchs. Präsentiert es »in diesem Zusammenhang dann Gewalt beispielsweise als probates Mittel, ethische Minderheiten ›loszuwerden‹, so steht [es] mit seiner Inszenierung im Widerspruch zur kulturell-gesellschaftlichen Gewaltdomestikation«. (Hausmanninger 2002c: 270)

Viele Medienangebote vollziehen darüber hinaus eine Gratwanderung, d. h. sie sind in einem künstlichen Genre anzusiedeln, nehmen aber realweltliche Bezüge in die Inszenierung hinein, etwa indem sie kulturkritisch-metaphysische Aussagen machen, jugendspezifische Themen ansprechen, sich mit Politik und Geschichte auseinandersetzen usw. In solchen Fällen müssen die »realweltlich bezogenen Aussagen« mit den »real geltenden Normen für Gewalt« (d. h. dem gesellschaftlichen Rahmenethos) kompatibel sein. »Das schließt es jedoch nicht aus, dass die inszenierte Gewaltausübung […] selbst den Normen nicht gerecht wird, sondern den Tabubruch vollzieht. Möglich ist dies, wenn die Gewaltinszenierung selbst im Raum der genrespezifischen Künstlichkeit verbleibt und zu einem Zeichenkomplex wird, der die Normgerechtheit der realweltlichen Aussagen nicht antastet.« (Hausmanninger 2002c: 270 f.) Ein Beispiel für die genrespezifisch-künstliche Gewaltinszenierung in einem Film mit realweltlichen Bezügen wäre die Axt im Kopf in *Friday the 13th* (Sean S. Cunningham, USA 1980). Der Tabubruch beschränkt sich auf die Inszenierung der Gewalt und bezieht sich nicht auf die moralische Stellungnahme zur Gewalt. Der Realitätsbezug entsteht dagegen durch die Thematisierung jugendspezifischer Probleme, wie Sexualität und Ablösung vom Elternhaus (Hroß 2002).

Stählerne »Ethik«

Wie ist nun *Stahlfront* in diesem medienethischen Rahmen im Hinblick auf ihre Gewaltdarstellung zu bewerten? Für eine solche Bewertung sind dabei vor allem inhaltsbezogene Normen von Interesse, da die Serie eben auf der inhaltlichen Ebene problematisch erscheint. Verstößt ein Medienprodukt etwa gravierend gegen inhaltsethische Fundamente, so erlischt das Recht auf freie Verbreitung dieses Angebots (sozialethischer Bereich). Gleichfalls kann der regelmäßige identifikatorische Konsum rassistischer und gewaltverherrlichender Literatur, Filme oder Musik nicht als Aspekt eines guten und gelingenden Lebens betrachtet werden, weil diese Form der Selbstverwirklichung ihrem Inhalt nach anderen das Recht auf gleichgestellte Selbstverwirklichung bestreitet. Rassismus ist strukturell intolerant und unverträglich mit der moralischen Pflicht zur eigenen Selbstvervollkommnung (individualethischer Bereich).

Zunächst könnte bezüglich *Stahlfront* argumentiert werden, dass die Serie einem »künstlichen« Literaturgenre – der Science-Fiction – zugehöre und von daher im Bereich des geregelten Tabubruchs verbleibe. Eine inhaltsethische Bewertung müsste dann wesentlich von dieser Zuordnung ausgehen.

Die sich daraus ergebene Schlussfolgerung, die Serie leiste einen Beitrag zur Gewaltdomestizierung, dürfte allerdings nicht konsensfähig sein. Weder die Ausübung von unterschiedslos vernichtender rassistischer Gewalt gegen lediglich potenzielle »AIn-Lakaien« (d. h. »nichtarische« Deutsche und

Ausländer in Kreuzberg), noch die Legitimation der Gewaltausübung gegen Beamten von – allerdings fiktiven – Sicherheitsorganen der Bundesrepublik Deutschland (d. h. einer angeblichen »Kanzlerverfügungseinheit«) lässt eine negative Wertung von Rassismus und Gewalt im Rahmen der Erzählung erkennen. Auch die rezeptionsbegleitenden Verlautbarungen auf der *Stahlfront*-Webseite ließen keine gegenüber extrem rechtem Gedankengut substanziell-kritische Haltung erkennen.

Der Bruch mit der »politischen Korrektheit« ist seitens der Produzenten (Autor und Verleger) erklärtermaßen gewollt und wird als Werbung eingesetzt. Zwar ist der Tabubruch ja geradezu ein Kennzeichen von artifiziellen medialen Konsumangeboten, aber dieser Tabubruch muss auf der Ebene der genrespezifischen Künstlichkeit verbleiben. Dies ist nun bei *Stahlfront* gerade *nicht der Fall*, denn durch Authentifizierungsstrategien wie die zeitnahe Situierung (2010 ff.), den Bezug auf die staatlich-rechtliche Ordnung des »Systems BRD«, die Referenz auf aktuelle politische Debatten – etwa über Umweltpolitik, Parallelgesellschaften, Kriegsverbrechen der Wehrmacht oder die Rückführung von Kulturgut (Chaines 2008b: 5 f.) – und die zahlreichen Hinweise auf die NS-Vergangenheit – einschließlich des affirmativen Gebrauchs von Nazimythen – verlässt die Serie den Bereich genrespezifischer Künstlichkeit und verschmilzt mit dem realweltlichen Horizont des Lesers.

Intendierte Tabubrüche beziehen sich in *Stahlfront* dabei sowohl auf die Gewaltinszenierung *als auch* auf ihre normative Wertung. Zum einen sind Gewaltinszenierungen häufig drastisch und unbegründet brutal. Zum anderen wird zum Beispiel rassistische Gewalt und gegen die freiheitlich-demokratische Grundordnung gerichtete Gewalt positiv bewertet. Im Unterschied zu einem Werk aus dem Bereich des geregelten Tabubruchs erfüllt *Stahlfront* also *keine moralische Funktion*. Die Vergabe eines selbst kreierten »pädagogischen« Gütesiegels durch den Verleger macht vielmehr dessen Wertepräferenzen deutlich (s. Abb. auf S. 200).

An diese Betrachtungen lassen sich Bewertungen bezüglich der Individualethik der Medienproduktion anschließen. Thomas Bohrmann formuliert im Anschluss an Hausmanninger und Jürgen Grimm einige grundlegende Überlegungen zu den *Gebotsnormen* für Medienproduzenten (Grimm 2002). Diese Gebote sind allerdings »weder als Gängelung und Bevormundung der Medienschaffenden noch als eine Maßnahme im Sinne der Vorzensur« gedacht. Vielmehr handelt es sich lediglich um verbindliche »Leitlinien«, die den Produktionsprozess ethisch begleiten sollen (Bohrmann 2002: 321).

Als eine erste Leitlinie ergibt sich, »dass Medienschaffende einen klar strukturierten fiktiven Raum erzeugen, der eine unverkennbare Option für eine alltagsnahe bzw. realweltliche bezogene oder alltagsenthobene bzw. realitätsferne Präsentation deutlich macht. [...] Realweltliche Szenarien mit dementsprechenden Identifikationsangeboten sprechen stärker die individuelle Betroffenheit an und können ein distanziertes Rezeptionsverhalten erschweren. Hier muss Gewalt besonders sorgfältig in die Dramaturgie eingebaut sein.« (Bohrmann 2002: 320) *Stahlfront* unterläuft dieses Gebot jedoch systematisch. Von einer sensiblen Gewaltdramaturgie oder einem angemessenen Umgang mit der NS-Vergangenheit kann keine Rede sein.

Zweitens soll die »Negativität und Verwerflichkeit von gewalthaltigen Aktionen im Film [bzw. im medialen Unterhaltungsangebot, DS] erkennbar werden«. Dies gilt allerdings nur für den Bereich realweltlicher Medienangebote (Bohrmann 2002: 321). Bei *Stahlfront* handelt es sich um ein mediales Erzeugnis, das strukturell realweltliche Bezüge herstellt, eine prinzipiell negative Bewertung von gewalthaltigen Aktionen kann nicht diagnostiziert werden. Vielmehr verfährt die Serie uneingeschränkt gewaltaffirmativ.

Drittens ist die Bewertung von medialer Gewalt am Schluss einer realweltlich bezogenen Erzählung von Bedeutung. »Ein medial gezeigtes Verbrechen sollte [...] mit einem Happy End oder tragisch abschließen; eine Gewalttat darf sich nicht lohnen.« (Bohrmann 2002: 322) Hier könnte *Stahlfront* zugute gehalten werden, dass es sich um eine Fortsetzungsserie handelt, über dessen zukünftige Wendungen und letztlichen Schluss die Rezipienten noch nichts wissen können. Allerdings »lohnt« sich beispielsweise der unangekündigte »Präzisionsangriff« auf Kreuzberg gegen Ende des zweiten Bandes insofern, als er seine drohende Wirkung gegenüber der demokratisch legitimierten Regierung entfaltet und romanimmanent nicht infrage gestellt wird. Diskutiert wird lediglich die Wahl des Zieles.

Viertens sollen Gewaltszenen in realweltlich bezogenen Medienangeboten kontextualisiert werden, insbesondere dadurch, dass die Folgen der Gewalt für die Opfer thematisiert werden. Die Folgen für die Opfer des Angriffs, Leid und Tod werden allerdings in *Stahlfront* nicht dargestellt, sondern zynisch als »Kollateralschäden« apostrophiert. Bei der oben zitierten, letztlich aus der Handlung nicht begründeten brutalen Tötung einer Polizeibeamtin werden die Folgen der Gewalt zwar gezeigt, allerdings dramaturgisch nur dazu genutzt, um die Emanzipation zu kritisieren.

Diese Leitlinien oder Gebotsnormen markieren nach Bohrmann nur »mögliche, richtungsweisende Hilfestellungen für die Entwicklung eines Produktionsethos«. Sie sollen eine werkgerechte Rezeption ermöglichen und dazu beitragen, mögliche negative Wirkungen »bereits schon bei der Medienherstellung« in den Blick zu nehmen. Eine sanktionierende Kraft, etwa im Sinne einer institutionalisierten Selbstbindung oder rechtlicher Normen, kommt diesen Geboten nicht zu, da dies auf eine Vorzensur hinauslaufen würde, die der Medienfreiheit widerspräche (Bohrmann 2002: 323). Auch wenn also den Produzenten von realweltlich bezogenen Medienangeboten ethische Nachlässigkeit vorgeworfen werden kann, begründet dieser Vorwurf keinen Eingriff in die Freiheit, solche Medienangebote (erst einmal) herzustellen.

Das heißt allerdings nicht, dass es nicht ethische Grenzen für die Produktion medialer Inhalte gäbe. Inhaltsethisch betrachtet sollten Medienprodukte nicht zu dem gesellschaftlichen Rahmenethos in Widerspruch stehen. Sie sollen »nicht gegen das Recht auf Leben und auch nicht gegen das Recht auf psychische und physische Unversehrtheit gerichtet sein«. (Bohrmann 2002: 324) Daran anschließend schlüsselt Bohrmann mehrere *Verbotsnormen* auf, die sich auf die Inhalte eines medialen Angebots und nicht auf die Verantwortung der Produzenten (auch nicht auf die »Wirkung« bei Mediennutzern) beziehen.

Geächtet werden sollen erstens Formen der medialen *Verketzerung, Verfolgung und Diskriminierung von Gruppen oder Personen*. Diese Verbotsnorm markiert eine »inhaltsethische Schranke medialer Produktion« (Bohrmann 2002: 325). Als Beispiel nennt er den Film *Der ewige Jude* (1940, Regie: Fritz Hippler). Eine weitere Verbotsnorm bezieht sich auf *Gewaltverherrlichung*. »Real ausgeübte Gewalt bleibt ein moralisches Übel und darf auch auf der medialen Ebene jenseits ihrer ethischen Grenzlegitimität nicht affirmiert und insbesondere unter keinen Umständen verherrlicht werden.« (Bohrmann 2002: 325) Auch die *Gewaltverharmlosung* in einem medialen Produkt erscheint unzulässig. »Gewalt wird bagatellisiert und als eine ›normale‹, übliche und zu akzeptierende Form der menschlichen Konfliktlösung präsentiert.« Eine solche »Beschönigung von Gewalttätigkeiten« kann z. B. dann entstehen, wenn die Folgen einer gewalthaltigen Aktion nicht thematisiert oder dargestellt werden und die Rezipienten »den Eindruck erhalten, es handelt sich hier um eine ›saubere‹ Form der Konfliktaustragung, die ohne Qualen und Opfer bleibt«. (Bohrmann 2002: 326) Um von Gewaltverherrlichung sprechen zu können, muss aber die »Gesamtaussage« eines Medienprodukts berücksichtigt werden. Einer Verbotsnorm sollte zudem der *öffentliche Appell* zur Gewaltausübung unterliegen.

Diese Verbotsnormen markieren »lediglich grobe Verstöße« und gelten nur für realweltlich bezogene Medienangebote. Zudem sind diese Normen auf der Ebene des individuellen Ethos und der institutionellen Selbstkontrolle, nicht aber auf der Ebene des Rechts anzusiedeln. (Bohrmann 2002: 327)

Stahlfront nun wagt eine – gründlich misslungene – Gratwanderung zwischen Fiktionalität und Faktionalität und sollte daher auch nach inhaltsethischen Normen beurteilt werden. Die »AIn-Lakaien« zum Beispiel werden eben nicht als eine fiktionale Gruppe dargestellt, sondern in Bezug auf die Gegenwartsgesellschaft konkretisiert: die Bewohner Kreuzbergs, Juden, letztlich alle »Nichtarier«. Diese realitätsbezogene Markierung schließt dabei an rassistische Stigmatisierungen an. Sie verfolgt aber nicht die Absicht, diese aufzulösen oder zu problematisieren. Vielmehr wird versucht, rassistisch motivierte Diskriminierung im Rahmen einer der Realität bemüht übergestülpten Fiktion als »sachlich notwendig« zu rechtfertigen.

Auch wenn auch den produktionsbezogenen inhaltsethischen Gebots- und Verbotsnormen wenig »offizielle« Sanktionsmacht zukommt – eine institutionalisierte Selbstkontrolle im Bereich der Printunterhaltung gibt es zum Beispiel nicht –, so erleichtern sie doch die medienethische Diskussion einer Serie wie *Stahlfront* durch ein kritisches Publikum wie etwa die SF-Leserschaft und Fangemeinde. Eine solche Diskussion ist bereits eine Form der Sanktion, insofern Verleger und Autor – ein Autor, der sich zwar »mutig« genug findet, mit Versatzstücken rechtsextremer Anschauungen zu provozieren, dies aber dann doch lieber anonym tun möchte – einem öffentlichen Rechtfertigungsdruck ausgesetzt werden. Verleger und Autor verfolgen zwar die Strategie, Kritik als Werbung zu missbrauchen und sich selbst als Opfer der »politischen Korrektheit« zu stilisieren, aber dauerhaft dürfte dieses Verhalten wenig überzeugend sein.

Sind medienethische Normen also letztlich eine zahnlose Angelegenheit und vor allem Stoff für akademische Debatten? Diesen Eindruck könnte man gewinnen, aber er ist falsch. Die erste medienethische Forderung in einer pluralistischen Gesellschaft kann nicht auf Einschränkungen, sondern muss auf die Eröffnung von Möglichkeiten zielen. Das Primat der Medienfreiheit soll nicht zuletzt vor Zensur schützen und ist daher wichtig für eine freie Öffentlichkeit und für die Selbstrealisierung von Subjekten. »Unter dem prinzipiellen Primat der Medienfreiheit kann daher letztlich erst auf der Ebene der Distribution geprüft werden, ob ein Medienprodukt gegen die gebotenen Grenzen verstößt oder nicht.« (Hausmanninger 2002e: 350) Auf der Ebene der Distribution und Zugänglichkeit sind zwei Arten von gebotenen Grenzen zu unterscheiden: erstens jene Grenzen, die für *ethisch illegitime Medienprodukte* zu ziehen sind, und zweitens Schranken, die für *ethisch legitime Produkte im Bereich des Kinder- und Jugendschutzes* zu ziehen sind.

Ethisch illegitime Medienprodukte sind solche, die der Verherrlichung, Verharmlosung oder Propagierung von Gewalt dienen, Sadismus/Masochismus affirmieren oder medial die Verketzerung von Gruppen oder Personen betreiben (Hausmanninger 2002e: 351 f.). Auch hier gilt diese Grundnorm nur für realweltliche Aussageintentionen, d. h. Rassismus oder Gewaltverherrlichung wird nicht lediglich im Rahmen einer fiktionalen Handlung dargestellt, sondern bezogen auf die soziale Realität wird das Medienprodukt »selbst Instrument für eine gewaltförmige Aktion«. (Hausmanninger 2002e: 352)[20] Hausmanninger fordert, die Zugänglichkeit zu solchen ethisch illegitimen Medienprodukten aufzuheben. Gerade im Unterhaltungsbereich ist es allerdings nicht einfach, eindeutig festzustellen, ob ein Produkt den Bereich der genrespezifischen Künstlichkeit so weit verlässt, dass ein solcher Verstoß diagnostiziert werden kann. Daher sollte bei der Umsetzung dieser Norm vorsichtig und umsichtig verfahren werden und zudem sollten nach einer Frist Korrekturen möglich sein (Hausmanninger 2002e: 354).

Im Bereich des Kinder- und Jugendschutzes geht es um Überforderungs- und Versehrungsgefahren, die daraus resultieren, dass Kinder und Jugendliche noch nicht über ausreichend Medienkompetenz verfügen bzw. dargestellte Inhalte aufgrund ihrer kognitiven oder emotionalen Kompetenzen noch nicht werkangemessen rezipieren können. Insbesondere ist zu berücksichtigen, ob in einer Altersklasse ausreichend

---

20 Hausmanninger definiert die Verketzerung oder Verfolgung von Personen und Gruppen – darunter fällt auch Rassismus – als Beeinträchtigung/Verletzung der psychischen Integrität und eine Form der Gewalt.

21 Absolute Feindschaft liegt »immer dann vor, wenn erstens die sichtbaren Anderen Agenten eines unsichtbaren Anderen sind. Zweitens gehört zur absoluten Feindschaft, dass jegliche Kommunikation mit den sichtbaren Agenten unterbleibt. [...] Die Reichweite dieser Feindschaft liegt [...] in der Elimination der Anderen, die die eigene Selbstentfaltung behindern oder beeinträchtigen.« (Taureck 2003: 304 f.)

zwischen der fiktionalen und faktionalen Ebene differenziert werden kann. Denn es besteht die Gefahr, dass fiktionale Elemente »als existenziell betreffende, realweltlich relevante« gelesen werden. (Hausmanninger 2002e: 359) Vermieden werden soll, dass Kinder und Jugendliche durch eine Medienrezeption »in ihrem körperlichen, geistigen oder seelischen Wohl beeinträchtigt« werden. Diese Beeinträchtigung kann »entweder in der Überforderung in der Rezeptionssituation selbst oder aber in negativen Spätfolgen« liegen. (Schulz 2002: 55)

Die Darlegung des Normenhorizonts dient hier vor allem dazu, einen Maßstab zu rekonstruieren, der eine allgemein zustimmungsfähige medienethische Bewertung erlaubt. Vor dem Hintergrund der vor allem inhaltsethischen Aspekte des Produzentenethos und ethischen Legitimität von Medienprodukten muss man zu dem Schluss kommen, dass mit *Stahlfront* ein hochproblematisches Unterhaltungsformat vorgelegt wird. Die Serie greift affirmativ Elemente rechtsextremer Ideologie auf: Der Handlungshintergrund wird aus Elementen germanischer Esoterik (»Thule«, »Neuschwabenland«, »Reichsflugscheiben«) zusammengesetzt. Verbrechen der Waffen-SS und der Wehrmacht werden relativiert. Gewalt wird affirmativ dargestellt und die gentechnologische Herstellung lebendiger Waffen militärisch legitimiert. Vor allem wird der fiktive Handlungshintergrund so konstruiert, dass Rassismus rational erscheint:

> »… wir haben es uns nicht ausgesucht, dass nur wir Arier immun sind gegen das Implantat. Wenn jemand rassistisch ist, dann die AIn – oder derjenige von diesen Schleimern, der das Implantat entwickelt hat!«
> (Chaines 2008b: 77)

Was die fiktionsimmanente Gewaltrechtfertigung angeht, so heiligt der Zweck (»Kampf für die Menschheit«) die Mittel. Auch nur potenzielle Gegner (d. h. mögliche »AIn-Lakaien«) werden bei Bedarf als »absoluter Feind«[21] behandelt – das heißt als ein Feind, der aus Existenzgründen vernichtet werden darf.[22] Diese fiktiven Gegner werden wiederum auf die bundesdeutsche Wirklichkeit zurückgespiegelt: Juden, Ausländer, kurz: »Nichtarier«. Insgesamt verschmilzt *Stahlfront* strukturell die fiktionale mit der realweltlichen Ebene. Die Serie verlässt damit den genrespezifischen Bereich des geregelten Tabubruchs. Die durch die Konstruktion des Handlungssettings strukturell ermöglichten und dementsprechend auch zahlreich eingeflochtenen realweltlich bezogenen Aussagen in der Serie sind mit den in der gesellschaftlichen Realität geltenden Normen für Gewalt *wiederholt* nicht kompatibel. Es handelt sich um eine strukturelle Inkompatibilität, die *Stahlfront* unter den hier diskutierten inhaltsethischen Gesichtspunkten hochproblematisch erscheinen lässt.

Insofern die Serie als »Science-Fiction« aufgemacht und verkauft wird – beworben wird sie als »Military-SF« –, zielt sie auf einen Unterhaltungsmarkt, der über den Markt rechtsextrem Bewegter hinaus auch in den Bereich der Jugendkultur hineinreicht. Dieses Ausgreifen hat gewisse inhaltliche Anpassungen zur Folge (z. B. die geschichtsrevisionistische Konstruktion »Nazis für die Menschheit«), allerdings macht die Serie damit auch rechtsextreme Ideologeme für Jugendliche zugänglich, ohne dass eine angemessene Reflexion angeregt würde. Die Vergabe eines »pädagogischen« Prädikats durch den Verleger selbst lässt darauf schließen, dass eine ideologische Beeinflussung Jugendlicher beabsichtigt oder wenigstens billigend in Kauf genommen wird. Die leicht verständliche Sprache, die einfache Struktur der Story und die Selbstinszenierung als »politisch unkorrekt« macht die Serie jedenfalls für diese Zielgruppe interessant. Daher kann die Serie insbesondere auf jugendliche Konsumenten, die noch nicht medienkompetent zwischen Fiktionalität und Faktionalität differenzieren können, einen verstörenden und irreführenden Einfluss ausüben. Zudem ist die manipulative Technik des Autors nicht so einfach zu durchschauen. Das die Indizie-

---

22 Dies schließt weitere Komplikationen im Verlauf der Handlung nicht aus: »reinrassige Arier« und »nichtarische«, aber implantatfreie Söldner, die freiwillig für die AIn arbeiten. Umgekehrt gibt es auch »Nichtarier« ohne Implantat, wie die Mitglieder der »indischen Legion«, die für »Thule« ins Feld ziehen.

rung beantragende Jugendamt weist entsprechend darauf hin, dass sich die Serie gerade bei rechten Jugendlichen besonderer Beliebtheit erfreut und daher zu deren Desorientierung beiträgt (vgl. VG Köln, 11.10.2011 – 22 K 3221/09).

Die Indizierung der ersten drei Bände der Serie durch die Bundesprüfstelle für jugendgefährdende Medien erscheint vor dem Hintergrund des hier Erarbeiteten daher nicht nur gerechtfertigt, sondern geboten. Das kann allerdings nicht über das eigentliche Problem hinwegtäuschen, welches darin besteht, dass ein Verleger im Bereich der Populärkultur bewusst seinen medienethischen Verpflichtungen nicht nachkommt, sondern vielmehr am Rand des gerade noch Erlaubten mit rechtsextremen Inhalten sein Geschäft zu machen sucht. Dass er dabei gezielt Jugendliche adressiert, muss auch als Ausdruck der neuen populärkulturellen Diskursstrategie des Rechtsextremismus verstanden werden. Diese Strategie adressiert jene nicht unbeträchtliche Zahl Jugendlicher, die bei Fragen nach der demokratischen Bindung ambivalente Einstellungen zeigen und daher »zumindest anfällig für rechtsextremistische Einstellungen« sind. (Ecarius et al. 2011: 204)

Zur neuen Diskursstrategie des Unitall-Verlegers

Heute, ein halbes Jahrzehnt nach dem *Stahlfront*-Skandal, stechen zwei Diskursstrategien des Verlegers ins Auge. Dies ist zum einen die verharmlosende Beteuerung, dass man es bei *Stahlfront* und ähnlichen Trivialprodukten mit Gesellschaftsparodien zu tun habe. Zum anderen zeichnet sich der Versuch ab, an der Tradition der populärkulturellen *Perry-Rhodan*-Serie zu partizipieren und sich als Gralshüter eines konstruierten »wahren Geistes« dieser Serie aufzuspielen. Beides ist gefährlich und muss thematisiert werden.

Vor dem Verwaltungsgericht Köln verwies der Verleger auf Internetrezensionen (z. B. bei Amazon), die der Serie die »Ironie« einer Gesellschaftsparodie attestierten. Er selbst behauptete in einer Stellungnahme eine »besondere Ironie« der Serie, die darin läge, dass Nazis als Helden dargestellt werden.[23] Das Verwaltungsgericht Köln nahm dem Verleger die Behauptung, »der Autor meine seine überzogenen Äußerungen selber nicht ernst, überzeichne das Geschehen ›augenzwinkernd‹ und trete lustvoll in jedes politisch unkorrekte Fettnäpfchen, um der Gesellschaft den Eulenspiegel vorzuhalten« (VG Köln, 11.10.2011 – 22 K 3221/09), nicht ab – mit Recht. Denn im Humor behauptet sich ein von der Verletzung und dem Trauma bedrohtes Ich gegen die schlechte Realität, wobei es, was ja durchaus nicht immer der Fall sein muss, Hilfe vom Über-Ich bekommt. Man belächelt die Notsituation, wie sie die eigenen Eltern belächelt hätten, wäre man noch ein Kind. Damit schützt das Über-Ich und schützen die Eltern das Ich und den Narzissmus gegen die kränkende Realität. Freud gibt das Beispiel des Delinquenten, der am Montag zum Galgen geführt wird und dies ironisch mit der Bemerkung quittiert: »Na, die Woche fängt ja gut an.« (Freud 1970)

Humor ist also ein Schutz des Ichs gegen Gewalt. Der »Humor« von Nazis besteht im Hohn über die Opfer (Peiter 2007: 162–180). Er stemmt sich nicht gegen die Gewalt, sondern er ist mit ihr im Bunde. Subjektiv kann die Behauptung des Verlegers, *Stahlfront* sei »ironisch« zu verstehen, also immerhin insofern stimmen, als im Kontext rechtsextremer Weltbilder auch die Vorstellung von Humor und Ironie sich ändert: Die Mitglieder der rechten Terrorzelle NSU fanden es angebracht, ihre Bekennervideos mit Bildern und Musik der Zeichentrickserie *Der rosarote Panther* zu unterlegen. In *Stahlfront* wird Kreuzberg virtuell eingeäschert – und das soll dann ironisch gemeint sein. In diesen Kontexten findet also ein »Humor« seinen Ausdruck, der der Gewalt untertan ist und der sich mit dem kalten Vernichtungswillen verbrüdert: das Lachen der Täter, das die Opfer verhöhnt. Man sollte also die Beteuerungen des Verlegers, sein Verlagsprogramm sei »ironisch« zu verstehen, besser nicht ernst nehmen. In rechtsextremen Kreisen ist es üblich, die vielfachen Andeutungen der Gewalt

---

23 Vgl. die Stellungnahme des Verlegers H. Bernt, www.stahlfront.de/interview-verleger.html, geöffnet am 25.05.2009.
24 HJB News – Nr. 11/2009, 30. Oktober 2009, www.hjb-news.de, geöffnet am 15.06.2015. Das Zitat im Zitat verweist auf einen bemerkenswert schlecht recherchierten Artikel aus Anlass des 45jährigen Bestehens der *Perry-Rhodan*-Serie im *Stern* vom 3.12.2006.

als »umstrittenen Humor« zu deklarieren, um sie so ungestraft zu verbreiten.

Innerhalb des populärkulturellen Rahmens versucht der *Unitall*-Verlag zudem, sich als Erbe des »Erben des Universums«, also der *Perry-Rhodan*-Serie, auszugeben. Er spielt damit auf die Frühzeit der Serie an, die durchaus durch einen »wehrhaften Antitotalitarismus« geprägt wurde (Spreen 2014: 182). In einem der zahlreichen Interviews mit einem seiner unter Pseudonym schreibenden Autoren nimmt der Autor der neuen *Unitall*-Serien *Kaiserfront* und *Aldebaran* »Heinrich von Stahl« für sich in Anspruch, dass er an den Geist der alten *Perry-Rhodan*-Serie anschließe, und aktionsreiche »Military-SF« verfasse (s. Abb. auf S. 210). Der politische Kontext, in dem auch diese Serien stehen, erschließt sich aus ihren programmatischen Titeln und aus dem ebenso programmatischen Autorennamen. Stahl schreibt:

> »Wer sich nicht zur ›Hippiegeneration‹ zählt, für die ›der legendäre Exposé-Autor William Voltz das Perryversum [...] militärisch ab und spirituell auf[rüstete]‹, wer keine Lust mehr darauf hat, dass ›Hartz IV inzwischen auch im Weltraum angekommen‹ ist, der sollte sich im ALDEBARAN-Universum recht wohl fühlen.«[24]

Diese Inanspruchnahme ist ein Konstrukt, denn wenngleich die *PR*-Serie zur Zeit des Exposéautors Karl-Herbert Scheer auch von gewaltigen und entsprechend aufgerüsteten »Kugelraumern« lebte und sich durch ein aktionsreiches Geschehen inklusive des Einsatzes von Strahlenwaffen aller Art auszeichnete, wäre schon die Bezeichnung »Military-SF« eine grobe Verkürzung. Erst recht sind die Naziaffirmation und der Geschichtsrevisionismus, die *Unitall* in seine Serien systematisch einzuweben pflegt, der *PR*-Serie fremd (vgl. Langhans 2001; Stache 2002; Spreen 2014). Die Strategie des Verlegers liegt auf der Hand: Es geht ihm darum, die populäre deutsche SF in die rechtsextreme Ecke zu rücken und sich selbst als ihren »wahren« Gralshüter zu inszenieren. Systematisch wird der Gehalt der populären Science-Fiction umgedeutet und eine verfälschte »Eigentlichkeit« konstruiert, in deren Namen

25 Dieselbe Strategie kommt in den den *Stahlfront*-Kapiteln vorangestellten Mottos aus Liedtexten der Punk-Band *Ramones* zum Ausdruck.

der rechtsextreme Verleger dann spricht.[25] Diese Strategie steht natürlich im Kontext der Normalisierungsbemühungen des Rechtsextremismus insgesamt, der an popkulturelle Formen anzuknüpfen versucht.

Verharmlosung einerseits und systematische Umdeutung des Gehalts der populärkulturellen Science-Fiction andererseits bilden die neue Diskursstrategie des *Unitall*-Verlages bzw. des *HJB*-Versandhandels. Beide Momente wirken zusammen, denn es geht darum, rechte Mythen zu »normalen« Diskursinhalten zu machen und insbesondere unter männlichen Jugendlichen für die entsprechenden Inhalte zu werben.

Primärliteratur

Bulwer-Lytton, Edward (1871): *The Coming Race*. Edinburgh/-London: William Blackwood.

Chaines, Torn (2007): Die Macht aus dem Eis. Stahlfront. Bd. 1. Salenstein: Unitall.

Chaines, Torn (2008a): Versenkt die »Hindenburg«! Stahlfront. Bd. 2. Salenstein: Unitall.

Chaines, Torn (2008b): Der zweite Bürgerkrieg. Stahlfront. Bd. 3. Salenstein: Unitall.

Harris, Robert (1992): Vaterland. Zürich: Haffmann.

Jürgen-Ratthofer, Norbert/Ettl, Ralf (1992): Das Vril-Projekt. Ardagger: Damböck.

Spinrad, Norman (1981): Der stählerne Traum. München: Heyne.

Stahl, Heinrich von / Lindbergh, Eberhard (2011): Aldebaran. Band 5. Kesselschlacht um Aldebaran. Salenstein: Unitall.

Sekundärliteratur

Adorno, Theodor W. (1977): Erziehung nach Auschwitz. In: Theodor W. Adorno: Gesammelte Schriften, Bd. 10.2, Frankfurt am Main, S. 674–690.

Baier, Dirk/Pfeiffer, Christian/Simonson, Julia/Rabold, Susann (2009): Jugendliche in Deutschland als Opfer und Täter von Gewalt. Erster Forschungsbericht zum gemeinsa-

men Forschungsprojekt des Bundesministeriums des Innern und des KFN. Hannover.
Bohrmann, Thomas (2002): Ethik der Produktion und des Inhalts. In: Thomas Hausmanninger, Thomas Bohrmann (Hg.): Mediale Gewalt. Interdisziplinäre und ethische Perspektiven. München, S. 315–334.
Bundesamt für Verfassungsschutz (2007): Rechtsextremistische Musik. Köln.
Ecarius, Jutta/Eulenbach, Marcel/Fuchs, Thorsten/Walgenbach, Katharina (2011): Jugend und Sozialisation. Wiesbaden: VS.
Freud, Sigmund (1970): Der Humor. In: Sigmund Freud: Studienausgabe, Band IV. Psychologische Schriften. Achte, korrigierte Ausgabe. Frankfurt am Main: Fischer, S. 275–282.
Gessenharter, Wolfgang (1998): Neue Rechte, intellektuelle neue Rechte und Rechtsextreme. Zur theoretischen und empirischen Neuvermessung eines politisch-ideologischen Raumes. In: Wolfgang Gessenharter, Helmuth Fröchling (Hg.): Rechtsextremismus und Neue Rechte in Deutschland. Neuvermessung eines politisch-ideologischen Raumes. Opladen, S. 25–66.
Grimm, Jürgen (2002): Fernsehgewalt. Zuwendungsattraktivität – Erregungsverläufe – sozialer Effekt: Zur Begründung und praktischen Anwendung eines kognitiv-physiologischen Ansatzes der Medienrezeptionsforschung am Beispiel von Gewaltdarstellungen. Wiesbaden.
Habermas, Jürgen (1998): Genetische Sklavenherrschaft? Moralische Grenzen reproduktionsmedizinischer Fortschritte. In: Jürgen Habermas: Die postnationale Konstellation. Politische Essays. Frankfurt am Main, S. 243–247.
Hausmanninger, Thomas (2002a): Voraussetzungen: Was in diesem Buch unter Ethik und unter Gewalt verstanden wird. In: Thomas Hausmanninger, Thomas Bohrmann (Hg.): Mediale Gewalt. Interdisziplinäre und ethische Perspektiven. München, S. 11–32.
Hausmanninger, Thomas (2002b): Vom individuellen Vergnügen und lebensweltlichen Zweck der Nutzung gewalthaltiger Filme. In: Thomas Hausmanninger, Thomas Bohrmann

(Hg.): Mediale Gewalt. Interdisziplinäre und ethische Perspektiven. München., S. 231-259.

Hausmanninger, Thomas (2002c): Filmgewalt im Spannungsfeld gesellschaftlicher Gewaltaffirmation und Gewaltdomestikation. In: Thomas Hausmanninger, Thomas Bohrmann (Hg.): Mediale Gewalt. Interdisziplinäre und ethische Perspektiven, München, S. 260-283.

Hausmanninger, Thomas (2002d): Ansatz, Struktur und Grundnormen der Medienethik. In: Thomas Hausmanninger, Thomas Bohrmann (Hg.): Mediale Gewalt. Interdisziplinäre und ethische Perspektiven. München, S. 287-313.

Hausmanninger, Thomas (2002e): Ethik der Distribution und der institutionalisierten Kommunikationskontrolle. In: Thomas Hausmanninger, Thomas Bohrmann (Hg.): Mediale Gewalt. Interdisziplinäre und ethische Perspektiven. München, S. 335-376.

Thomas Hausmanninger, Thomas Bohrmann (Hg.) (2002): Mediale Gewalt. Interdisziplinäre und ethische Perspektiven. München.

Häußermann, Hartmut (2007): Ihre Parallelgesellschaften, unser Problem. Sind Migrantenviertel ein Hindernis für die Integration? In: Leviathan, Heft 4, S. 458-469.

Heller, Paul/Anton Maegerle (1998): Thule. Vom völkischen Okkultismus bis zur Neuen Rechten, 2. Auflage. Stuttgart.

Hroß, Gerhard (2002): Horror. Friday the 13th und der Schrecken des Erwachsenenwerdens. In: Thomas Hausmanninger, Thomas Bohrmann (Hg.): Mediale Gewalt. Interdisziplinäre und ethische Perspektiven. München, S. 81-95.

Jäger, Siegfried (1989): Rechtsextreme Propaganda heute. In: Konrad Ehlich (Hg.): Sprache im Faschismus. Frankfurt am Main, S. 289-322.

Jaschke, Hans-Gerd (2001): Rechtsextremismus und Fremdenfeindlichkeit. Begriffe, Positionen, Praxisfelder, 2. Auflage. Wiesbaden.

Klemperer, Victor (1947): LTI. Notizbuch eines Philologen. Berlin: Aufbau.

Klump, Andreas (2001): Rechtsextremismus und Esoterik. Verbindungslinien, Erscheinungsformen, offene Fragen, www.extremismus.com/texte/esorex.htm.

Langhans, Heiko (2001): Karl-Herbert Scheer. Konstrukteur der Zukunft. Rastatt: Pabel-Moewig.

Link, Jürgen (1998): Versuch über den Normalismus. Wie Normalität produziert wird. 2., aktualisierte und erweiterte Auflage. Opladen: Westdeutscher Verlag.

Meining, Stefan (2002): Rechte Esoterik in Deutschland. Ideenkonstrukte, Schnittstellen und Gefahrenpotentiale, www.verfassungsschutz.thueringen.de/infomaterial/symposien/2002/Meining.pdf.

Peiter, Anne D. (2007): Komik und Gewalt. Zur literarischen Verarbeitung der beiden Weltkriege und der Shoah. Köln: Böhlau.

Pfahl-Traughber, Armin (1998): Die Erben der »Konservativen Revolution«. Zu Bedeutung, Definition und Ideologie der »Neuen Rechten«. In: Wolfgang Gessenharter, Helmuth Fröchling (Hg.): Rechtsextremismus und Neue Rechte in Deutschland. Neuvermessung eines politisch-ideologischen Raumes. Opladen, S. 77–95.

Schulz, Wolfgang (2002): Vom Schutz der Menschenwürde und der Jugend vor medialen Gewaltdarstellungen: Geltende Rechtsnormen. In: Thomas Hausmanninger, Thomas Bohrmann (Hg.): Mediale Gewalt. Interdisziplinäre und ethische Perspektiven. München, S. 51–63.

Spreen, Dierk (2008): Kulturelle Funktionen der Science-Fiction. In: Jan A. Fuhse (Hg.): Technik und Gesellschaft in der Science-Fiction. Berlin, S. 19–33.

Spreen, Dierk (2012): Jugend und gewalthaltige Massenkultur. Zur Soziologie der Unterhaltung und der Sozialisationsfunktion der Medien. In: Jörg Herrmann, Jörg Metelmann, Hans-Gerd Schwandt (Hg.): Wissen sie, was sie tun? Zur filmischen Inszenierung der Gewalt von und an Kindern und Jugendlichen. Marburg, S. 16–48.

Spreen, Dierk (2014): Weltraumfahrt als Unterhaltung. Das kleine Massenmedium *Perry Rhodan*. In: Joachim Fischer, Dierk Spreen: Soziologie der Weltraumfahrt. Bielefeld, S. 164–195.

Stache, Rainer (2002): Perry Rhodan. Überlegungen zum Wandel einer Heftromanserie, 2. Auflage. Berlin.

Strube, Julian (2013): Vril. Eine okkulte Urkraft in Theosophie und esoterischem Neonazismus. München.

Sünner, Rüdiger (1997): »Thule« gegen »Juda«. Von Urparadiesen und Zukunftskriegen in der Mythologie der Rechten. In: Hans Gasper, Friederike Valentin (Hg.): Endzeitfieber. Apokalyptiker, Untergangspropheten, Endzeitsekten. Freiburg, S. 100–130.

Taureck, Bernhard H. F. (2003): Gewalt im Modus der Feindschaft. Eine Überlegung zu einer kritisch-genealogischen Geschichte der Feindschaft im antiken und nachantiken Europa. In: Burkhard Liebsch, Dagmar Mensink (Hg.): Gewalt verstehen, Berlin, S. 287–314

Terkessidis, Mark (1998): Psychologie des Rassismus. Opladen.

Abbildungsnachweise

Seite 164: Titelcover von *Stahlfront 1* mit »Reichsflugscheibe«.

Seite 177: Das Thulewappen: Der »Gotenadler«, Quelle: www.stahlfront.de/daten/thule-suedpol.html.

Seite 196: Föderationswappen aus *Starship Troopers*, Quelle: Filmstill 01:05:37 h.

Seite 200: Vom Verleger »HJB« selbst verliehenes Prädikat, Quelle: www.stahlfront.de/index.html.

Seite 210: Titelcover der *Unitall*-SF-Serie *Aldebaran*, Band 5. Schon der Titel klärt über den erwartbaren Inhalt auf. Das Originalcover ist zudem in einem zielgruppenorientierten braunen Grundton gehalten.

Erstveröffentlichung des ursprünglichen Beitrags in:
Sascha Mamczak und Wolfgang Jeschke (Hrsg.):
Das Science Fiction Jahr 2009,
Heyne Verlag, München 2009

Wallau
Informationen zur Schrift in diesem Buch

Die Schrift, die für die Überschriften verwendet wurde, heißt Wallau. Es handelt sich nicht, wie man möglicherweise annimmt, um eine Frakturschrift, sondern um eine Gotische. Bei Delbanco-Frakturschriften ist nachzulesen: »Erstmalig ist die Herstellung dieser Schrift durch Rudolf Koch – nicht wie sonst üblich – durch handschriftliches Üben vorbereitet worden, sondern wurde vom Schriftblatt eines italienischen Missals des 14. Jahrhunderts übernommen, das in seinem Arbeitszimmer hing. Diese frühmittelalterlichen Unzialformen widerspiegeln sich auch im geschnittenen Bild der Schrift, die nach dem Mainzer Drucker, Heinrich Wallau (1852-1925), benannt wurde, weil sich dieser bereits 1885 für die zeitgemäße Erneuerung und Weiterentwicklung der ›Rundgotisch‹ einsetzte. Ursprünglich sollte sie ›Missale‹ (= Handbuch für Pfarrer) heißen.

Eine klare Schrift mit gleichmäßigem Duktus als Einstieg für Fraktur-ungewohnte Leser, ansonsten für den Mengensatz, für Sachbücher und Plakate.

Entwerfer: Rudolf Koch (1876-1934), Entstehungszeit: 1924-1930, Schriftgießerei: Gebr. Klingspor in Offenbach am Main, Schnitte im Bleisatz: mager 6-16 pt (1933); halbfett 6-72 pt (1933/34), fett 6-72 pt (1933-35); schmal 8-28 pt, Holzbuchstaben: fett, halbfett und schmal bis 720 pt.«

Quelle: www.delbanco-frakturschriften.de/artikeldetails/kategorie/gotisch/artikel/ds-wallau.html

Made in the USA
Middletown, DE
24 May 2016